高等院校"十三五"应用型规划

财务管理实训

主　编　孙立新　张　超
副主编　商广蕾　李妍伟
　　　　李军三　袁红波

南京大学出版社

图书在版编目(CIP)数据

财务管理实训 / 孙立新，张超主编. —— 南
京：南京大学出版社，2016.11(2022.1重印)
高等院校"十三五"应用型规划教材·财会专业
ISBN 978 - 7 - 305 - 17731 - 6

Ⅰ. ①财…　Ⅱ. ①孙…　②张…　Ⅲ. ①财务管理一高
等学校一教材　Ⅳ. ①F275

中国版本图书馆 CIP 数据核字(2016)第 256153 号

出版发行　南京大学出版社
社　　址　南京市汉口路22号　　　　　邮编　210093
出 版 人　金鑫荣

丛 书 名　高等院校"十三五"应用型规划教材·财会专业
书　　名　**财务管理实训**
主　　编　孙立新　张　超
责任编辑　武　坦　尤　佳　　　　　编辑热线　025 - 83592315

照　　排　南京开卷文化传媒有限公司
印　　刷　盐城市华光印刷厂
开　　本　787×1092　1/16　印张14　字数332千
版　　次　2016年11月第1版　　2022年1月第3次印刷
ISBN　978 - 7 - 305 - 17731 - 6
定　　价　36.00元

网　　址：http://www.njupco.com
官方微博：http://weibo.com/njupco
官方微信号：njuyuexue
销售咨询热线：(025)83594756

前　　言

　　会计学专业是一个技术性、实践性比较强的专业,但是长期以来高等学校会计教学普遍存在"重理论知识学习,轻实践应用能力培养"的倾向,作为培养高级应用型会计人才的必要手段,加强会计专业实践性教学势在必行。

　　"财会审一体化综合模拟实验系列教材"是以优卡股份有限公司为仿真公司,以会计核算实验资料为基础,延伸开展财务管理实验和财务报表审计实验,形成财会审一体化的实验教材。"财会审一体化综合模拟实验系列教材"集会计核算、财务分析、资本运营、报表审计于一体的综合实验,贯通了会计学专业知识、素质和能力的训练和培养,改变了传统会计实验教学主要局限于单一课程内容验证性实验的模式,注重培养学生职业化应用能力。

　　本书是财会审一体化综合模拟实验系列教材之一,是山东省重点教改项目"基于会计职业能力培养的财、会、审一体化实验教学的改革与创新(编号:2012035)"与"基于春季高考的会计学专业人才培养模式研究(编号:2015Z068)",以及"山东省'会计学'特色专业建设点(2012)"、"山东省本科教学工程项目(精品课程):'财务管理(编号:2013BK343)''成本会计(编号:2013BK344)''管理会计(编号:2013BK346)'"的重要成果,受到2016年"山东科技大学优秀教学团队建设计划资助"。编者在进行具体翔实的现场调研基础上,结合会计教学实际,以最新企业会计准则、企业财务通则及其他相关财经法规为依据,以优卡股份有限公司的经济业务及其会计核算为蓝本,精心编写了本实验教程,旨在强化学生财务预测、财务决策、财务预算、财务分析和财务应用的能力,提升学生的会计职业能力,激发学生的会计创新能力,培养造就社会需要的创新应用型会计专业人才。

　　本书的特色:

　　(1)仿真度高、针对性强。本书以优卡股份有限公司会计核算实验资料为基础,结合财务管理实验教学的要求,精心提炼而成,实验资料高度仿真,内容针对财务管理教学的实际需要,具有很强的实践性、操作性和应用性。

　　(2)内容完备、注重实效。内容设计上,本书由仿真企业背景资料、会计核算资料、财务管理基础知识、实验准备、实验材料以及各实验模块组成,从基础知识把控到财务管理能力培养,融会贯通。实验资料设计上,本书全部采用仿真的原始数据资料及其会计核算结果,要求实验者根据原始资料和会计核算结果进行分析,作出财务判断,以培养实验者的专业技能和职业分析能力。

（3）可手工亦可计算机操作。本书模拟目标企业生产经营活动的基本信息齐全，反映企业经营管理活动的会计资料、财务资料及其他相关资料完整。该套资料既能满足手工实验需要，也可以将数据导入计算机系统，借助于 Excel 电子表格进行实验操作，便捷地解决大量数据的计算与分析问题。

（4）可成套亦可单独使用。因为模拟对象是同一家企业，本书可在财会审综合模拟实验中作为财务管理实验环节使用。为提高教材的通用性，本书作了如下处理：一是专设章节简介模拟企业的基本情况和主要财务信息；二是各实验模块中增加了案例拓展。这样与系列实验教材中的其他教材既统一又独立，既能用于财会审综合实验，亦可单独用于财务管理的单项实验。

本书与《会计核算实训》《财务报告审计实训》构成"财会审一体化综合模拟实验系列教材"，该系列教材由山东省省级重点教改项目"基于会计职业能力培养的财、会、审一体化实验教学的改革与创新"项目主持人、山东科技大学张振华副教授总体策划、指导和总串。"会计学"山东省特色专业负责人、山东科技大学周洋教授任主审，由山东科技大学经济管理系会计教研室组织编写。本书共八章，由山东省"基于财务能力培养的会计系列核心课程"省级精品课程建设项目组主讲教师孙立新、张超担任主编，商广蕾、李妍玮、李军三、袁红波担任副主编。具体分工如下：第一章、第四章由孙立新编写，第二章由孙立新和张超共同编写，第三章由张超编写，第五章、第六章由商广蕾编写，第七章、第八章由李妍玮编写；本书的编校和基础实验资料搜集整理工作由李军三、袁红波完成；附录由编委会成员共同完成；孙立新负责通稿、定稿。

本书在编写过程中，吸收借鉴了国内外财务管理、成本会计、管理会计、财务会计的最新研究成果和同类已有教程的精华，在此谨向这些教程的作者致以真诚的感谢！

本书在编写过程中得到优卡股份有限公司、山东科技大学泰安校区教务部、经济管理系领导和师生的大力支持，得到南京大学出版社的鼎力相助，在此一并表示感谢。

本书实验资料高度仿真，相关材料仅用于财务管理实验教学，不作他用。

本书"论证—立项—编写—成书"历时三载，经过编委会成员的不懈努力，终成此书。由于编者水平有限，书中难免存在疏漏之处，诚请各位同仁和读者不吝指正。

微信扫码查看

目　录

第一章　财务管理实验总论···（1）

　　第一节　财务管理实验概述···（1）

　　第二节　财务管理实验实施概述···（7）

第二章　模拟实验企业概况···（11）

　　第一节　模拟企业简介··（11）

　　第二节　模拟企业财务管理岗位设置···（13）

　　第三节　模拟企业财务管理制度···（14）

　　第四节　模拟企业财务评价指标体系···（18）

　　第五节　模拟企业相关财务数据···（28）

第三章　财务分析实验···（33）

　　第一节　实验基础···（33）

　　第二节　实验步骤···（53）

　　第三节　实验指导···（57）

　　第四节　案例拓展···（60）

第四章　预算管理实验···（62）

　　第一节　实验基础···（62）

　　第二节　实验步骤···（74）

　　第三节　实验指导···（78）

　　第四节　案例拓展···（80）

第五章　筹资管理实验···（94）

　　第一节　实验基础···（94）

　　第二节　实验步骤···（100）

　　第三节　实验指导···（103）

　　第四节　案例拓展···（104）

第六章　投资管理实验 ·· (106)

第一节　实验基础 ··· (106)

第二节　实验步骤 ··· (112)

第三节　实验指导 ··· (115)

第四节　案例拓展 ··· (117)

第七章　营运资本管理实验 ··· (120)

第一节　实验基础 ··· (120)

第二节　实验步骤 ··· (129)

第三节　实验指导 ··· (132)

第四节　案例拓展 ··· (133)

第八章　财务成果分配实验 ··· (138)

第一节　实验基础 ··· (138)

第二节　实验步骤 ··· (145)

第三节　实验指导 ··· (146)

第四节　案例拓展 ··· (146)

附　录 ·· (148)

附录1　实验参考答案 ··· (148)

附录2　优卡股份有限公司相关财务报告 ······························ (186)

附录3　《企业财务通则》 ··· (207)

第一章　财务管理实验总论

第一节　财务管理实验概述

一、财务管理实验课程开设的必要性

财务管理课程是一门融合会计学、管理学、经济学等的综合性学科,其理论性、实践性、技术性和操作性都比较强,对于该门课程而言,掌握知识和习得技能是能力获取和发展的基础,而任何一种能力离开了具体的实践活动便成为"无源之水、无本之木",都不可能得到发展。但是,目前财务管理教学仍然存在着"重视知识传授,忽视技能培养"的问题,由此导致学生在课堂理论教学所学的基础理论、基本原理与方法难以通过实践操作深化理解与认识,这在一定程度上制约着学生财务管理综合能力,尤其是财务创新能力的培养和发展。

传统财务管理教学以课堂理论授课为主导,不但耗用了大量课堂教学宝贵的时间资源,而且教学模式、教学方法与手段单一,理论授课呆板乏味,难以激发学生的学习兴趣,更无法在财务理论与财务实践之间架起桥梁,完成必要的财务管理专业技能训练,其结果必然导致学生在以后的实务工作中不能胜任财务管理工作的基本要求。因此,设置财务管理创新实践课程,将财务管理基本理论与方法内化为理财实践,是培养造就学生理财技能的需要,也是财务管理学科建设与发展的必然选择。

此外,伴随经济管理的不断发展,财务管理理论创新发展的成果也需要通过财务管理实践结合到对经济业务资料的分析与利用中去,加工转化为可计量的经济事实。通过实践探索,开发新的理财工具,促进财务管理工具的创新发展,即财务管理工具的创新发展是财务管理学科发展的使命之一,对于学科发展是十分必要的,需要我们付出努力,为之去探索、去实践,将经过实验操作、实践检验的财务管理新工具再纳入课堂理论教学去总结、去提炼,这也正是管理类学科"实验—理论—实践"循环发展,螺旋上升的必由之路。

二、财务管理实验的目标

目标通常是指经过努力要达到的境地或标准。财务管理实验的具体目标是,根据应用型会计学(或者财务管理)专业人才培养方案的要求,使学生在学习财务管理基本理论和基本原理的基础上,通过财务管理模拟实验,全面系统地掌握财务管理活动中预算、筹资、投资、运营、分配及财务分析的基本操作技能。借此将理论学习与课程实验有机地结合起来,避免理论学习与实践操作的脱节现象,科学合理地利用会计学知识为企业财务管理服务。

三、财务管理实验的特点

财务管理实验属于实验室内的模拟实验教学,既不同于课堂理论教学,也不同于校外的实习,是一种介于两者之间的实验教学,是目前合理解决财务管理课程实践教学环节的必然选择,财务管理模拟实验具有以下特点。

(一)实验体系系统化

系统一词源自古希腊语,有"共同"和"给以位置"之意,简单地说就是指由相互作用和相互依赖的若干组成部分结合而成的,具有特定功能的有机整体。大到自然界和人类社会,小到企业,乃至企业财务管理,一切事物都是以系统的形式存在的。企业理财系统既具有一般系统的共性:集合性、有序性和相关性,也具有目的性、环境适应性和环境改造性的特性。企业系统是一个人造的开放系统,而企业理财系统是其子系统之一,企业财务管理实验融在其中,为此,处理财务管理实验内各实验项目之间的关系,财务管理实验与财务管理理论、财务管理学科与其他会计学科、企业理财系统与企业其他子系统之间的关系,均要遵循系统管理的原则:整体性原则、联系性原则、动态性原则、层次性原则和综合性原则,通盘考虑,统筹安排。具体而言,一是在处理企业系统内的财务子系统与其他子系统的关系时,要重视系统管理的整体性原则。古希腊哲学家亚里士多德曾提出一个重要命题"整体大于各个孤立部分的总和",这一命题已被现代系统科学定为一个重要的命题。坚持整体性原则就是要有全局观念,整体观念,在处理上述涉及的财务关系时,必须先观整体和全局,后察部分和局部。二是在处理企业财务系统内的财务管理学科与其他会计学科的关系,以及财务管理学科内的财务管理课程与财务管理实验的关系时,要坚持联系性原则。世间任何事物都是以联系的方式存在的,一切事物都是同其周围条件相互联系和相互作用的,财务管理学科也不例外,譬如,编制财务预算、进行财务分析需要用到大量会计学科的历史期财务信息,而财务管理实验是对财务管理课程基本理论与方法的实验验证。总之,企业财务系统就是一个联系的整体,客观要求我们以联系性原则处理其内部各学科之间的关系。三是在处理财务管理实验课程内的各实验项目之间关系时,要重视层次性原则,任何系统都有一定的层次性,财务管理实验课程的层次性体现在实验课程总体与各实验项目之间的层次性,以及各实验项目之间由其先后顺序带来的层次性。四是在处理上述关系时,要把握动态性原则和综合性原则。系统的联系是靠运动来实现的,世间万物都是在联系中运动,运动发展着联系,各财务实验模块诸如预算、筹资、用资、投资等彼此动态相联。综合就是把对象的各部分、各方面和各因素联系起来,综合运用和实验验证各种理财工具和方法。

(二)实验环境情景化

财务管理实验是在实验室内的模拟操作,借助实验室把财务管理从宽泛的社会环境和复杂的企业内部环境的联系中,单独提炼出来,创造适应财务管理实验教学的实验情境,营造满足财务管理模拟实验目的的实验室环境。在纯粹的实验室情境中,将财务管理研究对象从繁杂的联系中隔离出来,形成一个个彼此独立的实验单元,使其呈现在纯粹的环境条件中,以利于深入全面地通过实验验证和把握财务管理现象的本质特征,而彼此相互独立的实验单元在统一的实验室情境中,最后一体化,从整体上揭示财务管理现象的一般规律。

实验室模拟情景实验的另一优越之处在于,把握财务管理的主要环节,缩短财务管理流程,在较短的时间内,模拟操作企业理财的全部流程,实现对财务管理过程的全面认知。实际工作中,财务管理业务繁杂,企业与外部、部门单位之间,尤其是企业内部各项工作之间联系广泛,并且一些交易和事项的发生在时间和空间上并不具有规律性,课程教学涉及的经济业务在一般的校外实习中未必就会发生,短期的校外实习难以形成对财务管理全过程的完整认识。但是,在实验室情境中模拟实验,可以对模拟企业财务管理活动根据模拟实验目标需要进行加工改造,形成特有的实验情境,简化缩短财务管理的过程,在较短的时间内形成对企业财务管理流程全貌的完整理解与认识。

（三）实验操作仿真化

财务管理模拟实验是在实验室内进行的仿真模拟操作。在实验室中,模拟企业生产经营过程,让实验者"身临其境"地进行财务管理活动,深入理解课堂所学财务管理基本理论与方法,熟悉财务管理各环节操作,掌握企业理财技能。在这种模拟环境中,实验者按照实验目标要求,结合实验内容,根据模拟企业财务管理的实际情况进行预算、筹资、投资、用资、分配等理财管理,编制财务预算和决策报告,进行财务分析,置身于"企业的财务部门"中模拟演练。使实验者对企业财务管理活动有清晰而直观的了解,既培养了实验者的动手能力,又深化了其对财务管理基础理论和方法与财务管理实际工作内在联系的认识,在理论与实务之间架起了桥梁。

（四）实验项目可操作化

财务管理模拟实验各环节虽然是一个有机的整体,但是具体到理财的各个实验项目设置了专题实验,实验项目的可操作性特点突出。例如,为了达到了解企业从预算编制、预算审核、预算分解,再到预算执行的预算管理全貌的实验目标,在设计和选择经济业务时,按照模拟企业的经济交易和事项,人为地"制造出"满足实验目标的实验情境,组织实验者进行操作,实验企业实施预算管理的原理和基本过程。这是校外实习无法比拟的,究其原因是让实验者在实习企业进行其预算管理的实际操作是不可能,也是不现实的。但是,借助实验室,创造实验情境,既可以按照预定实验目标进行模拟实验操作,又能达成所需要的实验结果。

（五）实验资料可电算化

本套实验教程数据资料可选择手工与计算机并行,以便实验者在熟悉手工财务管理业务处理的基础上,进一步掌握信息化条件下的财务管理流程。由于目前企业的业务活动、财务活动、管理活动较多地使用简易的信息系统进行计算机数据处理,从实用性角度考虑,本套资料可建立数据库导入计算机,在计算机辅助系统中,选择使用通用的 Excel 软件平台上进行财务管理的计算机模拟实验,并与手工实验内容相配套。主要实验模块包括财务分析实验、预算管理实验、筹资管理实验、投资管理实验、营运资本管理实验、财务成果分配实验等,其目的使实验者掌握信息化条件下财务管理的一般规律和基本操作技能,更好地理解基本的理财活动流程,进而能够从信息系统的角度理解财务管理的基本职能,不仅锻炼实验者财务管理的基本操作技能,而且也培养其从财务管理信息系统的角度看待问题的思维模式。

关于财务管理模拟实验电算化问题有两种解决方案:一是单独开设"Excel 在财务管理中的应用"或"计算机在财务管理中的应用"选修课程,财务管理模拟实验课直接使用选修课所学实验软件操作方法完成模拟实验;二是在单独开设的财务管理模拟实验课程中,由实验指导老师讲解和指导财务管理软件操作平台的应用。本系列实验教材资料仿真度高,基础数据信息齐备,若将相关实验数据导入计算机进行处理并不复杂,因此,为简化起见,本书略去使用 Excel 软件平台的操作步骤及其指导。

四、财务管理实验条件

(一) 实验环境

财务管理实验是财务管理课程课堂理论教学的延伸,它是将财务管理学科的基本理论与方法结合到模拟实验企业中去,在专门设置的实验室内,选择具有代表性的一般业务,人为地模拟出企业的生产经营管理活动和详细具体的财务管理活动情景,进行财务管理活动模拟操作技能训练,以此深化学生对财务管理的预算管理等基本理财环节的整体性理解与认识,培养学生的财务管理应用能力。

实验环境是开展模拟实验操作的必备外部条件,为满足模拟操作的需要,财务管理实验应在仿真的实验室环境中完成,仿真是实验环境的基本特征。在专设的仿真情景实验室内,实验者将企业预算、筹资、投资、营运、分配、分析等理财活动以实验模块的形式模拟操作,从而对企业理财活动有直观清晰全面的了解,以深入理解掌握财务管理的基础理论方法,同时熟悉财务管理工具的实际操作,提高财务知识的综合应用能力。实验室内模拟仿真演练,为学生营造出模拟企业的生产经营环境,实验者可根据实验内容的要求,自己动手,依据模拟企业财务管理的实际情况,演练从编制财务预算,到组织筹资、投资、分配决策,再到进行财务分析等理财管理的各环节,实验者通过置身于模拟出的财务管理情境中,熟悉财务管理工作的全貌,既培养了其动手操作能力,又促成了其对财务管理理论与财务管理工作内在联系的认识。

财务管理模拟实验环境条件的另一项特征是可操作性。财务管理实验中涉及一些专题实验,在实验室内可为实验者营造出具有针对性的实验环境条件进行模拟操作,如通过设计选择适当的经济业务,营造出“企业根据生产经营活动需要增加设备投资或需要产品更新”的实验条件,就可以模拟从项目可行性分析,到投资方案的拟定,再到投资方案的比较选择等投资专门决策的过程。上述实验操作,模拟实验具有校外实习不可比拟的优越性,因为校外实习既不可能为了实习让企业真正进行投资,也不可能待到企业发生投资业务时再去实习,这两方面校外实习均具有不可操作性,而在专门“制造”出来的实验室环境中就可以实现模拟操作了。

此外,财务管理模拟实验环境还可以纯化实验条件。实验室能够将研究对象从复杂的联系中隔离出来,排除各种因素干扰,将实验状态和环境纯粹化,利于实验者从纷繁复杂的经济现象中系统完整地把握事物的本质特征和一般规律。这种在实验室中将研究对象进行纯化的过程对于财务管理实验是十分必要的。

财务管理模拟实验还可以使复杂的现实环境简单化。这种简化过程通常包括两个方面:① 简化财务管理环境,把财务管理从企业外部和内部复杂的联系中简化出来,使在实验中必须保留的联系,仅仅是为了实验目的而存在;② 简化财务管理过程,把握实验内容,缩短财务管理过程,以便在较短的时间内实现实验者对理财过程的全面认识。财务管理业务繁杂,并且一些经济事项的发生在时间和空间上并不具有规律性,想要了解的经济事项在实习过程中未必会发生,加之各项财务管理工作联系广泛,短期校外实习难以对实习单位的财务管理全貌获取完整的认识,而在实验室中进行财务管理模拟实验,可以对模拟对象的财务管理活动进行加工、提炼和简化,精简业务,缩短财务管理整个流程,这样,在较短的时间内,就可以做到对财务管理工作的全过程进行模拟操作。

（二）实验人员

财务管理模拟实验室环境系统是人造系统,是为了实现模拟理财实验目标而人为地"制造"出来的开放系统,它具有一般人造系统的共性——目的性。创造该系统的是参与财务管理模拟实验的有关实验人员。对于有关的参与实验人员,可以从实验指导者与实验者两个视角来认识,而具体到实验环境中,对参与实验的这两类人员的要求是不同的。

1. 对实验指导教师的要求

实验指导教师应由财务管理的专任教师、会计专业课程教师或财务工作者承担,实验指导教师需有广博扎实的知识背景,通晓经济管理类专业知识,并充分关注财务、会计、税法等的新变化,能够将纷繁复杂的经济现象,结合财经法规的变革,适时调整地融入财务管理实验项目中去。

（1）指导教师的实验准备。

实验指导教师在组织财务管理模拟实验前,需要做好以下几个方面的工作:

① 制定实验计划、实验大纲和实验指导书。

② 试做全部模拟实验业务,一方面熟悉业务流程,另一方面根据试做中发现业务设计中可能存在的问题,事先调整业务资料,以防患于未然。

③ 撰写实验指导教案,详细列明每一实验项目的实验步骤、要求和具体操作程序,注明其所涉及的理论知识的出处、知识要点,以及应用时应当注意的问题等。

（2）指导教师的主要职责。

① 实验指导教师需要明确专业培养目标、实验教学目的和要求,告知实验者财务管理专业课程实验的重要性,提高实验者对实验整体情况的认识。

② 了解实验者的知识结构、专业技能、思想动态等基本情况。

③ 制定实验实施计划,熟悉实验教材,指导实验者正确地进行各种实验业务操作。

④ 制定每一实验项目具体的实验评分标准,审阅批改实验者提交的实验资料,评定实验成绩,写出实验评语。

⑤ 根据实验中发现的问题,结合财务管理课程教学,及时进行实验点评,指导学生灵活运用专业知识,协作完成实验操作。

⑥ 对整个实验过程进行全程监控,发现问题及时解决,严格实验纪律,杜绝抄袭他人实验资料、坐享其成现象的出现,提高实验效果。

2. 对实验者的要求

（1）实验者已学习过经济学、管理学、统计学等专业基础课程和会计学、财务会计、成本会计、财务管理等先期专业课程。

（2）实验者能够熟练运用 Excel 等基本办公软件和财务软件进行实验数据处理。

（3）实验者熟悉《企业财务通则》《企业会计准则》《企业产品成本核算制度》及其他相关财经法规。

（4）实验者必须按照企业财务通则、会计准则、产品成本核算制度等财经法规处理业务资料。

（5）实验者需事先温习先期所学专业基础课程和专业课程，熟悉财务管理工具，为进入实验阶段奠定良好的理论知识基础。

（6）实验者要遵守实验室规章制度和实验纪律，尊重实验指导教师，团结协作，按质按量地完成实验操作。

（三）实验耗材

1. 可重复使用的实验耗材

本着精打细算、勤俭理财的原则，实验中要经济地利用各种实验资源。对于可重复使用的实验耗材，需回收利用，切实提高实验耗材的使用效果和利用率。可重复使用的实验耗材是指财务管理实验中可多次重复使用的实验材料，这类耗材主要包括以下几个方面：

（1）实验模拟企业的印章，包括企业法人章、企业公章、企业财务章等。

（2）主要岗位人员名章，包括财务经理、财务主管、预算、融资、投资等岗位负责人员个人章。

（3）其他实验耗材，包括印台、印章垫板、装订机、直尺、裁纸刀、红笔等。

2. 一次性消耗的实验耗材

一次性消耗的实验耗材只在实验中使用一次，不可回收重复使用。本套实验业务可根据模拟实验需要分组完成，每个实验小组均需完成一套全部业务，单套业务所需实验材料如下：

（1）空白财务分析报告及封面一套。

（2）空白预算报告及封面一套。

（3）空白筹资和还款计划及封面一套。

（4）空白投资财务可行性分析报告及封面一套。

（5）空白营运资金分析报告及封面一套。

（6）空白利润分配表及封面一套。

为方便保管，上述实验材料在实验结束时装订成册，整理归档。

此外，除上述实验材料外，实验室还应备有墨水、胶水、糨糊、印油、装订线等公共耗材和各种备用实验材料。

如果将本套实验资料结合计算机进行模拟，实验室还需配备一定数量的计算机，以人手一台计算机为宜，并且实验室需具备安装 Excel 2003 或以上版本财务软件的条件。

第二节 财务管理实验实施概述

一、财务管理实验实施概述

（一）实验实施步骤

作为应用性经济学科,实验教学是财务管理教学中的重要环节,实验者通过实验熟悉了解财务管理工作的全貌,理论联系实际,培养提高动手操作能力,为以后的财务管理实务工作打下基础。具体实验步骤分为以下四个阶段的工作。

1. 实验准备阶段

实验准备包括以下几个方面:

（1）实验场所准备,包括专门的实验室,实验室内软硬件设施要齐备等;

（2）实验设备准备,包括实验硬件计算机、多媒体演示设备等;

（3）实验材料准备,包含实验所需一次性耗材和可多次重复使用材料的准备;

（4）实验知识准备,包括会计知识、财务管理知识,以及管理学科、经济学科相关知识准备。

2. 具体操作阶段

该阶段为模拟实验的主要阶段,可分为两个操作步骤。

第一,由实验指导教师介绍实验目标企业的基本财务情况,讲解实验目的与意义,提出实验的具体要求。

第二,在实验老师指导下,由实验者独立完成各实验项目的实验操作。

3. 整理归档阶段

该阶段实验指导教师首先需要对实验情况进行总体讲评,然后每位实验者将其实验过程中形成的实验分析报告分类整理,总结经验,找出不足,提出改进措施,形成文档资料,最后由实验者将所有实验分析报告归档保存。

4. 撰写报告阶段

该阶段为实验者全面总结阶段,将实验过程、实验内容、实验心得、实验经验、实验中发现的问题等整理总结为实验报告。

（二）实验运作方式

1. 分岗运作方式

分岗运作方式是对实验者分组,组内按照财务管理机构各岗位分工情况分岗操作的运作方式。该种运作方式的优越之处在于,实验者能够在实验中熟悉、明确各财务管理岗位的基本职责,掌握各类财务管理岗位业务的处理过程,以及相关资料在各岗位之间的传递程序和传递方式,同时也能了解到财务部门与企业内部其他单位及外部有经济业务往来的各有关单位的财务关系,以及相关经济业务的处理方式。虽然分岗运作方式实验者能够直观地感受实际财务工作情况,仿真性强,但是这种运作方式在实习过程中组织难度较大,实验者对实验内容的全面了解和掌握程度较低。

2. 混岗运作方式

混岗运作方式是每一位实验者均独立完成全部财务管理模拟实验内容的运作方式。这种运作方式的优点是,实验者在整个实验过程中,各项财务管理专业技能都能获得系统、全面的掌握,并且在实验人数较多的情况下,便于组织集中实验。其不足是:① 不能使实验者感受到实际工作财务管理机构各岗位的业务分工和内部牵制,不能切身体验企业的内部控制制度;② 相关资料在各岗位之间的传递过程无法模拟操作;③ 实验者的工作量大,耗用时间长;④ 实验材料消耗大,实验成本较高。

值得注意的是,由于近年来作为信息高速化的计算机工具已普遍应用于财务管理工作中,财务管理人员不但要掌握各种财务管理理论和方法,还要熟悉计算机操作和相关财务软件的应用。同时为了能够将计算机财务管理实验与手工操作两种运作方式进行有机结合,在具体实验中又有两种实验运作方式可供选择:一是混岗式的手工操作与分岗式的计算机财务管理实验相结合;二是分岗式的手工操作与混岗式的计算机财务管理实验相结合。这两种组合都能取得较好的实验效果。本套实验资料这两种运作方式均可使用。

二、财务管理实验的考核评价

(一)实验考评项目

实验考核是财务管理实验中的重要环节,是达到实验目标、完成实验计划内容、确保实验质量的重要一环。财务管理实验考评项目通常包括以下几个方面。

1. 实验纪律

严格的实验纪律是模拟实验有序进行的重要保证,没有好的实验纪律,就难以取得良好的实验效果。实验纪律包括实验制度的遵守、实验课堂纪律的遵守等,需要结合每位实验者的具体表现综合考评。

2. 实验日志

在实验过程中,实验者需要撰写实验日志,记录实验内容、实验操作方式、实验过程中遇到的问题、解决问题的方法、实验心得体会等。通过该环节操作,一方面调动实验者运用财务管理基本理论与方法分析和解决问题的能力,另一方面也为最后撰写实验报告积累素材。

3. 实验技能

实验技能具体包括根据不同的实验项目内容选择使用正确的实验操作方法、正确编写财务分析报告、装订实验资料、实验资料整理归档等,该考评项目在财务管理实验中居于核心地位。

4. 实验报告

实验报告是完成财务管理模拟实验全过程的书面总结,该环节主要考核实验者能否以实验项目的内容作为论题,准确地描述各种不同性质财务活动之间的内在联系;能否结合实验内容的重点和疑点,提出问题,分析问题,并提出切合实际的改进措施和建议。

（二）实验操作规范

实验操作应模拟财务管理实际工作情景,按照其业务程序及企业财务制度,填制形成相应资料,汇集总结实验成果。

实验过程中,必须认真审阅实验资料,结合课堂所学的财务管理基础理论与基本方法明了实验设计的初衷,切实领会理解实验题意,在此前提下,再实施动手操作,做完后要进行复检,以防遗漏和错误。

具体而言,一是文字和数字书写要规范、正确、整洁、清楚。二是实验用表、单、报告,要求一律采用统一格式的,表单中的项目要按规定填写完整清楚;填写时注意除了按规定必须使用红色墨水笔外,所有文字数字都应使用黑色墨水书写,除非复写需要,否则不允许使用铅笔和圆珠笔;书写有误时,要按规定方法更正,不得任意涂改、刮、擦、挖、补,另外按正确方法改正后须在修改处盖章确认。

（三）实验考评标准

1. 考评指标设置及分值结构

实验考核的依据是财务管理实验大纲。结合模拟实验计划和实验大纲要求,对实验成果的验收和考评指标设置可为四个部分:实验结果、实验报告、实验考勤、实验加分;其分值分别为:60分、20分、10分、10分。

2. 对实验结果的考评

对实验结果的考评主要体现在实验项目分析报告上。具体而言,对实验结果的成绩评定等级分为优秀、良好、中等、及格和不及格五级。评定依据是实验项目数据的计算和实验项目分析报告。

（1）优秀（90分及以上）。全面独立地完成实验任务,能较好地综合地运用所学的财务管理理论和专业知识,基础理论扎实,基本方法运用得当,基本技能熟练;能选择正确的财务管理方法进行分析,数据计算准确;分析报告、计算表书写规范,报告完整、准确,图表和模型运用得当、规范;实验项目分析报告依据充分,论证正确,内容充实,文句通畅,条理清楚,理论联系实际有独到之处或有一定的创见。

（2）良好（80～89分）。较好地独立完成实验任务,能较好地综合地运用所学的财务管理理论和专业知识,基础理论、基本技能掌握较好;能选择正确的财务管理方法进行分析,数据计算准确;分析报告、计算表书写工整,图表和模型运用合理;实验项目分析报告依据充分,论证正确,内容较充实,文句通顺,条理清楚,有一定见解。

（3）中等（70～79分）。能够运用所学的财务管理理论和专业知识,基础理论、基本技能掌握一般;尚能选择财务管理方法进行分析,数据计算基本准确;分析报告、计算表书写较工整,图表和模型运用基本合理;实验项目分析报告依据比较充分,论证一般,内容叙述较清楚,文句基本通顺,条理较清楚。

（4）及格（60～69分）。能够运用所学的财务管理理论和专业知识,基础理论、基本技能掌握不够扎实;在实验教师指导下,财务分析方法的应用和计算无较大错误,数据计算基本满足要求;分析报告、计算表书写较工整,图表和模型运用基本合理;实验项目分析报告有一定依据,论证一般,内容叙述较清楚,无原则性错误,文句尚通顺,条理较清楚,实验基本符合要求。

(5) 不及格(59分及以下)。未能按要求完成实验任务,实验项目分析报告依据不足,论证一般,文句不通顺,条理不清楚,内容不完整,计算不准确,图表和模型运用不符合要求,实验报告书未达到要求。

3. 对实习报告的考评

对实习报告的成绩评定等级分为优秀、良好、中等、及格和不及格五级:

(1) 优秀(90分及以上)。格式规范,书写工整,观点明确,内容充实,文句通畅,字数在3 000~4 000之间。

(2) 良好(80~89分)。格式较规范,书写较工整,观点较明确,内容较充实,文句通顺,字数在3 000~4 000之间。

(3) 中等(70~79分)。书写较工整,内容叙述较清楚,文句较通畅,字数在3 000~4 000之间。

(4) 及格(60~69分)。内容叙述较清楚,无重大原则性错误,实验基本符合要求,字数在3 000~4 000之间。

(5) 不及格(59分及以下)。未能按要求完成实验任务,实验报告未达到要求。

4. 考勤办法

该部分考评分值为10分。其中,迟到、早退每次扣1分,旷课每次扣2分,扣满10分后得负分,累计扣分达到40分,取消其实习资格,该门实验课程总评不及格。

5. 加分办法

该部分分值为10分。其中,各项实验结果正确,加分不超过3分;自制表格设计合理、明晰,有推广应用价值,加分不超过3分;实验依据理论方法有独到见解,分析透彻,加分不超过4分。

第二章　模拟实验企业概况

第一节　模拟企业简介

不同行业以及同行业的不同企业都有其自身生产经营管理的特点,所采用的财务管理方法也不尽相同。而财务管理仿真模拟实验,需要引用原型企业,由于不同模拟对象的组织机构、管理体制、生产组织与管理方法等方面均具有不同特点,其组织会计核算和财务管理工作中业务的典型性和复杂程度各异,在模拟对象选择上需要结合专业知识学习的特点,鉴于会计专业以制造业企业为例学习业务核算,本书模拟的原型企业——优卡股份有限公司——是一家中小规模的制造业企业,以下是优卡股份有限公司的基本信息。

一、优卡股份有限公司的基本情况

优卡股份有限公司位于山东省泰安市,地处泰安国家级高新技术产业开发区内,公司北依五岳独尊的巍巍泰山,南邻圣人之乡——曲阜,地理位置得天独厚,山水之间人杰地灵。

优卡股份有限公司属专用设备制造行业,在创业板上市交易,股票交易代码3019888;法人代表:王大伟,公司联系电话0538-8922999,注册地:山东省泰安市高新区南天街50号,邮政编码271000;经山东省泰安市工商行政管理局核准设立,并于2010年1月1日取得泰安市工商行政管理局核发的37092228887799号的企业法人营业执照;公司被认定为增值税一般纳税人,增值税税率为17%,企业所得税税率为25%,税务登记证所列主营业务为:安全监测设备、灾害防治机电设备的生产和销售,主要产品有:锚护机具、仪表。

优卡股份有限公司以人为本、海纳百川、追求卓越,至2016年12月,公司在册职工252人,其中:生产工人210人,管理人员30人,销售人员12人。职工队伍中,本科以上学历占70%以上,研究生以上学历占30%以上,公司高管、中层管理人员为来自五湖四海的各类专业高级技术人才、综合管理人才。以优卡股份有限公司核心专家团队为依托,现建有国家级、省部级等各级技术中心10多个,拥有22项国家专利,30项国家授权知识产权,80项产品安全标志认证,研发团队曾参与国家多项科研技术攻关项目,并获国家科技项目二等奖、煤炭部科技进步三等奖等多项奖励。

公司面向市场、以客户为导向,致力于推动中国矿山安全事业的发展,历经十几年不断发展,公司大力推进科研成果向生产力转变,已成为国内煤矿安全行业的龙头企业。优卡股份有限公司矢志不移地把"为矿山安全护航"作为企业宗旨,把"全力服务用户,真诚回报社会"作为企业核心价值观,发扬"敬业、求实、创新"精神,精密管理、精益研发、精细生产、精致服务,做广大客户矿井生产的强大后盾,为矿山工人的安全幸福贡献一份责任和力量。

二、优卡股份有限公司的机构设置

(一)公司股本结构

公司严格按照《公司法》《证券法》《上市公司治理准则》《深圳证券交易所创业板股票上市规则》《深圳证券交易所创业板上市公司规范运作指引》等法律、法规和中国证监会、深交所相关文件的要求,继续完善公司的法人治理结构,建立健全公司内部管理和控制制度,持续深入开展公司治理活动,促进了公司规范运作,提高公司治理水平。

公司董事会设董事 10 名,其中独立董事 4 名,董事会的人数及人员构成符合法律、法规和公司章程的要求。各位董事能够依据《董事会议事规则》等法规开展工作,出席董事会和股东大会,勤勉尽责地履行职责和义务。

公司监事会设监事 3 名,其中设置职工代表监事 1 名,人数和人员构成符合法律、法规和公司章程的规定与要求。监事会会议的召集、召开程序,完全按照《监事会议事规则》的要求,并按照拟定的会议议程进行。公司监事能够认真履行自己的职责。

公司已发行股份 44 000 000 股,每股面值 1 元,总股本 44 000 000 元。2016 年 12 月 31 日股本结构见表 2-1。

表 2-1 优卡股份有限公司股本结构

项 目	持股数量(股)	持股比例
有限售条件股份	28 600 000	65%
其中:科大山海公司法人股	13 200 000	30%
境内自然人持股	15 400 000	35%
无限售条件股份	15 400 000	35%
股份总数	44 000 000	100%

(二)公司管理人员及账户信息

董事长:王大伟

总经理:黄化强

主管会计工作负责人:万宇航

会计机构负责人:黄华

总账报表核算:刘莉

财产物资核算:王华

复核:前程

出纳:田丽

往来款项核算:马丽

公司地址:泰安市高新区南天街 50 号

开户行:中国农业银行高新区支行

账号:955990077666888888

第二节 模拟企业财务管理岗位设置

一、岗位设置

优卡股份有限公司设置财务管理岗位有:财务总监、财务经理、财务主管、出纳、预算会计、实物资产会计、税务会计、财务会计。

二、职责分工

根据公司财务管理的需要,优卡股份有限公司设置的财务管理岗位及其岗位职责如下。

(1)设财务总监一人,负责参与公司发展战略、经营计划的制定;安排起草公司财务、预算计划,指导监控计划的实施;作为核心成员参与公司投资计划的制定、投资项目的决策;安排制定公司筹资融资计划,指导监控计划的实施;开展公司部分投资项目的管理工作;协助公司总裁进行部分日常管理工作;负责公司日常开支的审批工作。

(2)设财务经理一人,负责公司的财务和会计管理工作;组织公司的财务预算、筹资、投资、资本运营工作;审批各项费用支出,审签财务报告。

(3)设财务主管一人,负责组织编制公司年度销售预算、生产预算、资金及费用预算,参与公司年度经营会议,讨论、分解预算及责任目标,参与各部门预算的汇总和责任目标编制;负责将预算执行结果与预算目标进行比较分析;分析每年费用支出状况;建立、实施、检查和完善财务管理和核算制度;制定、修订、完善财务管理的各项定额指标;负责成本分析及控制,成本费用支出的审批;编制公司月度、季度、年度财务报告;组织财务人员学习有关财务制度。

(4)设出纳一人,负责现金收付和银行结算业务,登记库存现金和银行存款日记账;保管库存现金和各种有价证券,保管与其工作有关的印章、空白收据和空白支票;个人所得税代缴申报事项及财务费用、利息、租金的计算与收付事项。

(5)设财产物资会计一人,负责各项材料、在制品等存货进出库单据收集及整理归档工作;分品种规格建立明细分类账;不定期抽检物料财物;定期组织物料盘点,并进行结果确认;督查仓库。

(6)设往来款项会计一人,主要负责登记各总分类账、明细分类账,协助财务主管编制会计报表,并负责管理会计凭证及会计报表;分析公司的财务状况和经营成果,编写财务状况说明书,进行财务预测和决策,为经营活动提供分析资料和决策依据。

(7)设复核会计一人,负责各种凭证、账簿的复核监督工作;兼做税务会计工作,负责办理公司有关税金的计算、缴纳、查对等事项,办理公司税务登记和公司变更登记等工作,编制税务报表、产销月报表及有关统计事项;负责职工薪酬核算、个人所得税扣缴及其他与税务有关的事项。

各财务管理岗位职责分工,如表2-2所示。

表 2－2　财务管理人员职责分工一览表

分工序号	业务分工	姓　名
1	财务总监	万宇航
2	财务经理	黄华
3	财务主管	刘莉
4	财产物资会计	王华
5	往来款项会计	马丽
6	复核会计	前程
7	出纳	田丽

第三节　模拟企业财务管理制度

一、财务管理原则

财务管理原则也称理财原则,是财务管理所应遵循的指导性理念或标准,是人们对财务活动的共同的、理性的认识,它是联系理论与实务的纽带,是为实践所证明了的并且为多数理财人员所接受的理财行为准则,是财务理论和财务决策实践的基础。

优卡股份有限公司财务管理活动中应遵循以下六项基本原则。

(一)系统原则

财务管理是企业管理系统的一个子系统,本身又由预算管理、筹资管理、投资管理、分配管理等子系统构成。在财务管理中坚持系统原则,是本公司理财工作的首要出发点,具体而言,要做到以下几点:① 整体优化。从公司整体战略出发,各财务管理子系统围绕公司理财目标开展工作,不能"各自为政",部门利益要服从公司整体利益。② 结构优化。公司财务管理系统是有一定层次结构的层级系统,在企业资源配置方面,应注意结构比例优化,通过资本结构、资产结构、分配结构等的优化确保企业整体优化。③ 环境适应性。财务管理系统处于理财环境之中,必须保持适当的弹性,以适应环境的变化,达到"知彼知己,百战不殆"的境界。

(二)资金合理配置原则

资金合理配置是指公司在组织和使用资金的过程中,应当使各种资金保持合理的结构和比例关系,保证公司生产经营活动的正常进行,使资金得到充分有效的运用,并从整体上取得最大的经济效益。拥有一定数量的资金是公司进行生产经营活动的必要条件,但是任何企业的资金总是有限的。在公司的财务管理活动中,资金的配置从筹资的角度看表现为资本结构,具体表现为负债资金和所有者权益资金的构成比例,长期负债和流动负债的构成比例,以及内部各具体项目的构成比例。公司不但要从数量上筹集保证其正常生产经营所需的资金,而且必须使这些资金保持合理的结构比例关系。从投资或资金的使用角度看,公司的资金表现为各种形态的资产,各形态资产之间应当保持合理的结构比例关系,包括对内投资和对外投资的构成比例。对内投资中,流动资产投资和固定资产投资的构成比例、有形资产和无形资产的构成比例、货币资产和非货币资产的构成比例,以及各种资产内部的结构比例等;对外投资中,债权投资和股权投资的构成比例、长期投资和短期投资的构成比例等。上述这些资金构成比例的确定,都应遵循资金合理配置原则。

（三）"成本—效益"原则

遵循"成本—效益"原则就是要对公司生产经营活动中的所费与所得进行分析比较,将花费的成本与所取得的效益进行对比,使效益大于成本,产生"净增效益"。"成本—效益"原则贯穿于公司的全部财务活动之中。在筹资决策中,应将所发生的资本成本与所取得的投资利润率进行比较;在投资决策中,应将与投资项目相关的现金流出与现金流入进行比较;在生产经营活动中,应将所发生的生产经营成本与其所取得的经营收入进行比较;在不同备选方案之间进行选择时,应将所放弃的备选方案预期产生的潜在收益视为所采纳方案的机会成本与所取得的收益进行比较。在具体运用"成本—效益"原则时,应避免"沉没成本"对决策的干扰（"沉没成本"是指那些已经发生、不会被以后的决策改变的成本）,因此,在做各种财务决策时,应将其排除在外。

（四）"风险—报酬"均衡原则

风险与报酬是一对孪生兄弟,形影相随,投资者要想取得较高的报酬,就必然要冒较大的风险,而如果投资者不愿承担较大的风险,就只能取得较低的报酬。"风险—报酬"均衡原则是指决策者在进行财务决策时,必须对风险和报酬作出科学的权衡,使所冒的风险与所取得的报酬相匹配,达到趋利避害的目的。在筹资决策中,负债资本成本低,财务风险大,权益资本成本高,财务风险小。公司在确定资本结构时,应在资本成本与财务风险之间进行权衡。任何投资项目都有一定的风险,在进行投资决策时必须认真分析影响投资决策的各种可能因素,科学地进行投资项目的可行性分析,在考虑投资报酬的同时考虑投资的风险。在具体进行风险与报酬的权衡时,由于不同的财务决策者对待风险的态度不同,有的人偏好高风险、高报酬,有的人偏好低风险、低报酬,但每一个人都会要求风险和报酬相对等,不会去冒没有价值的无谓风险。

（五）现金收支平衡原则

在财务管理中,公司贯彻的是收付实现制,而非权责发生制,客观上要求在理财过程中做到现金流入与现金流出在数量上和时间上达到平衡,即现金流转平衡。公司的现金流入和流出的发生,是因营业收入与营业支出产生的,同时又受筹资与投资活动的影响。获取收入以发生支出为前提,投资以融资为前提,负债本息的偿还支付及红利分配要求公司经营获利或获得新的资金来源。资金不足,会影响公司的正常生产经营,坐失良机,严重时会影响到公司的生存;资金多余,会造成闲置和浪费,给企业带来不必要的损失。现金收支平衡原则要求公司一方面积极组织收入,确保生产经营和对内、对外投资对资金的正常合理需要;另一方面,要节约成本费用,压缩不合理开支,避免盲目决策。保持公司一定时期资金总供给和总需求动态平衡和每一时点资金供需的静态平衡,要在一系列的复杂业务关系中通过现金预算管理保持现金的收支平衡。

（六）利益关系协调原则

公司是由各种利益集团组成的经济联合体,这些经济利益集团主要包括公司的所有者、经营者、债权人、债务人、国家税务机关、消费者、公司内部各部门和职工等。利益关系协调原则要求公司协调、处理好与各利益集团的关系,切实维护各方的合法权益,将按劳分配、按资分配、按知识和技能分配、按绩效分配等多种分配要素有机结合起来。只有这样,公司才能营造一个内外和谐、协调的发展环境,充分调动各有关利益集团的积极性,最终实现企业价值最大化的财务管理目标。

二、财务管理制度

公司依据财政部颁布的《企业财务通则》,结合公司经济业务实际情况特制定本制度。

（1）公司采用借贷记账法,依据《企业会计基本准则》《企业会计具体准则》及其应用指南,使用规范的会计科目名称和编号,设置总分类账、库存现金日记账、银行存款日记账,以及各种成本费用明细账、物资管理明细账和相应的数量卡片保管账、备查簿等记录汇总公司的财务信息。

（2）公司依据零基预算与固定预算相结合的方法编制年度预算。

（3）公司销售业务现金回款方式为:60%在销售当季收回,40%在下季度收讫。

（4）公司预计期末存货是下季度销售量的10%,期初存货是上季度的期末存货,第四季度期末存货即全年预计期末存货,用于编制全年的预计资产负债表。

（5）公司每季度的预计期末材料存货是下季度生产消耗量的10%。

（6）公司预计现金支出:采购当季为60%,下季为40%。

（7）公司季末最低现金余额为20 000 000元。

（8）公司单位产品生产工时及每小时直接人工成本固定不变。

（9）公司所有期间费用都在费用发生的当期支付。

（10）公司固定的管理人员薪金、广告费、保险费等都在发生当季支出,每季度有非现金的变动销售和管理费用支出。

（11）公司利息在偿还本金时支付,公司加权平均资金成本为10%。

（12）公司法定公积金按10%提取,当法定公积金提取额累计达到注册资本的50%以后,不再提取。

（13）公司按10%提取任意盈余公积金。

（14）公司采用计件与计时相结合的工资制度,管理人员采用计时工资制,生产工人采用计件工资制。

（15）公司采用年限平均法计提折旧。

（16）公司单位产品制造费用和单位销售管理费用保持不变,商品售价保持不变,期初、期末单位产品原材料消耗量和生产工时消耗量保持不变。

（17）公司年末分析财务状况与经营成果,为下年度财务预算、筹资、投资和财务成果分配提供依据。

（18）公司股利在下年度分季度等额支付。

（19）公司每月月末组织财产清查和盘点工作。

（20）公司缴纳各种税费：增值税（税率为17％）、所得税（税率为25％），其他税费略。

三、适用的企业统一会计科目（见表2－3）

表2－3 适用的企业统一会计科目

编 号	会计科目名称	编 号	会计科目名称
	一、资产类	1811	递延所得税资产
1001	库存现金	1901	待处理财产损溢
1002	银行存款		二、负债类
1012	其他货币资金	2001	短期借款
1101	交易性金融资产	2101	交易性金融负债
1121	应收票据	2201	应付票据
1122	应收账款	2202	应付账款
1123	预付账款	2203	预收账款
1131	应收股利	2211	应付职工薪酬
1132	应收利息	2221	应交税费
1221	其他应收款	2231	应付利息
1231	坏账准备	2232	应付股利
1401	材料采购	2241	其他应付款
1403	原材料	2401	递延收益
1404	材料成本差异	2501	长期借款
1405	库存商品	2502	应付债券
1408	委托加工物资	2701	长期应付款
1411	周转材料	2702	未确认融资费用
1471	存货跌价准备	2801	预计负债
1501	持有至到期投资	2901	递延所得税负债
1502	持有至到期投资减值准备		三、所有者权益类
1503	可供出售金融资产	4001	实收资本
1511	长期股权投资	4002	资本公积
1512	长期股权投资减值准备	4101	盈余公积
1531	长期应收款	4103	本年利润
1532	未实现融资收益	4104	利润分配
1601	固定资产		四、成本类
1602	累计折旧	5001	生产成本
1603	固定资产减值准备	5101	制造费用
1604	在建工程	5301	研发支出
1605	工程物资		五、损益类
1606	固定资产清理	6001	主营业务收入
1701	无形资产	6051	其他业务收入
1702	累计摊销	6061	汇兑损益
1703	无形资产减值准备	6101	公允价值变动损益
1711	商誉	6111	投资收益
1801	长期待摊费用	6301	营业外收入

编　号	会计科目名称	编　号	会计科目名称
6401	主营业务成本	6603	财务费用
6402	其他业务成本	6701	资产减值损失
6405	营业税金及附加	6711	营业外支出
6601	销售费用	6801	所得税费用
6602	管理费用	6901	以前年度损益调整

第四节　模拟企业财务评价指标体系

一、盈利能力指标

盈利能力指标是反映公司盈利能力和盈利分配情况的指标,它是企业财务结构和经营绩效的综合表现。企业经营之目的在于盈利且经营与规模不断成长与发展。

各方信息使用者无不对公司盈利程度寄予莫大的关切。投资者关心公司赚取利润的多少并重视对利润的分析,因为他们的投资报酬是从中支付的,作为股票上市公司,企业盈利增加还能使股票市价上升,从而使投资者获得资本收益。对于债权人而言,利润是企业偿债能力的重要来源。政府有关部门关心的则是微观和宏观的经济效益以及各种税费上交的可靠性。对于企业管理者而言,可通过对盈利能力指标的分析,来评价判断企业的经营成果,分析变化原因,总结经验教训,不断提高企业获利水平。公司是管理者经营业绩和管理效能的集中表现。对于职工而言,则是丰厚报酬及资金的来源,并可保证工作的稳定。盈利能力指标也是集体福利设施不断完善的重要保障。

（一）与投资有关的盈利能力指标

1. 盈余现金保障倍数

盈余现金保障倍数,是企业一定时期经营现金净流量与净利润的比值,反映了企业当期净利润中现金收益的保障程度,真实反映了企业盈余的质量。其计算公式为:

$$盈余现金保障倍数 = \frac{经营现金净流量}{净利润}$$

一般来说,当企业当期净利润大于 0 时,盈余现金保障倍数应当大于 1。该指标越大,表明企业经营活动产生的净利润对现金的贡献越大。

2. 总资产报酬率

总资产报酬率,是企业一定时期内获得的报酬总额与平均资产总额的比率,反映了企业资产的综合利用效果。其计算公式为:

$$总资产报酬率 = \frac{息税前利润总额}{平均资产总额} \times 100\%$$

其中：

$$息税前利润总额 = 利润总额 + 利息支出$$

一般情况下，总资产报酬率越高，表明企业的资产利用效益越好，整个企业盈利能力越强。

3. 净资产收益率

净资产收益率，是企业一定时期净利润与平均净资产的比率，反映了企业自有资金的投资收益水平。其计算公式为：

$$净资产收益率 = \frac{净利润}{平均净资产} \times 100\%$$

其中：

$$平均净资产 = \frac{所有者权益年初数 + 所有者权益年末数}{2}$$

一般认为，净资产收益率越高，企业自有资本获取收益的能力越强，运营效益越好，对企业投资人、债权人利益的保证程度越高。

4. 资本收益率

资本收益率，是企业一定时期净利润与平均资本（即资本性投入及其资本溢价）的比率，反映企业实际获得投资额的回报水平。其计算公式为：

$$资本收益率 = \frac{净利润}{平均资本} \times 100\%$$

其中：

$$平均资本 = \frac{实收资本年初数 + 资本公积年初数 + 实收资本年末数 + 资本公积年末数}{2}$$

上述资本公积仅指资本溢价（或股本溢价）。

（二）与销售有关的盈利能力指标

1. 销售利润率

销售利润率，是利润总额与销售收入净额的比率，反映了企业销售收入中，职工为社会劳动新创价值所占的份额。其计算公式为：

$$销售利润率 = \frac{利润总额}{销售收入净额} \times 100\%$$

该项比率越高，表明企业为社会新创价值越多，贡献越大，也反映企业在增产的同时，为企业多创造了利润，实现了增产增收。

2. 成本费用利润率

成本费用利润率，是指企业利润总额与成本费用总额的比率，反映了企业生产经营过程

中发生的耗费与获得的收益之间的关系。其计算公式为:

$$成本费用利润率 = \frac{利润总额}{成本费用总额} \times 100\%$$

该比率越高,表明企业耗费所取得的收益越高,这是一个能直接反映增收节支、增产节约效益的指标。企业生产销售的增加和费用开支的节约,都能使这一比率提高。

（三）与股本有关的盈利能力指标

1. 每股收益

每股收益也称每股利润或每股盈余,是反映企业普通股股东持有每一股份所能享有企业利润或承担企业亏损的业绩评价指标。每股收益的计算包括基本每股收益和稀释每股收益。基本每股收益的计算公式为:

$$基本每股收益 = \frac{归属于普通股东的当期净利润}{当期发行在外普通股的加权平均数}$$

其中:

$$当期发行在外普通股的加权平均数 = 期初发行在外普通股股数 + 当期新发行普通股股数 \times \frac{已发行时间}{报告期时间} - 当期回购普通股股数 \times \frac{已回购时间}{报告期时间}$$

已发行时间、报告期时间和已回购时间一般按天数计算,在不影响计算结果的前提下,也可以按月份简化计算。

稀释每股收益是在考虑潜在普通股稀释性影响的基础上,对基本每股收益的分子、分母进行调整后再计算的每股收益。每股收益越高,表明公司的获利能力越强。

2. 每股股利

每股股利,是上市公司本年发放的普通股现金股利总额与年末普通股总数的比值,反映上市公司当期利润的积累和分配情况。其计算公式为:

$$每股股利 = \frac{普通股现金股利总额}{年末普通股总数}$$

3. 市盈率

市盈率,是上市公司普通股每股市价相当于每股收益的倍数,反映投资者对上市公司每股净利润愿意支付的价格,可以用来估计股票的投资报酬和风险。其计算公式为:

$$市盈率 = \frac{普通股每股市价}{普通股每股收益}$$

一般来说,市盈率高,说明投资者对该公司的发展前景看好,愿意出较高的价格购买该公司股票。但是,某种股票的市盈率过高,也意味着这种股票具有较高的投资风险。

4. 每股净资产

每股净资产,是上市公司年末净资产(即股东权益)与年末普通股总数的比值。其计算公式为：

$$每股净资产 = \frac{年末股东权益}{年末普通股总数}$$

二、营运能力指标

营运能力指标包括反映流动资产周转情况的指标、反映固定资产周转情况的指标和反映总资产周转情况的指标。

（一）流动资产周转情况指标

反映流动资产周转情况的指标主要有应收账款周转率、存货周转率和流动资产周转率。

1. 应收账款周转率

应收账款周转率，是反映应收账款周转速度的指标，它是一定时期内赊销收入净额与应收账款平均余额的比率。应收账款周转率有两种表示方法：一种是应收账款在一定时期内（通常为一年）的周转次数，另一种是应收账款的周转天数即所谓应收账款账龄。其计算公式为：

$$应收账款周转率（次数）= \frac{赊销收入净额}{应收账款平均余额}$$

$$赊销收入净额 = 销售收入 - 现销收入 - 销售折扣折让$$

$$应收账款平均余额 = \frac{期初应收账款 + 期末应收账款}{2}$$

$$应收账款周转天数 = \frac{360}{应收账款周转率}$$

$$= \frac{平均应收账款 \times 360}{销售收入}$$

$$= \frac{平均应收账款}{平均日销售额}$$

在一定时期内应收账款周转的次数越多，表明应收账款回收速度越快，企业管理工作的效率越高。这不仅有利于企业及时收回货款，减少或避免发生坏账损失的可能性，而且有利于提高企业资产的流动性，提高企业短期债务的偿还能力。

2. 存货周转率

存货周转率，是一定时期内企业销货成本与存货平均余额的比率。它是反映企业销售能力和流动资产流动性的一个指标，也是衡量企业生产经营各个环节中存货运营效率的一个综合性指标。其计算公式为：

$$存货周转率 = \frac{销货成本}{（期初存货 + 期末存货）\div 2}$$

$$存货周转天数 = \frac{360}{存货周转次数}$$

$$= \frac{360}{销货成本 \div 存货平均余额}$$

$$= \frac{360 \times 存货平均余额}{销货成本}$$

$$= \frac{360 \times [(年初余额 + 年末余额) \div 2]}{销货成本}$$

一般情况下,存货周转率越高越好。在存货平均水平一定的条件下,存货周转率越高越好。存货周转率越高,表明企业的销货成本数额增多,产品销售的数量增长,企业的销售能力加强。反之,则销售能力不强。企业要扩大产品销售数量,增强销售能力,就必须在原材料的购进、生产过程中的投入、产品的销售、现金的收回等方面做到协调和衔接。因此,存货周转率不仅可以反映企业的销售能力,而且能用以衡量企业生产经营中各有关方面运用和管理存货的工作水平。

存货周转率还可以衡量存货的储存是否适当,是否能保证生产不间断地进行和产品有秩序销售。存货既不能储存过少,造成生产中断或销售紧张;又不能储存过多,形成呆滞、积压。存货周转率也反映存货结构合理与质量合格的状况。因为只有结构合理,才能保证生产和销售任务正常、顺利地进行;只有质量合格,才能有效地流动,从而达到存货周转率提高的目的。存货是流动资产中最重要的组成部分,往往达到流动资产总额的一半以上。因此,存货的质量和流动性对企业的流动比率具有举足轻重的影响并进而影响企业的短期偿债能力。存货周转率的这些重要作用,使其成为综合评价企业营运能力的一项重要的财务比率。

3. 流动资产周转率

流动资产周转率,是反映企业流动资产周转速度的指标。它是流动资产的平均占用额与流动资产在一定时期所完成的周转额之间的比率。其计算公式为:

$$流动资产周转率 = \frac{销售收入净额}{流动资产平均占用额}$$

$$流动资产周转天数 = \frac{流动资产平均余额 \times 计算期天数}{流动资产周转额}$$

在一定时期内,流动资产周转次数越多,表明以相同的流动资产完成的周转额越多,流动资产利用的效果越好。流动资产周转率用周转天数表示时,周转一次所需要的天数越少,表明流动资产在经历生产和销售各阶段时占用的时间越短,周转越快。生产经营任何一个环节上的工作得到改善,都会反映到周转天数的缩短上来。按天数表示的流动资产周转率能更直接地反映生产经营状况的改善,便于不同时期的比较,应用较为普遍。

(二)固定资产周转情况指标

固定资产周转率,是指企业年销售收入净额与固定资产平均净值的比率。它是反映企业固定资产周转情况,从而衡量固定资产利用效率的一项指标。固定资产周转率高,表明企业固定资产利用充分,同时也能表明企业固定资产投资得当,固定资产结构合理,能够充分发挥效率。反之,如果固定资产周转率不高,则表明固定资产使用效率不高,提供的生产成果不多,企业的营运能力不强。

运用固定资产周转率时,需要考虑固定资产净值因计提折旧而逐年减少,因更新重置而突然增加的影响;在不同企业之间进行分析比较时,还要考虑采用不同折旧方法对净值的影响等。

固定资产周转率有三种表现形式:

$$固定资产周转率 = \frac{销售收入}{平均固定资产净值}$$

其中:

$$平均固定资产净值 = \frac{期初净值 + 期末净值}{2}$$

$$固定资产周转天数 = \frac{365}{固定资产周转率}$$

$$固定资产与收入比 = \frac{平均固定资产净值}{销售收入}$$

注意固定资产原价、固定资产净值和固定资产净额的区分:

固定资产原价是固定资产的历史成本,通常为购入时的入账价值。

$$固定资产净值 = 固定资产原值 - 累计折旧$$

$$固定资产净额(固定资产账面价值) = 固定资产原价 - 累计折旧 - 已提减值准备$$

固定资产周转率表示在一个会计年度内,固定资产周转的次数,或表示每1元固定资产支持的销售收入。固定资产周转天数表示在一个会计年度内,固定资产转换成现金平均需要的时间,即平均天数。固定资产的周转次数越多,则周转天数越短;周转次数越少,则周转天数越长。固定资产与收入比表示每1元销售收入需要的固定资产。

固定资产周转率主要用于分析对厂房、设备等固定资产的利用效率,比率越高,说明利用率越高,管理水平越好。如果固定资产周转率与同行业平均水平相比偏低,则说明企业对固定资产的利用率较低,可能会影响企业的获利能力。它反映了企业资产的利用程度。

(三)总资产周转情况指标

反映总资产周转情况的指标是总资产周转率,它是企业销售收入净额与资产总额的比率。其计算公式为:

$$总资产周转率 = \frac{销售收入净额}{资产平均占用额}$$

$$总资产周转天数 = \frac{360}{总资产周转率(次)}$$

这一比率可用来分析企业全部资产的使用效率。如果这个比率较低,则说明企业利用全部资产进行经营的效率较差,最终会影响企业的获利能力。这样,企业就应该采取措施提高各项资产的利用程度以提高销售收入或处理多余资产。总资产周转率是考察企业资产运营效率的一项重要指标,体现了企业经营期间全部资产从投入到产出的流转速度,反映了企业全部资产的管理质量和利用效率。通过该指标的对比分析,可以反映企业本年度以及以前年度总资产的运营效率和变化,发现企业与同类企业在资产利用上的差距,促进企业挖掘潜力、积极创收、提高产品市场占有率、提高资产利用效率。一般情况下,该数值越高,表明企业总资产周转速度越快,销售能力越强,资产利用效率越高。

三、偿债能力指标

偿债能力是指企业偿还到期债务(包含本金及利息)的能力。能否及时偿还到期债务,是反映企业财务状况好坏的重要标志。通过对偿债能力的分析,可以考察企业持续经营的能力和风险,有助于对企业未来收益进行预测。企业偿债能力包括短期偿债能力和长期偿债能力两个方面。

(一)短期偿债能力指标

短期偿债能力是指企业以流动资产对流动负债及时足额偿还的保证程度,即企业以流动资产偿还流动负债的能力,反映企业偿付日常到期债务的能力,是衡量企业当前财务能力,特别是流动资产变现能力的重要指标。企业短期偿债能力的衡量指标主要有流动比率、速动比率和现金比率。

1. 流动比率

流动比率,表示每1元流动负债有多少流动资产作为偿还的保证。它反映公司流动资产对流动负债的保障程度。其计算公式为:

$$流动比率 = \frac{流动资产合计}{流动负债合计}$$

一般情况下,该指标越大,表明公司短期偿债能力越强,通常该指标在2∶1左右较好。在运用该指标分析公司短期偿债能力时,还应结合存货的规模大小、周转速度、变现能力和变现价值等指标进行综合分析。如果某一公司虽然流动比率很高,但其存货规模大,周转速度慢,有可能造成存货变现能力弱,变现价值低,那么,该公司的实际短期偿债能力就要比指标反映的弱。

2. 速动比率

速动比率表示每1元流动负债有多少速动资产作为偿还的保证,进一步反映流动负债的保障程度。其计算公式为:

$$速动比率 = \frac{流动资产合计 - 存货净额}{流动负债合计}$$

一般情况下,该指标越大,表明公司短期偿债能力越强,通常该指标在1∶1左右较好。在运用该指标分析公司短期偿债能力时,应结合应收账款的规模、周转速度和其他应收款的规模,以及它们的变现能力进行综合分析。如果某公司速动比率虽然很高,但应收账款周转速度慢,且它与其他应收款的规模大,变现能力差,那么该公司较为真实的短期偿债能力要比该指标反映的差。

由于预付账款、长期待摊费用、其他流动资产等指标的变现能力差或无法变现,所以,如果这些指标规模过大,那么在运用流动比率和速动比率分析公司短期偿债能力时,还应扣除这些项目的影响。

3. 现金比率

现金比率,表示每1元流动负债有多少现金及现金等价物作为偿还的保证,反映公司可用现金及变现方式清偿流动负债的能力。其计算公式为:

$$现金比率 = \frac{现金 + 现金等价物}{流动负债合计}$$

该指标能真实地反映公司实际的短期偿债能力,该指标值越大,反映公司的短期偿债能力越强。

(二)长期偿债能力指标

企业长期偿债能力主要取决于资产和负债的比例关系,尤其是资本结构,以及企业的获利能力。长期债权人为判断其债权的安全尤其关注长期偿债能力。其指标有资产负债率、产权比率、或有负债比率、已获利息倍数、带息负债比率五项。反映企业长期偿债能力的主要指标有资产负债率、产权比率、有形净值债务率。

1. 资产负债率

$$资产负债率 = \frac{负债总额}{资产总额}$$

资产负债率计算中对分子中应否包含流动负债存在争议,运用该指标分析长期偿债能力时,应结合总体经济状况、行业发展趋势、所处市场环境等综合判断。分析时还应同时参考其他指标值。

2. 产权比率

$$产权比率 = \frac{负债总额}{所有者权益总额}$$

产权比率与资产负债率无根本区别,只是表达方式不同。主要反映所有者权益对偿债风险的承受能力。

3. 有形净值债务率

$$有形净值债务率 = \frac{负债总额}{所有者权益 - 无形资产净值}$$

之所以将无形资产从所有者权益中扣除,是因为从保守的观点看,这些资产不会提供给债权人任何资源。

有形净值债务率主要说明债权人在企业破产时受保障的程度。

4. 已获利息倍数

已获利息倍数,是指企业一定时期息税前利润与利息支出的比率,反映了获利能力对债务偿付的保障程度。其中,息税前利润总额指利润总额与利息支出的合计数,利息支出指实际支出的借款利息、债券利息等。其计算公式为:

$$已获利息倍数 = \frac{息税前利润总额}{利息费用} = \frac{利润总额 + 利息费用}{利息费用}$$

计算公式中的"利润总额",包括税后利润和所得税;"利息费用"是支付给债权人的全部利息,包括财务费用中的利息,也包括计入固定资产价值的资本化利息。

其中:

$$息税前利润总额 = 利润总额 + 利息费用$$

一般情况下,已获利息倍数越高,说明企业长期偿债能力越强。国际上通常认为,该指标为 3 时较为适当,从长期来看至少应大于 1。

5. 带息负债比率

带息负债比率,是指企业某一时点的带息负债总额与负债总额的比率,反映企业负债中带息负债的比重,在一定程度上体现了企业未来的偿债(尤其是偿还利息)压力。其计算公式为:

$$带息负债比率 = \frac{带息负债总额}{负债总额} \times 100\%$$

$$带息负债总额 = 短期借款 + 一年内到期的长期负债 + 长期借款 + 应付债券 + 应付利息$$

四、发展能力指标

分析发展能力主要考察以下八项指标:营业收入增长率、资本保值增值率、资本积累率、总资产增长率、营业利润增长率、技术投入比率、营业收入三年平均增长率和资本三年平均增长率。

(一)营业收入增长率

营业收入增长率,是企业当年营业收入增长额与上年营业收入总额的比率,反映企业营业收入的增减变动情况。其计算公式为:

$$营业收入增长率 = \frac{当年营业收入增长额}{上年营业收入总额} \times 100\%$$

其中:

$$当年营业收入增长额 = 当年营业收入总额 - 上年营业收入总额$$

营业收入增长率大于零,表明企业当年营业收入有所增长。该指标值越高,表明企业营业收入的增长速度越快,企业市场前景越好。

(二)资本保值增值率

资本保值增值率,是企业扣除客观因素后的本年末所有者权益总额与年初所有者权益总额的比率,反映企业当年资本在企业自身努力下实际增减变动的情况。其计算公式为：

$$资本保值增值率 = \frac{扣除客观因素后的本年末所有者权益总额}{年初所有者权益总额} \times 100\%$$

一般认为，资本保值增值率越高，表明企业的资本保全状况越好，所有者权益增长越快，债权人的债务越有保障。该指标通常应当大于 100%。

（三）资本积累率

资本积累率，是企业当年所有者权益增长额与年初所有者权益的比率，反映企业当年资本的积累能力。其计算公式为：

$$资本积累率 = \frac{当年所有者权益增长额}{年初所有者权益} \times 100\%$$

资本积累率越高，表明企业的资本积累越多，应对风险、持续发展的能力越强。

（四）总资产增长率

总资产增长率，是企业当年总资产增长额同年初资产总额的比率，反映企业本期资产规模的增长情况。其计算公式为：

$$总资产增长率 = \frac{当年总资产增长额}{年初资产总额} \times 100\%$$

其中：

$$当年总资产增长额 = 年末资产总额 - 年初资产总额$$

总资产增长率越高，表明企业一定时期内资产经营规模扩张的速度越快。但在分析时，需要关注资产规模扩张的质和量的关系，以及企业的后续发展能力，避免盲目扩张。

（五）营业利润增长率

营业利润增长率，是企业当年营业利润增长额与上年营业利润总额的比率，反映企业营业利润的增减变动情况。其计算公式为：

$$营业利润增长率 = \frac{当年营业利润增长额}{上年营业利润总额} \times 100\%$$

其中：

$$当年营业利润增长额 = 当年营业利润总额 - 上年营业利润总额$$

（六）技术投入比率

技术投入比率，是企业当年科技支出（包括用于研究开发、技术改造、科技创新等方面的支出）与当年营业收入的比率，反映企业在科技进步方面的投入，在一定程度上可以体现企业的发展潜力。其计算公式为：

$$技术投入比率 = \frac{当年科技支出合计}{当年营业收入} \times 100\%$$

（七）营业收入三年平均增长率

营业收入三年平均增长率，表明企业营业收入连续三年的增长情况，反映企业的持续发展态势和市场扩张能力。其计算公式为：

$$营业收入三年平均增长率 = \left(\sqrt[3]{\frac{当年主营业务收入总额}{三年前主营业务收入总额}} - 1\right) \times 100\%$$

一般认为，营业收入三年平均增长率越高，表明企业营业持续增长势头越好，市场扩张能力越强。

（八）资本三年平均增长率

资本三年平均增长率表示企业资本连续三年的积累情况，在一定程度上反映了企业的持续发展水平和发展趋势。其计算公式为：

$$资本三年平均增长率 = \left(\sqrt[3]{\frac{当年末所有者权益总额}{三年前年末所有者权益总额}} - 1\right) \times 100\%$$

由于一般增长率指标仅反映当期情况，在进行分析时具有"滞后"性，而利用该指标，能够反映企业资本积累或资本扩张的历史发展状况，以及企业稳步发展的趋势。该指标越高，表明企业所有者权益得到的保障程度越大，企业可以长期使用的资金越充足，抗风险和持续发展的能力越强。

第五节　模拟企业相关财务数据

一、财务报告数据

优卡股份有限公司 2016 年财务数据，见表 2-4、表 2-5、表 2-6。

表 2-4　资产负债表

会企 01 表

编制单位：优卡股份有限公司　　　2016 年 12 月 31 日　　　单位：元

资　产	期末余额	年初余额	负债和所有者权益	期末余额	年初余额
流动资产：			流动负债：		
货币资金	29721849.80	29000000.80	短期借款	2000000	600000
交易性金融资产	44400	54400	交易性金融负债		
应收票据	1053000	1000000	应付票据	137260	37260
应收账款	170600	234000	应付账款	1483900	3000000
预付账款	240000	40000	预收账款	200000	1200000
应收利息	6000	6000	应付职工薪酬	1899970	1899970
其他应收款	454716	54716	应交税费	159405.52	59405.52
存货	13270543.26	5270543.26	应付利息		
流动资产合计	44619909.06	35659660.06	应付股利		
非流动资产：			其他应付款	170000	70000

续　表

资　产	期末余额	年初余额	负债和所有者权益	期末余额	年初余额
可供出售金融资产	44000	60000	一年内到期的非流动负债		
持有至到期投资	304860	34860	流动负债合计	6050535.52	6866635.52
长期应收款		50000	非流动负债:		
长期股权投资	6170000	1170000	长期借款	5900000	2900000
投资性房地产			应付债券	1043740	1000740
固定资产	11162340	21162340	长期应付款		1356668
在建工程			专项应付款		
工程物资			预计负债		
固定资产清理			递延所得税负债		
无形资产	595000	500000	其他非流动负债		
开发支出			非流动负债合计	6943740	5257408
商誉			负债合计	12994275.52	12142043.52
长期待摊费用			所有者权益:		
递延所得税资产			股本	44000000	44000000
其他非流动资产			资本公积	817970	647370
非流动资产合计	18276200	22977200	减:库存股		
			盈余公积	1865446.35	865446.54
			未分配利润	3389017.19	1000000
			所有者权益合计	50072433.54	46512816.54
资产合计	63066709.06	58636860.06	负债及所有者权益合计	63066709.06	58636860.06

表 2-5　利润表

会企02表

编制单位:优卡股份有限公司　　　　　2016 年度　　　　　　　　　单位:元

项　目	本期金额	上期金额
一、营业收入	80 580 000	77 580 000
减:营业成本	61 584 683.94	60 140 000
营业税金及附加	1 040 650	900 000
销售费用	1 702 150	1 702 000
管理费用	4 993 316.13	4 993 310
财务费用(收益以"-"号填列)	7 109 000.20	7 500 000
资产减值损失		
加:公允价值变动净收益(损失以"-"号表示)	17 000	-500 000
投资收益(亏损以"-"号填列)	27 010	-300 000
二、营业利润(亏损以"-"号填列)	4 194 209.73	1 544 690
加:营业外收入	303 000	303 000
减:营业外支出	957 925	47 690
三、利润总额(亏损总额以"-"号填列)	3 539 284.73	1 800 000
减:所得税费用	884 821.19	450 000
四、净利润(净亏损以"-"号填列)	2 654 463.5	1 350 000
(一)基本每股收益		
(二)稀释每股收益		

表 2-6 现金流量表

会企 03 表

编制单位:优卡股份有限公司   2016 年度   单位:元

项 目	行次	本期金额	上期金额
一、经营活动产生的现金流量	1		
销售商品、提供劳务收到的现金	2	88 076 000	93 075 000
收到的税费返还	3		3 000 000
收到其他与经营活动有关的现金	4	428 000	550 000
经营活动现金流入小计	5	88 504 000	96 625 000
购买商品、接受劳务支付的现金	6	47 911 600	61 910 600
支付给职工以及为职工支付的现金	7	25 491 200	15 491 200.20
支付的各项税费	8	10 504 000	11 500 000
支付其他与经营活动有关的现金	9	4 395 440	500 440
经营活动现金流出小计	10	88 302 240	89 402 240.20
经营活动产生的现金流量净额	11	201 760	7 222 759.80
二、投资活动产生的现金流量	12		
收回投资收到的现金	13	46 205 700	36 500 700
取得投资收益收到的现金	14	250 000	1 250 000
处置固定资产、无形资产和其他长期资产收回的现金净额	15	1 500 000	2 500 000
处置子公司及其他营业单位收到的现金净额	16		
收到其他与投资活动有关的现金	17		
投资活动现金流入小计	18	47 955 700	40 250 700
购建固定资产、无形资产和其他长期资产支付的现金	19	33 200 000	13 000 000
投资支付的现金	20	14 495 100	18 495 000
取得子公司及其他营业单位支付的现金净额	21		
支付其他与投资活动有关的现金	22		5 000
投资活动现金流出小计	23	47 695 100	31 500 000
投资活动产生的现金流量净额	24	260 600	8 750 700
三、筹资活动产生的现金流量	25		
吸收投资收到的现金	26	1 500 700	12 500 200
取得借款收到的现金	27	1 000 000	2 300 000
收到其他与筹资活动有关的现金	28		800
筹资活动现金流入小计	29	2 500 700	14 801 000
偿还债务支付的现金	30	1 000 000	10 000 000
分配股利、利润或偿付利息支付的现金	31	1 410 790	770 000
支付其他与筹资活动有关的现金	32	1 021	4 705
筹资活动现金流出小计	33	2 411 811	10 774 705
筹资活动产生的现金流量净额	34	88 889	4 026 295
四、汇率变动对现金的影响	35		
五、现金及现金等价物净增加额	36	551 249	19 999 754.80
期初现金及现金等价物余额	37	29 000 000.80	9 000 246
期末现金及现金等价物余额	38	29 551 249.80	29 000 000.80

二、相关财务数据

优卡股份有限公司产销量等相关数据，如表2－7至表2－12所示。

表2－7　2017年度年初、年末存货数量

项　目		年　初	年　末
原材料	甲材料（吨）	18	16.8
	乙材料（吨）	51	8
	丙材料（吨）	—	3.8
	丁材料（件）	27	—
	G材料（公斤）	—	—
	电气元件（件）	250	57
库存商品	锚护机具（套）	13	3
	仪表（台）	9	4

表2－8　2017年预计销量及销售单价

项　目		一季度	二季度	三季度	四季度	全　年
预计销售量	锚护机具	30	30	30	40	130
	仪表	20	20	30	30	100
预计销售单价	锚护机具	500 000	500 000	500 000	500 000	500 000
	仪表	200 000	200 000	200 000	200 000	200 000

表2－9　2017年原材料消耗定额及计划单价

项　目		消耗定额	计划单价
锚护机具	甲材料	4	50 000
	乙材料	2	46 000
	丙材料	1	10 000
	电气元件	3	2 000
仪表	甲材料	1.2	50 000
	乙材料	0.5	46 000
	丙材料	0.2	10 000
	电气元件	12	2 000

表2－10　2017年单位产品部分资料及预计固定性支出

项　目	锚护机具	仪表	合　计
单位产品生产工时（小时）	60	100	—
每小时人工费用（元/小时）	120	60	—
每小时变动制造费用（元/小时）	633	399	—
单位变动销售及管理费用（元/件）	16 000	14 200	—
固定制造费用（元）	—	—	8 288 000
固定销售及管理费用（元）	—	—	6 820 000

表 2-11 2017 年预计年度折旧额及预计年度税费

项　目		锚护机具	仪表	合　计
预计折旧额	制造费用的非现金支出	—	—	2 688 000
	销售及管理费用的非现金支出	—	—	1 080 000
预计所得税付现		—	—	952 912
预计其他应交税费		—	—	490 000

表 2-12 2017 年预计投资及筹资、还款额

项　目	一季度	二季度	三季度	四季度	合　计
预计筹资额	10 000 000	5 000 000	—	—	15 000 000
预计还款额	—	—	8 000 000	7 000 000	15 000 000
预计年度投资付现	15 000 000	—	—	—	15 000 000

第三章　财务分析实验

微信扫码查看

第一节　实验基础

一、实验知识点

（一）财务分析定义内涵

1. 什么是财务分析

财务分析，以会计核算和报表资料及其他相关资料为依据，采用一系列专门的分析技术和方法，对企业等经济组织过去和现在有关筹资活动、投资活动、经营活动、分配活动的盈利能力、营运能力、偿债能力和增长能力状况等进行分析与评价的经济管理活动。财务分析是为企业作出正确财务决策提供准确的信息或依据的经济应用学科。关于财务分析的定义，还有多种表达，美国南加州大学教授 Water B. Neigs 认为，财务分析的本质是搜集与决策有关的各种财务信息，并加以分析和解释的一种技术。美国纽约市立大学 Leopold A. Bernstein 认为，财务分析是一种判断的过程，旨在评估企业现在或过去的财务状况及经营成果，其主要目的在于对企业未来的状况及经营业绩进行最佳预测。① 可以判断企业的财务实力。② 可以评价和考核企业的经营业绩，揭示财务活动存在的问题。③ 可以挖掘企业潜力，寻求提高企业经营管理水平和经济效益的途径。④ 可以评价企业的发展趋势。

2. 正确理解财务分析的内涵

（1）财务分析是一门综合性、边缘性学科。财务分析是在企业经济分析、财务管理和会计基础上发展形成的一门综合性边缘性学科。

（2）财务分析有完整的理论体系。从财务分析的内涵、财务分析的目的、财务分析的作用、财务分析的内容，到财务分析的原则、财务分析的形式、财务分析的组织等，都日趋成熟。

（3）财务分析有健全的方法论体系。财务分析有专门的技术方法，如水平分析法、垂直分析法、趋势分析法、比率分析法等都是财务分析的专门和有效的分析方法。

（4）财务分析有系统客观的资料依据。财务分析最基本的资料是财务报表。

（二）财务分析的作用

财务分析的目的受财务分析主体和财务分析服务对象的制约。从财务分析的服务对象看，财务分析不仅对企业内部生产经营管理有着重要的作用，而且对企业外部投资决策、贷款决策、赊销决策等有着重要作用。从财务分析的职能作用来看，它对于预测、决策、计划、控制、考核、评价都有重要作用。

（三）财务分析的技巧

为了能够正确揭示各种会计数据之间存在着的重要关系，全面反映企业经营业绩和财务状况，可将财务报表分析技巧概括为以下四类：横向分析、纵向分析、趋势百分率分析、财务比率分析。

1. 财务报表分析技巧之一：横向分析

横向分析的前提，就是采用前后期对比的方式编制比较会计报表，即将企业连续几年的会计报表数据并行排列在一起，设置"绝对金额增减"和"百分率增减"两栏，以揭示各个会计项目在比较期内所发生的绝对金额和百分率的增减变化情况。

2. 财务报表分析技巧之二：纵向分析

横向分析实际上是对不同年度的会计报表中的相同项目进行比较分析；而纵向分析则是相同年度会计报表各项目之间的比率分析。纵向分析也有个前提，那就是必须采用"可比性"形式编制财务报表，即将会计报表中的某一重要项目（如资产总额或销售收入）的数据作为 100%，然后将会计报表中其他项目的余额都以这个重要项目的百分率的形式作纵向排列，从而揭示出会计报表中各个项目的数据在企业财务报表中的相对意义。采用这种形式编制的财务报表使得在几家规模不同的企业之间进行经营和财务状况的比较成为可能。由于各个报表项目的余额都转化为百分率，即使是在企业规模相差悬殊的情况下各报表项目之间仍然具有"可比性"。但是，要在不同企业之间进行比较必须有一定的前提条件，那就是几家企业都必须属于同一行业，并且所采用的会计核算方法和财务报表编制程序必须大致相同。

3. 财务报表分析技巧之三：趋势百分率分析

趋势分析看上去也是一种横向百分率分析，但不同于横向分析中对增减情况百分率的提示。横向分析是采用环比的方式进行比较，而趋势分析则是采用定基的方式，即将连续几年财务报表中的某些重要项目的数据集中在一起，同基年的相应数据作百分率的比较。这种分析方法对于提示企业在若干年内经营活动和财务状况的变化趋势相当有用。趋势分析首先必须选定某一会计年度为基年，然后设基年会计报表中若干重要项目的余额为 100%，再将以后各年度的会计报表中相同项目的数据按基年项目数的百分率来列示。

4. 财务报表分析技巧之四：财务比率分析

财务比率分析是财务报表分析的重中之重。财务比率分析是将两个有关的会计数据相除，用所求得的财务比率来提示同一会计报表中不同项目之间或不同会计报表的相关项目之间所存在逻辑关系的一种分析技巧。然而，单单是计算各种财务比率的作用是非常有限的，更重要的是应将计算出来的财务比率作各种维度的比较分析，以帮助会计报表使用者正确评估企业的经营业绩和财务状况，以便及时调整投资结构和经营决策。财务比率分析有一个显著的特点，那就是使各个不同规模的企业的财务数据所传递的经济信息标准化。正是由于这一特点，使得各企业间的横向比较及行业标准的比较成为可能。举例来说，国际商业机器公司(IBM)和苹果公司（Apple Corporation）都是美国生产和销售计算机的著名企业。从这两家公司会计报表中的销售和利润情况来看,IBM要高出苹果公司许多倍。然而,光是笼统地进行总额的比较并无多大意义,因为IBM的资产总额要远远大于后者。所以,分析时绝对数的比较应让位于相对数的比较,而财务比率分析就是一种相对关系的分析技巧,它可以被用作评估和比较两家规模相差悬殊的企业经营和财务状况的有效工具。

财务比率分析根据分析的重点不同,可以分为以下四类:① 流动性分析或短期偿债能力分析;② 财务结构分析,又称财务杠杆分析;③ 企业营运能力和盈利能力分析;④ 与股利、股票市场等指标有关的股票投资收益分析。

(四)财务分析方法

1. 比较分析法

比较分析法,是通过对比两期或连续数期财务报告中的相同指标,确定其增减变动的方向、数额和幅度,来说明企业财务状况或经营成果变动趋势的一种方法。

比较分析法的具体运用主要有重要财务指标的比较、会计报表的比较和会计报表项目构成的比较三种方式。

(1)不同时期财务指标的比较主要有以下两种方法:

① 定基动态比率,是以某一时期的数额为固定的基期数额而计算出来的动态比率。

② 环比动态比率,是以每一分析期的数据与上期数据相比较计算出来的动态比率。

(2)会计报表的比较。

(3)会计报表项目构成的比较是以会计报表中的某个总体指标作为100%,再计算出各组成项目占该总体指标的百分比,从而比较各个项目百分比的增减变动,以此来判断有关财务活动的变化趋势。

采用比较分析法时,应当注意以下问题:

① 用于对比的各个时期的指标,其计算口径必须保持一致。

② 应剔除偶发性项目的影响,使分析所利用的数据能反映正常的生产经营状况。

③ 应运用例外原则对某项有显著变动的指标做重点分析。

2. 比率分析法

比率分析法是通过计算各种比率指标来确定财务活动变动程度的方法。比率指标的类型主要有构成比率、效率比率和相关比率三类。

(1)构成比率。构成比率又称结构比率,是某项财务指标的各组成部分数值占总体数值的百分比,反映部分与总体的关系。

(2)效率比率。效率比率,是某项财务活动中所费与所得的比率,反映投入与产出的关系。

(3)相关比率。相关比率,是以某个项目和与其有关但又不同的项目加以对比所得的比率,反映有关经济活动的相互关系。比如,将流动资产与流动负债进行对比,计算出流动比率,可以判断企业的短期偿债能力。

采用比率分析法时,应当注意以下几点:① 对比项目的相关性;② 对比口径的一致性;③ 衡量标准的科学性。

3. 因素分析法

因素分析法是依据分析指标与其影响因素的关系,从数量上确定各因素对分析指标影响方向和影响程度的一种方法。

因素分析法具体有两种:连环替代法和差额分析法。

(五)财务分析工作内容

1. 资金运作分析

根据公司业务战略与财务制度,预测并监督公司现金流和各项资金使用情况,为公司的资金运作、调度与统筹提供信息与决策支持。

2. 财务政策分析

根据各种财务报表,分析并预测公司的财务收益和风险,为公司的业务发展、财务管理政策制度的建立及调整提供建议。

3. 经营管理分析

参与销售、生产的财务预测、预算执行分析、业绩分析,并提出专业的分析建议,为业务决策提供专业的财务支持。

4. 投融资管理分析

参与投资和融资项目的财务测算、成本分析、敏感性分析等活动,配合上级制定投资和融资方案,防范风险,并实现公司利益的最大化。

5. 财务分析报告

根据财务管理政策与业务发展需求,撰写财务分析报告、投资财务调研报告、可行性研究报告等,为公司财务决策提供分析支持。

(六)财务分析指标汇总

1. 变现能力比率

(1) 流动比率 $=\dfrac{流动资产}{流动负债}$

(2) 速动比率 $=\dfrac{流动资产-存货}{流动负债}$

(3) 营运资本 $=$ 流动资产 $-$ 流动负债

2. 资产管理比率

(1) 存货周转率(次数) $=\dfrac{主营业务成本}{平均存货}$

(2) 应收账款周转率 $=\dfrac{主营业务收入}{平均应收账款}$

(3) 营业周期 $=$ 存货周转天数 $+$ 应收账款周转天数

3. 负债比率

(1) 产权比率 $=\dfrac{负债总额}{股东权益}$

(2) 已获利息倍数 $=\dfrac{息税前利润}{利息费用}=\dfrac{EBIT}{I}$

4. 盈利能力比率

$$净资产收益率 = \dfrac{净利润}{平均净资产}$$

5. 杜邦财务分析体系所用指标

(1) 权益净利率＝资产净利率×权益乘数＝销售净利率×总资产周转率×权益乘数

(2) 权益乘数 $=\dfrac{资产总额}{股东权益总额}=1+\dfrac{负债总额}{股东权益总额}=\dfrac{1}{1-资产负债率}$

6. 上市公司财务报告分析所用指标

(1) 每股收益$(EPS)=\dfrac{(EBIT-I)(1-T)}{普通股总股数}=$ 每股净资产×净资产收益率

(2) 市盈率 $=\dfrac{普通股每股市价}{普通股每股收益}$

(3) 每股股利 $=\dfrac{股利总额}{年末普通股股份总数}$

(4) 股利支付率 $=\dfrac{股利总额}{净利润总额}=$ 市盈率×股票获利率

(5) 股票获利率 $=\dfrac{普通股每股股利}{普通股每股市价}$

(6) 股利保障倍数 $=\dfrac{每股收益}{每股股利}$

(7) 每股净资产 $=\dfrac{年度末股东权益}{年度末普通股数}$

(8) 市净率 $=\dfrac{每股市价}{每股净资产}$

(9) 净资产收益率 $=\dfrac{净利润}{年末净资产}$

7. 现金流量分析指标

(1) 现金流量的结构分析。

$$经营活动净流量 = 经营活动流入 - 经营活动流出$$

(2) 流动性分析。

① 现金到期债务比 $=\dfrac{经营现金流量净额}{本期到期债务}$

② 现金流动负债比 $=\dfrac{经营现金流量净额}{流动负债}$

③ 现金债务总额比 $=\dfrac{经营现金流量净额}{债务总额}$

(3) 获取现金能力分析。

① 销售现金比率 $=\dfrac{经营现金流量净额}{销售额}$

② 每股营业现金流量 $=\dfrac{\text{经营现金流量净额}}{\text{普通股股数}}$

③ 全部资产现金回收率 $=\dfrac{\text{经营现金流量净额}}{\text{全部资产}}\times 100\%$

8. 财务弹性分析

① 现金满足投资比率 $=\dfrac{\text{近五年累计经营活动现金净流量}}{\text{同期内的资本支出、存货增加、现金股利之和}}$

② 现金股利保险倍数 $=\dfrac{\text{每股经营现金流量净额}}{\text{每股现金股利}}$

9. 收益质量分析

现金营运指数 $=\dfrac{\text{经营现金的净流量}}{\text{经营现金毛流量}}$

(七) 财务效率分析

财务效绩评价是对企业的营运能力、偿债能力、发展能力等多因素的综合评价,因此,将评价结果用于具体项目或选择部分指标进行特定目标的评价时(比如用于信贷和拟投资项目的评价等),还要进行主要财务指标的研究分析和横向、纵向比较。

1. 指标计算数据来源的分析

企业效绩评价是以财务指标为主要内容,以净资产收益率(即投资报酬率)为核心,对企业经营效益和经营者业绩的评价,财务指标值的高低直接影响评价结果的好坏。计算财务指标值的数据来自会计报表,而会计报表又是根据应计制和历史成本原则确认的会计账册数据编制的。因此,在应用企业效绩评价结果和评价指标时,要注意以下几个方面问题:

(1) 未进行资产评估调账的老企业。这类企业资产负债表的项目尤其是资产项目以及由此计算的指标值与新办企业和经过评估调账的企业比较相差甚远,因此,对这类企业的财务指标计算值,应做进一步的分析。

(2) 未经独立审计机构审计调整的会计报表数据。这类企业由于未按国家统一会计政策和会计准则进行调整,其会计科目和对应会计科目的数据,缺乏可比性,由此计算出的指标值,也就缺乏可比性。

(3) 待处理流动资产净损失、待处理固定资产净损失、开办费、长期待摊费用等虚拟资产项目和高账龄应收账款、存货跌价和积压损失、投资损失、固定资产损失等可能产生潜在的资产项目。对这两类资产项目,一般称之为不良资产。如果不良资产总额接近或超过净资产,既说明企业的持续经营能力可能有问题,也可能表明企业在过去几年因人为夸大利润而形成"资产泡沫";如果不良资产的增加额及增加幅度超过利润总额的增加额及增加幅度,说明企业当期的利润表数据有"水分"。

(4) 关联交易。通过对来自关联企业的营业收入和利润总额的分析,判断企业的盈利能力在多大程度上依赖于关联企业,判断企业的盈利基础是否扎实,利润来源是否稳定。如果企业的营业收入和利润主要来源于关联企业,就应该特别关注关联交易的定价政策,分析企业是否以不等价交换的方式与关联交易进行会计报表粉饰。如果母公司合并会计报表的利润总额大大低于企业的利润总额,就可能意味母公司通过关联交易,将利润"包装注入"企业。

(5)非主营业务利润。通过对其他业务利润、投资收益、补贴收入、营业外收入在企业利润总额的比例,分析和评价企业利润来源的稳定性,特别是进行资产重组的企业。

(6)现金流量。通过经营活动产生的现金净流量、投资活动产生的现金净流量、筹资活动产生的现金净流量的比较分析以判断企业的主营业务利润、投资收益和净利润的质量,如果企业的现金净流量长期低于利润,将意味着与已经确认利润相对应的资产可能属于不能转化为现金流量的虚拟资产。

2. 指标计算数据时期的分析

财务指标分析包括时点数、时期数、指标分析频率和应收账款周转速度等,在实际工作中要灵活应用,以使指标分析更加符合实际工作的需要。

财务分析中各项指标所使用的数据均来源于资产负债表、利润表和现金流量表,而资产负债表反映企业在某一特定日期的财务状况,利润表反映企业在一定会计期间的经营成果,现金流量表反映企业在一定会计期间的现金和现金等价物的流入和流出。可见,资产负债表反映的是"某一特定日期",即时点数,而利润表和现金流量表反映的是"一定会计期间",即时期数。从理论上讲,时点数与时点数比较,起点一致;时期数和时期数比较,时间跨度一致,由于口径一致,直接从报表上取得数据即可,但时点数和时期数由于口径不一致,不能直接进行比较。

(八)企业设置的财务分析比率指标标准值

1. 变现能力比率

变现能力是企业产生现金的能力,它取决于可以在近期转变为现金的流动资产的多少。

(1)流动比率。

公式:
$$流动比率 = \frac{流动资产合计}{流动负债合计}$$

企业设置的标准值:2。

意义:体现企业的偿还短期债务的能力。流动资产越多,短期债务越少,则流动比率越大,企业的短期偿债能力越强。

分析提示:低于正常值,企业的短期偿债风险较大。一般情况下,营业周期、流动资产中的应收账款数额和存货的周转速度是影响流动比率的主要因素。

(2)速动比率。

公式:
$$速动比率 = \frac{流动资产合计 - 存货}{流动负债合计}$$

$$保守速动比率 = \frac{货币资金 + 短期投资 + 应收票据 + 应收账款净额}{流动负债}$$

企业设置的标准值:1。

意义:比流动比率更能体现企业的偿还短期债务的能力。因为流动资产中,尚包括变现速度较慢且可能已贬值的存货,因此将流动资产扣除存货再与流动负债对比,以衡量企业的短期偿债能力。

分析提示:低于 1 的速动比率通常被认为是短期偿债能力偏低。影响速动比率的可信性的重要因素是应收账款的变现能力,账面上的应收账款不一定都能变现,也不一定非常可靠。

变现能力分析总提示:① 增加变现能力的因素:可以动用的银行贷款指标;准备很快变现的长期资产;偿债能力的声誉。② 减弱变现能力的因素:未作记录的或有负债;担保责任引起的或有负债。

2. 资产管理比率

(1) 存货周转率。

公式:
$$存货周转率 = \frac{产品销售成本}{(期初存货 + 期末存货) \div 2}$$

企业设置的标准值:3。

意义:存货的周转率是存货周转速度的主要指标。提高存货周转率,缩短营业周期,可以提高企业的变现能力。

分析提示:存货周转速度反映存货管理水平,存货周转率越高,存货的占用水平越低,流动性越强,存货转换为现金或应收账款的速度越快。它不仅影响企业的短期偿债能力,也是整个企业管理的重要内容。

(2) 存货周转天数。

公式:
$$存货周转天数 = \frac{360}{存货周转率}$$
$$= \frac{360 \times (期初存货 + 期末存货) \div 2}{产品销售成本}$$

企业设置的标准值:120。

意义:企业购入存货、投入生产到销售出去所需要的天数。提高存货周转率,缩短营业周期,可以提高企业的变现能力。

分析提示:存货周转速度反映存货管理水平,存货周转速度越快,存货的占用水平越低,流动性越强,存货转换为现金或应收账款的速度越快。它不仅影响企业的短期偿债能力,也是整个企业管理的重要内容。

(3) 应收账款周转率。

定义:指定的分析期间内应收账款转为现金的平均次数。

公式:
$$应收账款周转率 = \frac{销售收入(赊销收入)}{(期初应收账款 + 期末应收账款) \div 2}$$

企业设置的标准值:3。

意义:应收账款周转率越高,说明其收回越快。反之,说明营运资金过多呆滞在应收账款上,影响正常资金周转及偿债能力。

分析提示:应收账款周转率,要与企业的经营方式结合考虑。以下几种情况使用该指标不能反映实际情况:第一,季节性经营的企业;第二,大量使用分期收款结算方式;第三,大量使用现金结算的销售;第四,年末大量销售或年末销售大幅度下降。

(4) 应收账款周转天数。

定义:表示企业从取得应收账款的权利到收回款项、转换为现金所需要的时间。

公式:$$应收账款周转天数 = \frac{360}{应收账款周转率} = \frac{\left(\dfrac{期初应收账款 + 期末应收账款}{2}\right) \times 360}{销售收入(赊销收入)}$$

企业设置的标准值:100。

(5) 营业周期。

公式:$$\begin{aligned}营业周期 &= 存货周转天数 + 应收账款周转天数 \\ &= \frac{\left[(期初存货 + 期末存货) \div 2\right] \times 360}{产品销售成本} + \\ & \quad \frac{\left[(期初应收账款 + 期末应收账款) \div 2\right] \times 360}{产品销售收入}\end{aligned}$$

企业设置的标准值:200。

意义:营业周期是从取得存货开始到销售存货并收回现金为止的时间。一般情况下,营业周期短,说明资金周转速度快;营业周期长,说明资金周转速度慢。

分析提示:营业周期,一般应结合存货周转情况和应收账款周转情况一并分析。营业周期的长短,不仅体现企业的资产管理水平,还会影响企业的偿债能力和盈利能力。

3. 负债比率

负债比率是反映债务和资产、净资产关系的比率。它反映企业偿付到期长期债务的能力。

(1) 资产负债比率。

公式:$$资产负债率 = \frac{负债总额}{资产总额} \times 100\%$$

企业设置的标准值:0.7。

意义:反映债权人提供的资本占全部资本的比例。该指标也被称为举债经营比率。

分析提示:负债比率越大,企业面临的财务风险越大,获取利润的能力也越强。如果企业资金不足,依靠欠债维持,导致资产负债率特别高,偿债风险就应该特别注意了。资产负债率在 $60\% \sim 70\%$,比较合理、稳健;达到 85% 及以上时,应视为发出预警信号,企业应提起足够的注意。

(2) 产权比率。

公式:$$产权比率 = \frac{负债总额}{股东权益} \times 100\%$$

企业设置的标准值:1.2。

意义:反映债权人与股东提供的资本的相对比例。反映企业的资本结构是否合理、稳定。同时也表明债权人投入资本受到股东权益的保障程度。

分析提示：一般来说，产权比率高是高风险、高报酬的财务结构，产权比率低，是低风险、低报酬的财务结构。从股东来说，在通货膨胀时期，企业举债，可以将损失和风险转移给债权人；在经济繁荣时期，举债经营可以获得额外的利润；在经济萎缩时期，少借债可以减少利息负担和财务风险。

（3）有形净值债务率。

公式：$$有形净值债务率 = \frac{负债总额}{股东权益 - 无形资产净值} \times 100\%$$

企业设置的标准值：1.5。

意义：产权比率指标的延伸，更为谨慎、保守地反映在企业清算时债权人投入的资本受到股东权益的保障程度。不考虑无形资产包括商誉、商标、专利权以及非专利技术等的价值，它们不一定能用来还债，为谨慎起见，一律视为不能偿债。

分析提示：从长期偿债能力看，较低的比率说明企业有良好的偿债能力，举债规模正常。

4. 盈利能力比率

盈利能力就是企业赚取利润的能力。不论是投资人还是债务人，都非常关心这个项目。在分析盈利能力时，应当排除证券买卖等非正常项目、已经或将要停止的营业项目、重大事故或法律更改等特别项目、会计政策和财务制度变更带来的累积影响数等因素。

（1）销售净利率。

公式：$$销售净利率 = \frac{净利润}{销售收入} \times 100\%$$

企业设置的标准值：0.1。

意义：该指标反映每一元销售收入带来的净利润是多少。表示销售收入的收益水平。

分析提示：企业在增加销售收入的同时，必须要相应获取更多的净利润才能使销售净利率保持不变或有所提高。销售净利率可以分解成为销售毛利率、销售税金率、销售成本率、销售期间费用率等指标进行分析。

（2）销售毛利率。

公式：$$销售毛利率 = \frac{销售收入 - 销售成本}{销售收入} \times 100\%$$

企业设置的标准值：0.15。

意义：表示每一元销售收入扣除销售成本后，有多少钱可以用于各项期间费用和形成盈利。

分析提示：销售毛利率是销售净利率的最初基础，没有足够大的销售毛利率便不能形成盈利。企业可以按期分析销售毛利率，据以对企业销售收入、销售成本的发生及配比情况做出判断。

（3）资产净利率（总资产报酬率）。

公式：$$资产净利率 = \frac{净利润}{(期初资产总额 + 期末资产总额) \div 2} \times 100\%$$

企业设置的标准值:根据实际情况而定。

意义:把企业一定期间的净利润与企业的资产相比较,表明企业资产的综合利用效果。指标越高,表明资产的利用效率越高,说明企业在增加收入和节约资金等方面取得了良好的效果,否则相反。

分析提示:资产净利率是一个综合指标。净利的多少与企业的资产的多少、资产的结构、经营管理水平有着密切的关系。影响资产净利率高低的原因有:产品的价格、单位产品成本的高低、产品的产量和销售的数量、资金占用量的大小。可以结合杜邦财务分析体系来分析经营中存在的问题。

(4) 净资产收益率(权益报酬率)。

公式:
$$净资产收益率 = \frac{净利润}{\dfrac{期初所有者权益合计 + 期末所有者权益合计}{2}} \times 100\%$$

企业设置的标准值:0.08。

5. 流动性分析

流动性分析是将资产迅速转变为现金的能力分析。

(1) 现金到期债务比。

公式:
$$现金到期债务比 = \frac{经营活动现金净流量}{本期到期的债务}$$

$$本期到期债务 = 一年内到期的长期负债 + 应付票据$$

企业设置的标准值:1.5。

意义:以经营活动的现金净流量与本期到期的债务比较,可以体现企业的偿还到期债务的能力。

分析提示:企业能够用来偿还债务的除借新债还旧债外,一般应当是经营活动的现金流入才能还债。

(2) 现金流动负债比。

公式:
$$现金流动负债比 = \frac{年经营活动现金净流量}{期末流动负债}$$

企业设置的标准值:0.5。

意义:反映经营活动产生的现金对流动负债的保障程度。

分析提示:企业能够用来偿还债务的除借新债还旧债外,一般应当是经营活动的现金流入才能还债。

(3) 现金债务总额比。

公式:
$$现金债务总额比 = \frac{经营活动现金净流量}{期末负债总额}$$

企业设置的标准值:0.25。

意义:企业能够用来偿还债务的除借新债还旧债外,一般应当是经营活动的现金流入才能还债。

分析提示:计算结果要与过去比较,与同业比较才能确定高与低。这个比率越高,企业承担债务的能力越强。这个比率同时也体现企业的最大付息能力。

6. 获取现金的能力

(1) 销售现金比率。

公式:

$$销售现金比率 = \frac{经营活动现金净流量}{销售额}$$

企业设置的标准值:0.2。

意义:反映每元销售得到的净现金流入量,其值越大越好。

分析提示:计算结果要与过去比,与同业比才能确定高与低。这个比率越高,企业的收入质量越好,资金利用效果越好。

(2) 每股营业现金流量。

公式:

$$每股营业现金流量 = \frac{经营活动现金净流量}{普通股股数}$$

普通股股数由企业根据实际股数确定。

企业设置的标准值:根据实际情况而定。

意义:反映每股经营所得到的净现金,其值越大越好。

分析提示:该指标反映企业最大分派现金股利的能力。超过此限,就要借款分红。

(3) 全部资产现金回收率。

公式:

$$全部资产现金回收率 = \frac{经营活动现金净流量}{期末资产总额}$$

企业设置的标准值:0.06。

意义:说明企业资产产生现金的能力,其值越大越好。

分析提示:把上述指标求倒数,则可以分析,全部资产用经营活动现金回收,需要的期间长短。因此,这个指标体现了企业资产回收的含义。回收期越短,说明资产获现能力越强。

7. 财务弹性分析

(1) 现金满足投资比率。

公式:$$现金满足投资比率 = \frac{近五年累计经营活动现金净流量}{同期内的资本支出、存货增加、现金股利之和}$$

企业设置的标准值:0.8。

取数方法:近五年累计经营活动现金净流量应指前五年的经营活动现金净流量之和;同期内的资本支出、存货增加、现金股利之和也从现金流量表相关栏目取数,均取近五年的平均数。资本支出,从购建固定资产、无形资产和其他长期资产所支付的现金项目中取数。存货增加,从现金流量表附表中取数,取存货的减少栏的相反数即存货的增加。现金股利,以现金流量表的主表中分配股利、利润或偿付利息所支付的现金项目减去附表中财务费用项目。

意义:说明企业经营产生的现金满足资本支出、存货增加和发放现金股利的能力,其值越大越好。比率越大,资金自给率越高。

分析提示:达到1,说明企业可以用经营获取的现金满足企业扩充所需资金;若小于1,则说明企业部分资金要靠外部融资来补充。

(2)现金股利保障倍数。

公式:　$现金股利保障倍数 = \dfrac{每股营业现金流量}{每股现金股利} = \dfrac{经营活动现金净流量}{现金股利}$

企业设置的标准值:2。

意义:该比率越大,说明支付现金股利的能力越强,其值越大越好。

分析提示:分析结果可以与同业比较,与企业过去比较。

(3)营运指数。

公式:　　　　　　　$营运指数 = \dfrac{经营活动现金净流量}{经营所得现金}$

其中:

$经营所得现金＝经营活动净收益＋非付现费用$

$＝净利润－投资收益－营业外收入＋营业外支出＋本期提取的折旧＋$

$无形资产摊销＋长期待摊费用摊销$

企业设置的标准值:0.9。

意义:分析会计收益和现金净流量的比例关系,评价收益质量。

分析提示:接近1,说明企业可以用经营获取的现金与其应获现金相当,收益质量高;若小于1,则说明企业的收益质量不够好。

(九)财务分析局限性

财务分析是评价企业经营状况的一条重要途径。本书从目前企业常用的财务分析指标入手,分别从偿债能力、营运能力、盈利能力三个方面对常用的财务分析指标存在的局限性进行分析,并对财务分析指标的改进和完善作原则性的提示。

1.偿债能力财务指标分析

偿债能力分析包括短期偿债能力分析和长期偿债能力分析。短期偿债能力是企业及时、足额偿还流动负债的保证程度,其主要指标有流动比率、速动比率和利息保障倍数。这些比率越高,表明企业短期偿债能力越强,但这些比率在评价短期偿债能力时也存在一定的局限性。

(1)流动比率指标。流动比率是用以反映企业流动资产偿还到期流动负债能力的指标。它不能作为衡量企业短期变现能力的绝对标准。一是企业偿还短期债务的流动资产保证程度强,并不说明企业已有足够的偿债资金。所以,考察流动比率时,要视每一项流动资产的短期变现能力,设计一个变现系数,对企业的流动资产进行修正,这样才能得到客观、真实的流动比率。二是计价基础的不一致在一定程度上削弱了该比率反映短期偿债能力的可靠性。计算流动比率时(速动比率亦如此),分母中的短期负债较多采用到期值计价,而分子中的流动资产有的采用现值计价(如现金、银行存款),有的采用历史成本计价(如存货、短期投资),还有的采用未来价值计价(如应收账款)。计价基础不一致必然导致流动比率反映短期偿债能力的可靠性下降。所以,流动资产的未来价值与短期负债的未来价值之比才能更好地反映企业的短期偿债能力。三是该比率只反映报告日的静态状况,具有较强的粉饰效应,因此要注意企业会计分析期前后的流动资产和流动负债的变动情况。流动资产中各要素所占比例的大小,对企业偿债能力有重要影响,流动性较差的项目所占比重越大,企业偿还到期债务的能力就越差。而企业可以通过瞬时增加流动资产或减少流动负债等方法来粉饰其流动比率,人为操纵其大小,从而误导信息使用者。

(2) 速动比率指标。速动比率是比流动比率更能反映流动负债偿还的安全性和稳定性的指标。

(3) 利息保障倍数指标。利息保障倍数反映了获利能力对债务偿付的保证程度。该比率只能反映企业支付利息的能力和企业举债经营的基本条件,不能反映企业债务本金的偿还能力。同时,企业偿还借款的本金和利息不是用利润支付,而是用流动资产来支付,所以使用这一比率进行分析时,不能说明企业是否有足够多的流动资金偿还债务本息。另外,使用该指标时,还应注意非付现费用问题。从长期来看,企业必须拥有支付其所有费用的资金,但从短期来看,企业的固定资产折旧费用、长期待摊费用、无形资产摊销等非付现费用,并不需要现金支付,只需从企业当期利润中扣除。因而,有些企业即使在利息保障倍数低于1的情况下,也能够偿还其债务利息。

2. 营运能力财务指标分析

(1) 应收账款周转率指标。应收账款周转率是用以反映应收账款周转速度的指标。其在实践中存在以下局限性:一是没有考虑应收账款的回收时间,不能准确地反映年度内收回账款的进程及均衡情况;二是当销售具有季节性,特别是当赊销业务量各年相差较悬殊时,该指标不能对跨年度的应收账款回收情况进行连续反映;三是不能及时提供应收账款周转率信息。该指标反映某一段时期的周转情况,只有在期末才能根据年销售额、应收账款平均占用额计算出来。

(2) 存货周转率指标。存货周转率是反映企业销售能力强弱、存货是否过量和资产是否具有较强流动性的一个指标,也是衡量企业生产经营各环节中存货运营效率的综合性指标。在实际运用中,存货计价方法对存货周转率具有较大的影响,因此,在分析企业不同时期或不同企业的存货周转率时,应注意存货计价方法是否一致。另外,为了改善资产报酬率,企业管理层可能会希望降低存货水平和周转期,有时受人为因素影响,该指标不能准确地反映存货资产的运营效率。同时,在分析中不可忽视因存货水平过高或过低而造成的一些相关成本,如存货水平低会造成失去顾客信誉、销售机会及生产延后。

3. 盈利能力财务指标分析

(1) 销售利润率指标。盈利能力财务指标分析中主要的分析指标是销售利润率指标。销售利润率是企业一定时期的利润总额与产品销售净收入的比值,其反映的是企业一定时期的获利能力。销售利润率虽能揭示某一特定时期的获利水平,但难以反映获利的稳定性和持久性,并且该比率受企业筹资决策的影响。财务费用作为筹资成本在计算利润总额时须扣除。在销售收入、销售成本等因素相同的情况下,由于资本结构不同,财务费用水平也会不同,销售利润率就会有差异。同时,投资净收益是企业间相互参股、控股或其他投资形式所取得的利润,与销售利润率中的当期产品销售收入之间没有配比关系。同样,销售利润率指标之间以及营业外收支净额与当期产品销售收入之间也没有配比关系。因此,销售利润率指标不符合配比原则与可比性原则。

(2) 资本保值增值率指标。资本保值增值率是考核经营者对投资者投入资本的保值和增值能力的指标。资本保值增值率存在以下不足:一是该指标除了受企业经营成果的影响,还受企业利润分配政策的影响,同时也未考虑物价变动的影响;二是分子分母为两个不同时点上的数据,缺乏时间上的相关性,如考虑到货币的时间价值,应将年初的净资产折算为年末时点上的价值(或年末净资产贴现为年初时点上的价值),再将其与年末(或年初)净资产进行比较;三是在经营期间由于投资者投入资本、企业接受捐赠、资本(股本)溢价以及资产升值的客观原因导致的实收资本、资本公积的增加,并不是资本的增值,向投资者分配的当期利润也未包括在资产负债表的期末"未分配利润"项目中。所以,计算资本保值增值率时,应从期末净资产中扣除报告期因客观原因产生的增减额,再加上向投资者分配的当年利润。资本增值是经营者运用存量资产进行各项经营活动而产生的期初、期末净资产的差异,若企业出现亏损,则资本是不能保值的。

(十) 财务分析需要注意的事项

企业效绩评价是对企业的财务效益资产营运、偿债能力、发展能力等多因素的综合评价,因此,将评价结果用于具体项目或选择部分指标进行特定目标的评价时(比如用于信贷和拟投资项目的评价等),还要进行主要财务指标的研究分析和横向、纵向比较。例如,按照企业效绩评价的有关规定:当净资产为负值时,净资产收益率和资本积累率两项指标和初步评价得分均按 0 分计算;资产保值增值率、经营亏损挂账比率和三年资本平均增长率指标的单项修正系数均按 1 计算。这样由于系数和其他指标值的影响,企业效绩评价指标值仍可能较高。如果将这一评价结果应用于信贷和拟投资企业的评价,显然,不太合理,因为净资产出现负值,即资不抵债,按我国企业破产的有关规定,这种企业随时都有可能破产清算。

企业效绩评价是对企业财务分析的深化与升华,它虽然弥补了单纯财务指标难以得出综合结论的不足,但是,从企业效绩评价"标识"上,看不出存在的具体问题和潜在问题以及问题的症结,因此,我们在应用评价结果时,还要对企业的财务指标进行深入分析;在进行财务指标深入分析时,要特别注意一些处于临界值财务指标的分析。此外,还应该注意非财务指标和非计量指标的临界值。非财务指标常见的有安全生产指标和环境保护指标,国家规定的最低要求就是其临界值。非计量指标有各种定义方法,企业效绩评价的八项非计量评议指标是较为全面的非计量指标体系,每项指标的差(E)级的标准值是其临界值。比如:"领导班子基本素质"评议指标的差(E)级的标准是"企业领导班子不够团结,主要领导不得力,或以权谋私,决策失误较多,企业效益滑坡,员工怨声很大"等。当企业领导班子基本素质具备差(E)级的基本特征时,我们应该进一步加以分析。

(十一) 财务分析报告格式和写作要求

财务分析报告一般由五部分组成:标题、主送单位、正文、附件和签署。

1. 标题

财务分析报告的标题有以下两种写法。

(1) 公文式标题。公文式标题包括三个要素：企业单位名称、报告期限(年度)和文种(财务分析报告)，如"优卡股份有限公司 2016 年财务情况分析报告"。有时根据需要也可以省略其中的某一部分，如"上半年产品成本简要分析报告"。

(2) 论文式标题。论文式标题一般用于专题财务分析报告，如"降低产品成本的前景分析"、"如何应对金融危机"等。

2. 主送单位

财务分析报告一般是写给企业的上级主管部门或者企业的领导层的，所以，有的财务分析报告有主送单位。主送单位即财务分析报告的呈送单位。

3. 正文

财务分析报告的正文一般包括前言、主体和结语三个部分。

(1) 前言。财务分析报告的前言主要概述企业的基本情况。包括以下内容：① 企业员工人数、构成和专业素质情况及人员变动情况。② 企业固定资产增减、计提折旧、净值情况。③ 企业年度内各项流动资产、负债、所有权者权益增减情况、增减原因、周转情况，尤其是年度内重要应收、应付的变动及年底债权、债务情况。④ 员工收入情况等。在写作前言部分时，可以有两项说明：文字说明和数据指标的说明。

(2) 主体。财务分析报告主体要考虑内容和逻辑结构两个方面。首先，财务分析报告的内容应当包括以下内容：① 具体分析企业经营情况。包括年度内企业主营业务的范围及经营情况，如资金状况、销售成本及费用、借贷状况、计划完成情况等。② 主要财务指标的完成情况。包括资金来源和使用情况，费用、成本的增减变化，利润的升降变化，以及其他重要指标的完成情况。③ 企业营业外收支等综合情况。这部分要求文字表述恰当、数据引用准确。对经济指标进行说明时，可适当运用绝对数、比较数及复合指标数。特别要关注公司当前运作上的重心，对重要事项要单独反映。公司在不同阶段、不同月份的工作重点有所不同，所需要的财务分析重点也不同。例如，公司正进行新产品的投产、市场开发，则公司各阶层需要有对新产品的成本、回款、利润数据进行分析的财务分析报告。④ 经营情况分析。在说明问题的同时还要分析问题，寻找问题的原因和症结，以达到解决问题的目的。财务分析一定要有理有据，要细化分解各项指标，因为有些报表的数据是比较含糊和笼统的，要善于运用表格、图示，突出表达分析的内容。分析问题一定要善于抓住当前要点，多反映公司经营焦点和易于忽视的问题。⑤ 经营情况评价。作出财务说明和分析后，对于经营情况、财务状况、盈利业绩，从财务角度给予评价和预测。财务评价要从正面和负面两个角度进行，评价既可以单独分段进行，也可以将评价内容穿插在说明部分和分析部分。⑥ 改善经营建议。主要写明财务人员在对经营运作、投资决策进行分析后形成的意见和看法，特别是对运作过程中存在的问题所提出的改进建议。要针对各项分析中存在的问题进行综合考虑。站在财务的角度，财务人员应该提出对企业切实可行的建议，比如制度建设方面、岗位设置方面、资金筹措渠道方面等，以挖掘企业内部潜力等。其次，财务分析报告的正文逻辑结构有以下四种形式:第一,传统式,即把整个分析报告分为概况、具体分析、问题或建议等部分;第二,部分式,按照财务活动中的资金、费用和利润等指标的顺序,逐一分段叙述其变化情况及影响因素;第三,条文式,对所要分析的主要指标简单地分条款作出概括和分析;第四,表格式,利用分析表格,作扼要的文字分析,简单明了。

不管采取哪种结构形式,分析是核心,数据是事实,结论是根本,建议是目的。另外还应注意,主体部分要有两大分析:对数据指标的就事论事和联系实际的深层次分析。

(3)结语。财务分析报告的最后,可以对整个财务分析报告作一概括,并提出建议。结语部分要符合两大要求:意见实事求是,措施切实可行。

4. 附件

有些很重要的具体资料(如数据、图表、原始凭证等)由于篇幅较长或者较不宜多,不宜放在正文里,可以作为附件,附于文后。

5. 签署

在财务分析报告正文的右下方,写明报告单位名称或者作者姓名,并写明成文时间。

二、实验目的

通过财务分析实验从分析服务对象看,研究财务分析的目的可以从以下几个方面进行:

(1)从企业股权投资者角度看财务分析的目的。企业股权投资者进行财务分析的最根本目的是看企业的盈利能力状况,以供投资决策之用。

(2)从企业债权者角度看财务分析的目的。从债权人角度进行财务分析的主要目的,一是看其对企业的借款或其他债权是否能及时、足额收回,即研究企业偿债能力的大小;二是看债务者的收益状况与风险程度是否相适应,即将偿债能力分析与盈利能力分析相结合。以供放贷决策之用。

(3)从企业经营者角度看财务分析的目的。企业经营者进行财务分析的目的是综合的、多方面的。总体来说,其目的是及时发现生产经营中存在的问题与不足,并采取有效措施解决这些问题,使企业不仅用现有资源盈利更多,而且使企业盈利能力保持继续增长,以供经营决策之用。

(4)其他财务分析的目的。与企业经营有关的企业单位进行财务分析的主要目的在于搞清企业的信用状况;国家行政管理与监督部门进行财务分析的目的:一是为了监督,二是为宏观决策提供可靠信息。

三、实验原理

(一)水平分析法

水平分析法中具体有两种方法:比较分析和指数趋势分析。

1. 比较分析

比较分析是将公司两个年份的财务报表进行比较分析,旨在找出单个项目各年之间的不同,以便发现某种趋势。在进行比较分析时,除了可以针对单个项目研究其趋势,还可以针对特定项目之间的关系进行分析,以揭示出隐藏的问题。比如,如果发现销售增长 10% 时,销售成本增长了 14%,也就是说成本比收入增加的更快,这与我们通常的假设是相悖的。我们通常假设,在产品和原材料价格不变时,销售收入和销售成本同比例增长。现在出现了这种差异,一般有三种可能:一是产品价格下降;二是原材料价格上升;三是生产效率降低。要确定具体的原因,这就需要借助其他方法和资料作进一步的分析。

2. 指数趋势分析

当需要比较三年以上的财务报表时,比较分析法就变得很麻烦,于是就产生了指数趋势分析法。指数趋势分析的具体方法是,在分析连续几年的财务报表时,以其中一年的数据为基期数据(通常是以最早的年份为基期),将基期的数据值定为 100,其他各年的数据转换为基期数据的百分数,然后比较分析相对数的大小,得出有关项目的趋势。

当使用指数时要注意的是由指数得到的百分比的变化趋势都是以基期为参考,是相对数的比较,好处就是可以观察多个期间数值的变化,得出一段时间内数值变化的趋势。如果将通货膨胀的因素考虑在内,将指数除以通货膨胀率,就得到去除通货膨胀因素后的金额的实际变化,更能说明问题。这个方法在用过去的趋势对将来的数值进行推测时是有用的,还可以观察数值变化的幅度,找出重要的变化,为下一步的分析指明方向。

3. 水平分析法的相关要点

水平分析法所进行的对比,一般而言,不是指单指标对比,而是对反映某方面情况的报表的全面、综合对比分析。

变动数量的计算公式是:

$$变动数量 = 分析期某项指标实际数 - 前期同项指标实际数$$

变动率的计算公式是:

$$变动率(\%) = \frac{变动数量}{前期实际数量} \times 100\%$$

(公式所说的前期,可指上年度,也可指以前某一年度。)

按上述方法编制的报表形式,可称为比较会计报表。比较会计报表也可以同时选取多期(两期以上)会计数据进行比较,称为长期比较会计报表。长期比较会计报表的优点是:可以提醒使用者排除各年份非常或偶然事项的影响,将企业若干年的会计报表按时间序列加以分析,能更准确地看出企业发展的总体趋势,有助于更好地预测未来。

在使用水平分析法进行分析时,还应特别关注相关指标的可比性,看看是否存在因会计政策或会计处理方法变动而影响了报表中某些项目前后的可比性。同时也应了解各项目相对比例的变化。

(二)垂直分析法

垂直分析法是一种分析方法,它可以用于财务资料的分析方面。在一张财务报表中,用表中各项目的数据与总体(或称报表合计数)相比较,以得出该项目在总体中的位置、重要性与变化情况。垂直分析法又称共同比分析法,与水平分析法相对应的。水平分析法注重的是关键项目不同年份的比较,垂直分析法更注重于报表内部各项目的内在结构分析。它只是对当期利润表或是资产负债表等做纵向分析:利润表中的所有项目用营业收入的百分率表示,资产负债表中的项目则用资产总额的百分率表示。

1. 垂直分析法的步骤

(1) 计算出表中各项目在总体中所占比重;

(2) 通过该比例判断该项目在报表中所占位置、其重要性如何;

(3) 将该比例与基期或上一年度的比例数据相对比,观察其变化趋势。

会计报表经过垂直分析法处理之后,也叫同度量报表、总体结构报表、共同比报表。

2. 垂直分析工具使用方法

以共同比财务报表为例,垂直分析法的主要用法和步骤如下:

第一,确定相关财务报表中各项目占总额的比重或百分比,其计算公式是:

$$某项目的比重＝\frac{该项目金额}{各项目总金额}\times100\%$$

对于同比资产负债表而言,项目总额指的是资产总额,在同比利润表中,项目总额一般使用营业收入项目金额。

第二,通过各项目的比重,分析各项目在企业经营中的重要性。一般项目比重越大,说明其重要程度越高,对总体的影响越大。

第三,与水平分析法相结合,将分析期各项目的比重与前期同项目比重对比,研究各项目的比重变动情况,为进一步的"优化组合"提供思路。也可将本企业报告期项目比重与同类企业的可比项目比重进行对比,研究本企业与同类企业相比还存在哪些优势或差距,据以考察其在同行业中的工作水平和地位的高低。

3. 应注意的问题

在有着不同规模的企业之间直接进行财务报表的比较分析,会因规模差异而产生误导。例如,A公司拥有1 500万元负债,B公司拥有15 000万元负债,那么,如果依此认为B公司的杠杆程度比A公司高可能就是错误的。因此,不同规模的公司进行比较时,就必须控制规模差异。控制规模差异的途径之一,就是编制共同比的财务报表。

(三) 比率分析法

比率分析法的基本知识在第二章第四节模拟企业财务评价指标体系中已介绍。

(四) 因素分析法

因素分析法,又称指数因素分析法,是利用统计指数体系分析现象总变动中各个因素影响程度的一种统计分析方法,包括连环替代法、差额分析法、指标分解法、定基替代法。因素分析法是现代统计学中一种重要而实用的方法,它是多元统计分析的一个分支。使用这种方法能够使研究者把一组反映事物性质、状态、特点等的变量简化为少数几个能够反映出事物内在联系的、固有的、决定事物本质特征的因素。本实验只介绍连环替代法和差额分析法。

1. 连环替代法

它是将分析指标分解为各个可以计量的因素,并根据各个因素之间的依存关系,顺次用各因素的比较值(通常即实际值)替代基准值(通常为标准值或计划值),据以测定各因素对分析指标的影响。

例如,设某一分析指标 M 是由相互联系的 A、B、C 三个因素相乘得到,报告期(实际)指标和基期(计划)指标为:

报告期(实际)指标 $M_1 = A_1 \times B_1 \times C_1$

基期(计划)指标 $M_0 = A_0 \times B_0 \times C_0$

在测定各因素变动指标对指标 ΔM 影响程度时可按顺序进行:

基期(计划)指标 $M_0 = A_0 \times B_0 \times C_0$ ……(1)

第一次替代 $A_1 \times B_0 \times C_0$ ……(2)

第二次替代 $A_1 \times B_1 \times C_0$ ……(3)

第三次替代 $A_1 \times B_1 \times C_1$ ……(4)

分析如下:

(2)－(1)→A 变动对 M 的影响。

(3)－(2)→B 变动对 M 的影响。

(4)－(3)→C 变动对 M 的影响。

把各因素变动综合起来,总影响:$\Delta M = M_1 - M_0 = (4) - (3) + (3) - (2) + (2) - (1)$。

2. 差额分析法

它是连环替代法的一种简化形式,是利用各个因素的比较值与基准值之间的差额,来计算各因素对分析指标的影响。

例如,某一个财务指标及有关因素的关系由如下式子构成:

实际指标:$Po = Ao \times Bo \times Co$;标准指标:$Ps = As \times Bs \times Cs$;实际与标准的总差异为 $Po - Ps$,$Po - Ps$ 这一总差异同时受到 A、B、C 三个因素的影响,它们各自的影响程度可分别由以下式子计算求得:

A 因素变动的影响:$(Ao - As) \times Bs \times Cs$;

B 因素变动的影响:$Ao \times (Bo - Bs) \times Cs$;

C 因素变动的影响:$Ao \times Bo \times (Co - Cs)$。

最后,可以将以上三大因素各自的影响数相加就应该等于总差异 $Po - Ps$。

3. 因素分析法的运用程序

运用因素分析法的一般程序:

(1) 确定需要分析的指标;

(2) 确定影响该指标的各因素及与该指标的关系;

(3) 计算确定各个因素影响的程度数额。

第二节　实验步骤

一、实验条件

(一)基本数据资料

以优卡股份有限公司的财务数据为基础,见表2-4、表2-5、表2-6。

(二)实验条件

本实验应该在配备专业工具的手工实验室或具备计算机实验条件的计算机实验室进行,应该事先打印制作一套财务分析空白表,最好是统一装订好的完整一册。本实验需要优卡股份有限公司整套的公司公章、财务专用章、法人章、财务主管印章,以及红色印台。需要配备计算器等常用计算工具,计算机实验要求安装 Excel 2003 或以上版本的软件。

二、实验步骤

进行财务分析时,根据分析任务的不同,一般要经过以下步骤:确立分析标准,确定分析目标,制定分析方案,收集数据信息,核实并整理信息资料,分析现状,作出分析结论,反馈。

(一)确立分析标准

这一步骤要解决两个问题:一是站在何种立场进行分析;二是以何种标准进行分析比较。财务报表使用者因为立场不同,所以分析目的也各有差异。没有比较,就不能称其为分析,因此财务报表分析注重比较。对企业财务报表进行比较时,必须有一个客观的标准,并以此为标准来衡量企业财务报表中的有关资料,从而较为客观地确定企业的财务状况和经营成果。

(二)确定分析目标

财务报表分析目标,依分析类型的不同而不同:信用分析目标,主要是分析企业的偿债能力和支付能力;投资分析目标,主要是分析投资的安全性和营利性;经营决策分析目标,是为企业产品、生产结构和发展战略方面的重大调整服务;税务分析目标,主要分析企业的收入和支出情况。

从分析形式来说,包括:① 日常经营分析,主要分析实际完成情况及其与企业目标偏离的情况;② 总结分析,要对企业当期的生产经营及财务状况进行全面分析;③ 预测分析,要弄清企业的发展前景;④ 检查分析,要进行专题分析研究。

(三)制定分析方案

分析目标确定之后,要根据分析量的大小和分析问题的难易程度制定出分析方案。例如,是全面分析还是重点分析,是协作进行还是分工负责。要列出分析项目,安排工作进度,确定分析的内容、标准和时间。

(四)收集数据信息

分析方案确定后,根据分析任务,收集分析所需数据资料。企业的各项经济活动都与内外部环境的变化相关联,会计信息只反映经济活动在某一时期的结果,并不反映经济活动发生发展的全过程;财务报表能部分地反映产生当前结果的原因,但不能全面揭示所分析的问题。因此,需要分析者收集相关资料信息。

信息收集内容一般包括:宏观经济形势信息;行业情况信息;企业内部数据,如企业产品市场占有率、销售政策、产品品种、有关预测数据等。

信息收集可通过查找资料、专题调研、座谈会或相关会议等多种渠道。

（五）核实并整理信息资料

首先核对和明确财务报表是否反映了真实情况,是否与所收集到的资料有较大出入。作为企业内部分析,如发现资料、数据不真实、不全面,可进一步查对,寻求真实情况。但对企业外部分析者来说,就比较困难。

对于具体资料的整理,首先要将资料分类,如可以分成经济、产业和个别公司企业等三大类,按时间先后顺序排列。资料分类后,对于重复的、过时的、矛盾的资料予以剔除,从而减少不必要的负担,在此基础上,再进行企业概况整理。因为习惯上必须在分析报表的前言部分对所分析企业的概况作一个介绍,所以扼要整理诸如企业历史、业务范围、股东人数、职工人数、研究发展等资料,可以便于以后撰写报告。

（六）分析现状

分析现状是指根据分析目标和内容,评价所收集的资料,寻找数据间的因果关系,联系企业客观环境情况,解释形成现状的原因,揭示经营失误,暴露存在的问题,提出分析意见,探讨改进的办法和途径。

（七）作出分析结论

由于企业经济活动的复杂性和企业外部环境的多变性,要求我们撰写财务报表分析报告时遵守一定的原则。这些原则一般都是实践经验的总结。下面我们仅列出几条,更多的分析原则应该来自于分析者自身的实践经验。

1. 尽可能地收集所需资料,掌握真实情况

财务报表分析的依据是所掌握的信息资料。由于各项财务报表分析目标之间具有相关性,所以我们在进行分析前,既要掌握分析目标所需指标的资料,又要了解相关指标的因果关系;既要收集企业内部的报表资料,又要掌握企业环境的变化情况;既要有客观数据资料,又要有文字意见材料。只有充分地占有信息资料,才能作出正确的分析结论。一个新情况、新信息的出现,有可能改变分析结论。

2. 指标对比,综合判断

企业的经济业务是相互制约和相互促进的,指标数值也具有相对性。同一指标数值,在不同的情况下反映不同的问题,要通过指标对比、指标综合来分析问题、揭露矛盾。比如,企业拥有大量银行存款,这可能是企业销售量剧增的结果,也可能是企业无事可做,不善于利用资金的反映。要通过指标联系,综合分析判断,得出分析结论。

3. 点面结合,抓住重点

在进行财务报表分析时,往往一两个指标不能说明问题,既要对指标本身的数值作出分析解释,又要对该指标数值对其他方面所产生的影响作出解释,要通过一个指标的变化,追

溯到其他指标的变化。要既见树木又见森林,不能就指标论指标。比如,企业资金结构的恶化,要同企业实现利润情况、企业资金增减情况结合分析,看是否会导致企业财务状况恶化,通过分析,抓住关键和本质。

4. 定性分析和定量分析相结合

任何事物都是质和量的统一,财务报表分析也是定性和定量相结合。由于现代企业面临复杂而多变的外部环境,而这些外部环境有时很难定量,但环境的变化却对企业的产业发展、投资目标的实现以及企业销售情况产生重要影响。因此,在定量分析的同时,要作出定性判断,在定性判断的基础上,再进一步进行定量分析和判断。

5. 静态与动态相结合

企业的生产经营活动是一个动态的发展过程。我们所收集到的信息资料,一般是过去情况的反映。在新的形势下,同样的投入可能会有不同的产出。因此,要时刻注意数值的时间性,在弄清过去情况的基础上,分析在当前情况下的可能结果。要联系企业和投资者、决策者的实际情况,静态和动态相结合,对指标值的含义作出判断,以便为决策服务。不结合实际情况,就不可能提出建设性的分析意见。

(八)反馈

反馈强调将新资料投入下一个资料处理系统,希望能改善产出,并且使分析结果及决策更为准确。由于经济的发展充满不确定性,随着时间的推移,新的资料产生了,原来重要的资料可能已变得次要,原来次要的或受忽略的资料,却变得非常重要。因此,财务报表分析是一个连续的过程,新资料的反馈工作不可忽视。例如,今年所做的财务分析,等到明年再分析时,应补充今年增加的资料,并剔除不合时宜的旧的资料。

三、实验成果要求

(一)实验一:会计报表分析模拟实验

1. 实验步骤

第一步,资产负债表分析。

根据提供的资产负债表,首先进行水平分析,得到资产负债表水平分析表,根据水平分析表进行具体分析说明;然后进行垂直分析,得到资产负债表垂直分析表,根据垂直分析表进行具体分析说明;最后进行项目分析,对那些变动幅度异常或对资产总额影响较大的项目进行重点分析。

第二步,利润表分析。

根据提供的利润表,首先进行水平分析,得到利润表水平分析表,根据水平分析表进行净利润分析、利润总额分析和营业利润分析;然后进行垂直分析,得到利润表垂直分析表,根据垂直分析表,分析各利润占营业收入的比重及其变化,说明企业财务成果的构成变动;最后如果有利润表附表和附注,还要进行相关分析。

2. 成果要求

根据水平分析法和垂直分析法的实验原理,写出资产负债表分析和利润表分析报告。

（二）实验二：财务效率分析模拟实验

1. 实验步骤

第一步，偿债能力分析。

根据资产负债表数据，结合偿债能力指标，计算偿债能力指标，对这些指标进行简单分析评价；然后将分析期指标和基期指标对比，说明偿债能力的变化，这种变化要结合企业的偿债能力作出是否恰当的评价。

第二步，营运能力分析。

根据资产负债表和利润表相关数据，结合营运能力指标，计算营运能力指标，结合基期相关指标对比分析，说明营运能力是增强还是减弱，资产管理水平的高低变化，为企业的资产管理提出建议，从而增强企业的盈利能力。

第三步，盈利能力分析。

根据资产负债表与利润表相关数据，结合盈利能力指标公式，计算盈利能力指标，对此进行简单分析评价；然后将分析期和基期指标对比，说明盈利能力的变化，并找到导致这种变化的原因。

第四步，增长能力分析。

（1）根据资产负债表和利润表相关数据，结合增长能力指标公式，计算增长能力指标。

（2）比较资产增长率和股东权益增长率，说明企业资产规模的增长与所有者权益增长之间的关系。

（3）比较资产增长率与销售增长率，说明资产规模的增长是否具有效率性。

（4）比较销售收入增长率与净利润增长率，说明净利润的增长是主要来源于收入的增长还是成本费用的下降。

（5）比较股东权益增长率与净利润增长率，可以判断股东权益的增长是否主要来源于自身创造收益的能力。

2. 成果要求

根据比率分析法和比较分析法原理，写出财务分析报告。

（三）实验三：综合财务分析模拟实验

1. 实验步骤

第一步，计算基期的销售净利率、总资产周转率、权益乘数；

第二步，计算分析期的销售净利率、总资产周转率、权益乘数；

第三步，根据杜邦方法式列出等式，根据连环替代法和差额分析法分析3个因素对净资产收益率的影响；

第四步，检验结果。

2. 成果要求

根据杜邦综合分析原理和因素分析法，对企业整体财务状况进行综合分析，编制综合财务分析报告。

第三节 实验指导

一、财务报告分析

(一)资产负债表分析

资产负债表分析,是指基于资产负债表而进行的财务分析。资产负债表反映了公司在特定时点的财务状况,是公司的经营管理活动结果的集中体现。通过分析公司的资产负债表,能够揭示出公司偿还短期债务的能力,公司经营稳健与否或经营风险的大小,以及公司经营管理总体水平的高低等。

资产负债表分析的内容:资产负债表水平分析、资产负债表垂直分析、资产负债表项目分析。

在分析资产负债表要素时我们应首先注意到资产要素分析,具体包括:

(1)流动资产分析。分析公司的现金、各种存款、短期投资、各种应收、预付款项、存货等。流动资产比往年提高,说明公司的支付能力与变现能力增强。

(2)长期投资分析。分析一年期以上的投资,如公司控股、实施多元化经营等。长期投资的增加,表明公司的成长前景看好。

(3)固定资产分析。这是对实物形态资产进行的分析。资产负债表所列的各项固定资产数字,仅表示在持续经营的条件下,各固定资产尚未折旧、折耗的金额并预期于未来各期间陆续收回。因此,我们应该特别注意,折旧、损耗是否合理将直接影响到资产负债表、利润表和其他各种报表的准确性。很明显,少提折旧就会增加当期利润,而多提折旧则会减少当期利润,有些公司常常就此埋下伏笔。

(4)无形资产分析。主要分析商标权、著作权、土地使用权、非专利技术、商誉、专利权等。商誉及其他无确指的无形资产一般不予列账,除非商誉是购入或合并时形成的。取得无形资产后,应登记入账并在规定期限内摊销完毕。

其次,要对负债要素进行分析,包括两个方面:

(1)流动负债分析。各项流动负债应按实际发生额记账,分析的关键在于要避免遗漏,所有的负债均应在资产负债表中反映出来。

(2)长期负债分析。包括长期借款、应付债券、长期应付款项等。由于长期负债的形态不同,因此,应注意分析、了解公司债权人的情况。

最后是股东权益分析,包括股本、资本公积、盈余公积和未分配利润 4 个方面。分析股东权益,主要是了解股东权益中投入资本的不同形态及股权结构,了解股东权益中各要素的优先清偿顺序等。看资产负债表时,要与利润表结合起来,主要涉及资本金利润率和存货周转率,前者是反映盈利能力的指标,后者是反映营运能力的指标。

(二)利润表分析

1. 利润表主表分析

通过利润表主表的分析,主要对各项利润的增减变动、结构增减变动及影响利润的收入与成本进行分析。

（1）利润额增减变动分析。通过对利润表的水平分析，从利润的形成角度，反映利润额的变动情况，揭示企业在利润形成过程中的管理业绩及存在的问题。

（2）利润结构变动情况分析。利润结构变动分析，主要是在对利润表进行垂直分析的基础上，揭示各项利润及成本费用与收入的关系，以反映企业的各环节的利润构成、利润及成本费用水平。

（3）企业收入分析。企业收入分析的内容包括收入的确认与计量分析；影响收入的价格因素与销售量因素分析；企业收入的构成分析等。

（4）成本费用分析。成本费用分析包括产品销售成本分析和期间费用分析两部分。产品销售成本分析包括销售总成本分析和单位销售成本分析；期间费用分析包括销售费用分析和管理费用分析。

2. 利润表附表分析

利润表附表分析主要是对利润分配表及分部报表进行分析。

（1）利润分配表分析。通过利润分配表分析，反映企业利润分配的数量与结构变动，揭示企业在利润分配政策、会计政策以及国家有关法规变动方面对利润分配的影响。

（2）分部报表分析。通过对分部报表的分析，反映企业在不同行业、不同地区的经营状况和经营成果，为企业优化产业结构，进行战略调整指明方向。

3. 利润表附注分析

利润表附注分析主要是根据利润表附注及财务情况说明书等相关详细信息，分析说明企业利润表及附表中的重要项目的变动情况，深入揭示利润形成及分配变动的主观原因与客观原因。

二、财务指标分析

财务指标分析包括时点数、时期数、指标分析频率和应收账款周转速度等，在实际工作中要灵活应用，以使指标分析更加符合实际工作的需要。

（一）关于时点数和时期数的问题

财务分析中各项指标所使用的数据均来源于资产负债表、利润表和现金流量表，而资产负债表反映企业在某一特定日期的财务状况，利润表反映企业在一定会计期间的经营成果，现金流量表反映企业在一定会计期间的现金和现金等价物的流入和流出。可见，资产负债表反映的是"某一特定日期"，即时点数，而利润表和现金流量表反映的是"一定会计期间"，即时期数。从理论上讲，时点数与时点数比较，起点一致；时期数和时期数比较，时间跨度一致，由于口径一致，直接从报表上取得数据即可，但时点数和时期数由于口径不一致，不能直接进行比较，需要进行换算。

（二）时点数与时点数比较

时点数与时点数比较是指资产负债表数据之间的比较，例如流动比率（流动资产/流动负债）、速动比率（速动资产/流动负债）、资产负债率（负债总额/资产总额）、产权比率（负债总额/所有者权益总额)、总资产增长率(本年总资产增长额/年初资产总额)等指标。这些指标大部分直接取期末数据,即时点数,便可计算出结果,有的数据需要先进行简单计算,比如速动资产、本年总资产增长额,再根据公式计算出结果。

(三) 时期数与时期数比较

时期数与时期数比较主要是指利润表数据之间的比较,如已获利息倍数(息税前利润总额/利息费用)、营业利润率(营业利润/营业收入)、成本费用利润率(利润总额/成本费用总额)、营业收入增长率(本年营业收入增长额/上年营业收入总额)、营业利润增长率(本年营业利润增长额/上年营业利润总额)等指标,个别指标还包括利润表与现金流量表数据之间的比较,如盈余现金保障倍数(经营现金净流量/净利润)。这些指标大部分直接取一定期间内的数据,即时期数便可计算出结果,有的数据需要先进行简单计算,如息税前利润总额、成本费用总额,再根据公式计算即可。

(四) 时期数与时点数比较

时期数与时点数比较是指利润表与资产负债表、现金流量表与资产负债表数据之间的比较,前者如应收账款周转率(营业收入/平均应收账款余额)、存货周转率(营业成本/平均存货余额)、流动资产周转率(营业收入/平均流动资产总额)、固定资产周转率(营业收入/平均固定资产净值)、总资产周转率(营业收入/平均资产总额)、总资产报酬率(息税前利润总额/平均资产总额)、净资产收益率(净利润/平均净资产)等指标,后者如现金流动负债比率(年经营现金净流量/平均流动负债)。这些指标的共同特点是,分子是时期数,分母是时点数。通常分子可以直接取数,或经简单计算,而分母要取年初数与年末数的平均数,如果各期时点数余额的波动性较大,也可以采用各期余额的平均数计算。

三、综合财务分析

杜邦财务分析系统是一种实用的财务分析体系,从评价企业绩效最具综合性和代表性的指标——净资产收益率——出发,利用各主要财务比率指标间的内在有机联系,对企业财务状况及经济效益进行综合系统分析评价。杜邦财务分析体系以净资产收益率为龙头,以资产净利率和权益乘数为核心,重点揭示企业获利能力及权益乘数对净资产收益率的影响,以及各相关指标间的相互影响作用关系。层层分解至企业最基本生产要素的使用,成本与费用的构成和企业风险,满足经营者通过财务分析进行绩效评价的需要,在经营目标发生异动时能及时查明原因并予以修正。首先,净资产收益率是一个综合性极强的投资报酬指标,决定因素主要是资产净利率和权益乘数。其次,资产净利率是影响净资产收益率的关键指标,把企业一定期间的净利润与企业的资产相比较,表明企业资产利用的综合效果。再次,权益乘数表示企业负债程度,受资产负债率影响。企业负债程度越高,负债比率越大,权益乘数越高,说明企业有较高的负债程度,给企业带来较多的杠杆利益,同时也给企业带来了较多的风险。

第四节　案例拓展

一、案例介绍

　　华能国际的母公司及控股股东华能国电是于 1985 年成立的中外合资企业,它与电厂所在地的多家政府投资公司于 1994 年 6 月共同发起在北京注册成立了股份有限公司。总股本 60 亿股,2001 年在国内发行 3.5 亿股 A 股,其中流通股 2.5 亿股,而后分别在香港、纽约上市。

　　在过去的几年中,华能国际通过项目开发和资产收购不断扩大经营规模,保持盈利稳步增长。拥有的总发电装机容量从 2 900 兆瓦增加到目前的 15 936 兆瓦。华能国际现全资拥有 14 座电厂,控股 5 座电厂,参股 3 家电力公司,其发电厂设备先进,高效稳定,且广泛地分布于经济发达及用电需求增长强劲的地区。目前,华能国际已成为中国最大的独立发电公司之一。

　　华能国际公布的 2004 年第 1 季度财务报告,营业收入为 64.61 亿元人民币,净利润为 14.04 亿元人民币,比 2003 年同期分别增长 24.97% 和 24.58%。由此可看出,无论是发电量还是营业收入及利润,华能国际都实现了健康的同步快速增长。当然,这一切都与 2004 年初中国出现大面积电荒不无关系。在发展战略上,华能国际加紧了并购扩张步伐。中国经济的快速增长造成了电力等能源的严重短缺。随着中国政府对此越来越多的关注和重视,以及华能国际逐渐走上快速发展和不断扩张的道路,可以预见在不久的将来,华能国际必将在中国电力能源行业中进一步脱颖而出。

　　华能国际财务报表资料见表 3-1、表 3-2、表 3-3。

表 3-1　2001—2003 年资产负债简表

单位:万元

年度 项目	2003 - 12 - 31	2002 - 12 - 31	2001 - 12 - 31
1. 应收账款余额	235 683	188 908	125 494
2. 存货余额	80 816	94 072	73 946
3. 流动资产合计	830 287	770 282	1 078 438
4. 固定资产合计	3 840 088	4 021 516	3 342 351
5. 资产总计	5 327 696	4 809 875	4 722 970
6. 应付账款	65 310	47 160	36 504
7. 流动负债合计	824 657	875 944	1 004 212
8. 长期负债合计	915 360	918 480	957 576
9. 负债总计	1 740 017	1 811 074	1 961 788
10. 股本	602 767	600 027	600 000
11. 未分配利润	1 398 153	948 870	816 085
12. 股东权益总计	3 478 710	2 916 947	2 712 556

表 3-2　2001—2003 年利润分配简表

单位:万元

项目 \ 年度	2003-12-31	2002-12-31	2001-12-31
1. 主营业务收入	2 347 964	1 872 534	1 581 665
2. 主营业务成本	1 569 019	1 252 862	1 033 392
3. 主营业务利润	774 411	615 860	545 743
4. 其他业务利润	3 057	1 682	−52
5. 管理费用	44 154	32 718	17 583
6. 账务费用	55 963	56 271	84 277
7. 营业利润	677 350	528 551	443 828
8. 利润总额	677 408	521 207	442 251
9. 净利润	545 714	408 235	363 606
10. 未分配利润	1 398 153	948 870	816 085

表 3-3　2001—2003 年现金流量简表

单位:万元

项目 \ 年度	2003-12-31	2002-12-31	2001-12-31
1. 经营活动现金流入	2 727 752	2 165 385	1 874 132
2. 经营活动现金流出	1 712 054	1 384 899	1 162 717
3. 经营活动现金流量净额	1 015 697	780 486	711 414
4. 投资活动现金流入	149 463	572 870	313 316
5. 投资活动现金流出	670 038	462 981	808 990
6. 投资活动现金流量净额	−520 574	109 888	−495 673
7. 筹资活动现金流入	221 286	17 337	551 415
8. 筹资活动现金流出	603 866	824 765	748 680
9. 筹资活动现金流量净额	−382 579	−807 427	−197 264
10. 现金及等价物增加额	112 604	82 746	18 476

二、问题的提出

(1) 根据华能国际财务报表资料,请对华能国际公司财务报表各项目进行分析。

(2) 根据华能国际财务报表资料,请对华能国际公司财务比率进行分析。

第四章 预算管理实验

第一节 实验基础

一、实验知识点

在企业的计划和控制中,预算是使用最为广泛的工具之一。因此,掌握运用预算编制的工作内容、程序和方法,充分发挥预算的作用,对于实现企业战略目标,提高财务管理水平有着十分重要的意义。预算管理实验主要掌握以下主要知识点。

(一)全面预算与预算管理

预算是以货币计量的方式,采用计划的形式,具体反映企业决策目标所涉及的有关现金收支、资金需求、资金融通、收入、成本,以及财务状况和经营成果等经济资源的配置,是企业经营目标的具体化。全面预算是指把企业全部经济活动的总体计划,用数量、金额和表格的形式反映出来的一系列文件,或者说全面预算就是企业目标总体规划的具体化和数量化的说明。预算管理,是指企业围绕预算开展的一系列管理活动。预算管理包括预算编制、预算执行、预算调整、预算分析、预算考核等多个管理流程。通过预算管理,能够做到全面地综合、协调、规划企业内部各部门、各层次的经济关系与职能,使之统一服从于企业总目标的要求。

(二)预算的意义

在现代企业中,企业的战略、预算和绩效三者必须成为一个高效互动的有机整体,才能实现既定的战略目标。预算在企业的战略、预算和绩效三者之间起着承前启后的重要作用。通过编制全面预算,企业既可以最有效地分配有限的经济资源、组织收入、控制开支,又可以预测现金流量、利润、资产、权益的变化情况和面临的风险,监控战略目标的实施进度并及时纠正偏差,考核经营业绩,发挥评价与激励的作用。

全面预算的主要作用具体概括如下。

1. 落实企业战略目标

预算体现了企业在特定期间所追求的整体目标。全面预算的编制,将企业既定战略通过预算的形式加以固化和量化,企业的战略目标落实为各期间的总目标,企业的总目标又可以通过预算分解为各部门的具体目标,这样,通过各级各部门的努力执行预算实现各个具体目标时,就能保障企业总目标和战略目标的实现。企业把制定、执行预算和公司战略相结合,有助于调整公司的策略,提高公司战略管理水平。

2. 明确部门工作目标

预算为整个企业和多个职能部门在计划期间的工作分别制定目标,预算管理的过程就是将企业的总体目标分解落实到各个部门的过程。它不仅有助于企业各部门及其职工更好地了解企业的经营目标,而且有助于其明确自己在企业整体经营目标中的地位、作用和责任,从而充分发挥其主观能动性,引导企业的各项活动按预定目标进行,激励各部门及其职工为实现经营目标而努力。

3. 协调职能部门工作

企业要实现总体经营目标,各个职能部门必须通力协作,共同努力。通过编制预算来协调各职能部门的工作安排,使企业内部各职能部门的各项工作、供产销各个环节的经济活动都统一于企业的总体目标之下。预算围绕企业的经营目标把整个企业各方面的工作严密地组织起来。由于预算从基层开始,自下而上逐级综合,经过上下多轮反复磋商而定,因而这种预算能调动各部门职工积极性,使企业内部各部门各环节齐心协力,相互协调,使整个企业成为一个为实现其经营目标而顺利运行的有机整体。

4. 控制日常经济活动

控制就是要使经济活动按计划进行。预算是具体化、数量化的计划,预算中制定的数量目标就是公司实施控制的标准。在预算执行过程中,往往由于种种原因,导致预算的执行情况与预算计划产生一定的差异,为此必须即时分析、查明产生差异的原因,并采用必要的措施,尽量使企业的实际经济活动符合预算的要求,以保证预算目标的顺利实现。

5. 考评部门工作业绩

现代化生产是许多共同劳动的过程,必须建立明确的责任制度,有效的责任制度离不开绩效考核。预算是绩效考核的基础,科学的预算目标是公司与部门绩效考核指标的比较标准。预算管理在为绩效考核提供参照值的同时,管理者也可以根据预算结果去不断修正、优化绩效考核体系,确保考核结果更加符合实际,真正发挥评价与激励作用。

(三)预算的分类

1. 预算按其适用的时间长短分类

(1)长期预算,是指预算期在一年以上的预算。一般为长期投资决策预算,如固定资产购置预算,厂房改扩建、新建预算,长期资金收支预算,长期科研经费预算等。长期预算属于企业战略规划方面的预算,金额较大,影响期较长,因此,长期预算编制的好坏,将影响到企业的长期战略目标能否实现,影响到企业今后若干年的经济效益。

(2)短期预算,是指预算期在一定时期内(一般不超过一年或一个营业周期)的预算。一般是指全面预算,主要包括业务方面的预算和财务方面的预算,如销售预算、生产预算、采购预算、费用成本预算、现金收支预算等。与长期预算不同,短期预算是一种执行性预算,是根据短期经营目标所做的预算,因而,要求数据尽可能具体化,以便于控制和执行。

2. 预算按其具体内容的不同分类

(1)业务预算,也叫经营预算,是反映企业在计划期间日常发生的各种具有实质性的基本活动的一系列预算。主要包括销售预算、生产预算、直接材料采购预算、直接人工预算、制造费用预算、期末产成品存货预算、销售费用及管理费用预算等。业务预算以企业发展战略和业务发展规划为依据,统筹配置企业资源,是企业的基础性预算。这些预算主要反映企业日常经营活动的收入和费用的构成情况,通常与企业利润表的计算有关,它们前后衔接,相互勾稽,既有价值量指标,又有实物量和时间量指标。

(2)专门决策预算,是指针对企业重大决策所编制的预算。通常为不经常发生的长期投资决策预算,或为一次性专门业务编制的预算,所以一般为长期或不定期编制的预算,针对性较强。专门决策预算又可分为资本支出预算和一次性专门业务预算。资本支出预算是根据经过审核批准的各个长期投资决策所编制的预算。一次性专门预算是指企业财务部门在日常理财活动中为提高资金使用效果而进行的资金筹措和资金投放等财务决策的预算。由于专门决策的具体情况各不相同,因此专门决策预算没有统一的格式和内容,企业据需要自行设计。

(3)财务预算。财务预算是企业计划期内关于现金收支、经营成果和财务状况的预算。各种业务预算和专门预算最终都集中反映在财务预算中,财务预算就成为各经营业务和专门决策的总体计划。财务预算主要包括现金预算、预计利润表和预计资产负债表等,是全面预算体系中的最后环节,可以从价值方面总括地反映专门决策预算与业务预算的结果,亦称为综合预算或总预算,其余预算则相应称为辅助预算或分预算。显然,财务预算在全面预算体系中有举足轻重的地位。

企业全面预算体系,如图4-1所示。

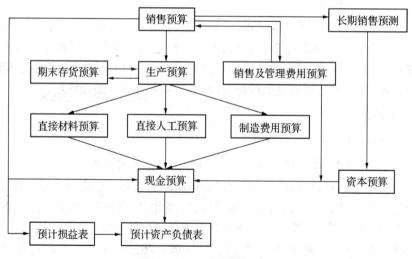

图4-1 全面预算体系图

(四)预算管理流程

预算管理,是指企业围绕预算而展开的一系列管理活动,包括预算编制、预算执行、预算调整、预算分析、预算考评等程序,如图4-2所示。

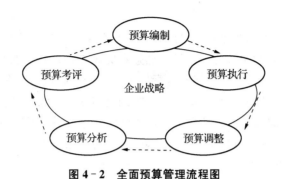

图 4‑2　全面预算管理流程图

1. 预算编制

预算管理从编制到执行,从考核到奖惩,由若干密切联系的环节组成,在环环相扣的各组成部分中,任何环节的疏漏都会带来管理上的失误,因此,对于预算管理的每个环节都要给予足够的重视。在预算管理的诸多环节中,预算的编制无疑是整个预算体系的基础和起点。预算编制通常采用上下结合的方法。

2. 预算执行

为保证预算体系的良性运转,在预算编制完成执行之前,还需要经过预算分解、下达和具体讲解等准备步骤来保证预算的有序执行。预算开始执行之后,必须以预算为标准进行严格的控制,主要涉及:支出性项目严格控制在预算之内,收入性项目要完成预算,现金项目必须满足日常和长期发展的需要。预算控制实质上就是针对编制的业务预算、专门决策预算和财务预算中的各级各类预算实施的控制。预算的执行与控制是预算管理工作的核心环节,需要企业上下全员、全方位、全过程参与,通力合作。

3. 预算调整

企业预算刚性执行过程中,应考虑环境的变化,避免僵化地执行,保持一定的弹性。管理层不应将预算作为其唯一的经营方针,定期调整预算可以提供更好的经营指南。为防止经营者预期预算会调整,而不认真执行预算,企业需要设定预算调整的较高门槛,以确保预算的有效执行。定期调整预算时,应保留原始预算的副本,以便在该期间结束后与实际结果进行比较分析。

4. 预算分析

预算分析是对预算执行中产生的实际与预算的差异进行的分析,并确定有利与不利差异,分析原因,总结经验教训。预算分析是预算执行过程中和预算完成后一个重要的环节。在分析实际与预算的差异时,通常分三个步骤进行:一是对比实际业绩与预算目标找出差异;二是分析出现差异的原因;三是提出恰当的处理措施。其中,预算执行过程中的差异分析可以根据周围环境和相关条件的变化帮助调控预算合理而顺利地执行;预算完成后的差异分析则可以总结预算完成情况,帮助评价预算期间工作的好坏,进而为企业评价激励制度的公平有效提供数据依据。因此,预算分析贯穿于预算管理的全过程,既为预算的执行与控制明确了工作重点,也为下期编制预算提供了可资借鉴的丰富经验。

5. 预算考评

预算考评是对企业内部各级责任单位和个人预算执行情况的考核与评价。对预算执行情况进行考评,监督预算的执行、落实,可以加强和完善企业的内部控制。在企业全面预算管理体系中,预算考评起着检查、督促各级责任单位和个人积极落实预算任务,及时提供预算执行情况的相关信息,以便纠正是基于预算的偏差,有助于企业管理当局了解企业生产经营情况,进而实现企业总体目标。从整个企业生产经营循环看,预算考评作为一次预算管理循环的总结,承上启下,为以后科学、准确地编制企业全面预算积累了丰富资料和实际经验,是以后编制全面预算的基础。

(五)预算编制程序

企业编制预算,涉及生产经营管理的多个部门,为提高预算的全员参与性,一般应采取"自上而下,自下而上,上下结合"的编制程序。全面预算的编制程序通常为:

1. 下达预算目标

根据企业长期发展战略和短期经营目标,在预测和决策的基础上,由企业预算委员会制定预算总方针和各项预算编制政策,拟定企业一定时期的预算总目标和部门分目标,并下发到各有关部门。

2. 编报部门预算

各基层预算单位和个人,按照"一级管理一级"的原则,结合实际情况,草拟本单位的预算方案,并呈报各分部门。各分部门汇总预算草案,协调各预算草案,并按照预算委员会下达的预算分目标和预算要求,编制销售、生产、财务等经营预算,制定本部门预算草案,呈报预算委员会。

3. 预算审查平衡

预算委员会对各部门上报的预算草案进行审查、汇总,协调各部门预算,提出综合平衡建议,对发现的问题提出初步调整的意见,并反馈给各有关部门予以修正。

4. 预算审议批准

预算委员会在各部门修正调整部门预算草案基础上,拟定整个企业的预算草案,报预算管理层讨论。同时将预算草案再反馈给各预算编报部门征求意见。对于不符合企业发展战略或者预算目标的事项,责成各有关部门进一步修订、调整。在多次自上而下、自下而上的讨论、调整基础上,最终形成正式的企业年度预算(草案),提交董事会审议批准。

5. 预算下达执行

董事会审议批准后的年度总预算(草案),成为正式预算,将该预算分解成一系列的指标体系,预算管理层逐级下达各部门执行。

(六)预算编制方法

1. 固定预算法

(1)固定预算亦称静态预算,是指根据未来固定不变的业务量水平,不考虑预算期内生产经营活动可能发生的变动而编制预算的一种预算编制方法。

（2）固定预算法的优缺点：固定预算的预算期业务量为固定数字，编制较为简便。当企业的实际业务量水平与预期业务量水平完全一致时，以固定预算对企业考核是比较合理的。然而，由于市场形势的变化或季节性原因，往往会使实际业务量水平起伏不定，如果企业的实际执行结果与其业务活动水平相距甚远，仍以固定预算进行业绩考核与评价，显然缺乏可比基础，就难以发挥预算控制的作用。

（3）固定预算法的适用范围：用于考核非营利组织或者业务水平较为稳定企业的业绩比较合适。但是，如果用来衡量业务水平经常变动企业的业绩，往往不适当，甚至会造成误解。此外，在编制固定费用预算时，如固定资产预算、折旧费用预算、职工薪酬预算等，经常会使用固定预算法。

2. 弹性预算法

（1）弹性预算法是指在编制预算时，预先估计到预算期业务量可能发生的变动，编制出一套能适应多种业务量水平的预算编制方法。

（2）弹性预算法的优缺点：弹性预算的优点是，一方面扩大了预算的适用范围，能够反映预算期内与一定相关范围内的可预见的多种业务量水平相对应的不同预算额，为管理人员事前严格控制各项费用开支提供了依据，有利于更好地发挥预算的控制作用，避免了在实际情况发生变化时，对预算作频繁的修改；另一方面，能够使预算对实际执行情况的评价和考核建立在更加客观可比的基础之上，更接近实际情况，有利于事后的分析与考评，考评的结果也更加真实可靠。弹性预算法的不足主要体现在预算编制的工作量较大。

（3）弹性预算法的适用范围：用于随业务量变化大的业务预算的编制，因此，从理论上讲，适用于编制全面预算时所有与业务量有关的各种预算。但是在实务中，主要用于编制弹性成本费用预算和弹性利润预算等。

3. 零基预算法

（1）零基预算法是指在编制预算时，不考虑以往的水平，对所有的预算支出均以零为起点，从实际需要和可能出发，对各项预算方案进行"成本—效益"分析，逐项审议各项费用的内容及其开支的必要性、合理性以及开支数额的大小，在综合平衡的基础上编制预算的方法。

（2）零基预算法的基本程序如下：第一步，基层预算单位对业务活动提出计划，说明各项业务活动及费用开支的性质、目的和金额；第二步，进行"成本—效益"分析，对每项业务活动的所费与所得进行比较，判断各项费用开支的合理性和优先顺序；第三步，根据生产经营的客观需要与一定期间资金供应的实际可能，对各项目进行安排，分配资金，编制预算。

（3）零基预算法的优缺点：零基预算突破了传统预算方法的框框限制，以"零"为起点观察分析企业的一切费用开支项目，其优点为：第一，不仅能压缩经费开支，而且能切实做到将有限的资金用在最需要的地方；第二，不受现行预算约束，能充分发挥各级费用管理人员的积极性和创造性，能促使基层单位精打细算，厉行节约，合理使用资金，提高资金使用效益。零基预算法的主要缺点是因其一切从零出发，势必耗费大量的人力、物力和财力，编制预算的工作量大，编制预算需要的时间较长。

（4）零基预算法的适用范围：主要用于固定成本预算，或者历史资料不全的项目或部门、变动较大的部门、新部门、新项目的预算编制。特别适用于产出较难辨认的服务部门费用预算的编制。

4. 增量预算法

(1)增量预算法是指以基期成本费用水平为基础,结合预算期业务量水平和影响成本因素的未来变动情况,通过调整有关原有费用项目而编制预算的方法。

(2)增量预算法的优缺点:增量预算法以过去经验数据为基础,沿袭以前的预算项目进行调整编制预算,其突出的优点是方法简单,编制预算工作量较小。其缺点为:一是承认现实的基本合理性,使基期不合理的费用开支得以继续保留,造成预算上的浪费;二是只对目前已存在费用项目编制预算,而那些对企业未来发展有利、确实需要开支的费用项目却未予考虑,不利于企业长远发展。

(3)增量预算法的适用范围:主要适用于历史资料较全的项目、部门的预算编制。

5. 定期预算法

(1)定期预算法是指在编制预算时,以不变的会计期间(如日历年度)作为预算期的一种预算编制方法。

(2)定期预算法的优缺点:优点是便于实际执行结果与预算数进行比较,有利于分析和评价。其主要缺点为:其一,由于预算期较长,编制预算时难以预测预算期的某些活动,特别是预算期后阶段的活动,因而,预算往往比较笼统,给预算的执行带来种种不便;其二,由于事先预见的预算期内的某些活动,在执行过程中往往会有所变动,而原有预算却未能及时调整,使原有预算不相适应;其三,预算执行过程中,由于受预算期的限制,管理人员的决策视野局限于剩余的预算期间的活动,缺乏长远打算,不利于企业长期发展。

(3)定期预算法的适用范围:该方法对于适用范围没有特殊要求。

6. 滚动预算法

(1)滚动预算法又称为永续预算,其主要特点是预算期连续不断,始终保持12个月,执行1个月后,即根据执行中发生的新情况,调整和修订剩余的11个月的预算,并在原来的预算期末后续1个月的预算,重新使预算的时间跨度为1年的一种预算方法。

(2)滚动预算法的优缺点:其优点是不断根据实际情况调整预算,使预算更接近实际,有利于在预算中把握企业未来的发展趋势;使管理层对未来时期的经营活动进行持续不断的筹划,保持一个稳定的决策视野,使企业的生产经营活动始终有一个长远的总体战略布局。其主要缺点是编制预算工作量较大,预算期与会计期脱节,难以考核评价。

(3)滚动预算法的适用范围:该方法克服了定期预算法的缺陷,对于适用范围没有特殊要求。

(七)预算责任中心

预算责任中心是预算的责任主体,是具有一定权限,并能承担相应经济责任的单位或部门,是企业成本、收入、利润和投资的发生单位。预算责任中心可以分为四类。

1. 成本中心

成本中心是企业成本费用的发生单位,只能控制成本并对成本负责,一般没有收入,或者有少量收入但不成为主要的考核内容。其职责是在预算成本费用目标内,完成规定的生产或管理职能,并对作业质量或管理效果负责。成本中心的应用范围最广泛,任何只发生成本的责任领域都可以确定为成本中心。这类预算责任中心只考评其成本,而不能考评其他内容。

2. 收入中心

收入中心是对收入负责的责任中心,在收入中心中,以收入为工作重点,对所分管的业务经营收入预算负责,不负责也不能控制成本费用。由于收入中心的主要职能是实现营业收入,因此其业绩考评以营业收入的实现为主。

3. 利润中心

利润中心是既对成本费用负责,又对收入和利润负责的区域。通常一个利润中心能同时控制生产和销售,但没有责任或没有权力决定该中心的投资,因而,该预算责任中心的评价标准是利润的多少,对利润预算负责。按照产品销售区域的不同,利润中心可分为自然利润中心和人为利润中心两类。建立利润预算责任中心的主要目的是,通过授予必要的经营权和确立利润这一综合性指标来推动和促进其扩大销售、节约成本,努力实现其利润目标,使企业有限的资金得到最有效的利用。

4. 投资中心

投资中心居于预算责任中心的最高层,是具有投资决策权,并能控制成本费用和收入的单位,对收支差额预算目标和资本性支出收益结果负责。投资中心在责任中心中处于最高层次,不仅在产品的生产和销售上享有较大的自主权,而且具有一定的投资决策权,能够相对独立地运用其所掌握的资金,因而它既要对成本和利润负责,又要对资金的合理运用负责。它具有最大的决策权,也承担最大的责任。整个企业本身就可作为一个投资中心,企业内部规模和管理权限较大的部门和单位,如子公司、分公司、事业部等都可以成为投资中心。在组织形式上,成本中心一般不是独立法人,利润中心可以是也可以不是独立法人,而投资中心一般是独立法人。

二、实验目的

通过本实验,使学生熟悉预算管理的基本理论与方法,能够综合掌握预算编制的原理与程序,掌握企业常用的固定预算、弹性预算、零基预算、增量预算等预算编制方法,能够熟练地运用所学理论与方法编制优卡股份有限公司的全面预算,并进行预算分析与考评,为企业未来开展和控制经济活动提供依据,合理配置企业资源,以较少的资源投入取得较大的经济效益,提高企业的竞争力和理财效率。

三、实验原理

全面预算又称总预算,是反映企业未来某一特定期间(一般不超过一年或一个经营周期)的全部生产经营活动的财务计划。它通常以企业的目标利润为主线,以实现企业的目标利润为目的,以销售预测为起点,进而对生产、成本及现金收支等进行预计,并编制现金预算、预计利润表和预计资产负债表,反映企业在未来期间的财务状况和经营成果,使整个预算管理活动围绕目标利润而展开。

全面预算控制是内部控制的一种重要方法,其内容涵盖了企业经营活动的全过程,包括融资、采购、生产、销售、投资等各方面。全面预算管理是利用预算对企业内各部门、各单位的各种财务及非财务资源进行分配、考核、控制,以便有效地组织和协调企业的各种经济活动,完成既定的经营目标。全面预算作为一种全新的企业管理模式,一是在企业治理结构的游戏规则下,是一种与企业发展战略相配合的战略保障体系以及与业务流、资金流、信息流和人力资源流的要素相一致的经营指标体系;二是与日常经营管理过程相渗透的行为规范与标准体系;三是期终总结评价相关业绩的奖惩体系。所以在内部控制中处于十分重要的地位。全面预算管理是一个全员、全过程、全方位的管理活动,而企业内部控制恰好可以借助这一管理活动下达到全员,并最终完成全过程、全方位的控制。

完整的企业全面预算内容可以分成三大部分:经营预算、资本预算和财务预算。经营预算也叫业务预算、营业预算,一般包括销售预算、生产预算、成本预算和费用预算。资本预算包括投资预算和筹资预算。财务预算包括现金预算、预计资产负债表、预计利润表和预计现金流量表。企业全面预算是一个有机整体,各部分内容前后衔接、相互钩稽、相辅相成,具有密切的内在联系。全面预算各部分的联系如图 4-1 所示。全面预算是以本企业的经营目标为出发点,通过对市场需求的研究和预测,以销售为主导,进而延伸到生产、成本和资金等方面,最后编制预计财务报表的预算体系,是企业未来计划和目标等方面的总称。

(一)销售预算

销售预算是指为规划一定预算期内因组织销售活动而引起的预计销售量和销售额而编制的一种经营预算。按照"以销定产"的原则,其他预算都需要在销售预算的基础上编制或者大都与销售预算有关,生产、材料采购、存货、费用等方面的预算都是以销售预算为基础编制的,销售预算是全面预算的起点。因此,企业只有合理预计了销售量和销售额,才能合理安排其他预算。由于销售预算是编制全面预算的关键,因而,编制销售预算前必须进行科学的销售预测,根据预计销售量和预计销售单价计算出计划期的销售收入。其计算公式如下:

$$预计销售收入 = 预计销售量 \times 预计销售单价$$

销售预算一般分表列示全年和各季度的预计销售量和预计销售收入。为方便现金预算编制,还应根据产品销售的收款条件,编制"预计现金收入计算表",该表中的现金收入包括本期收回的前期应收账款和本期销售收入的实际收现数。

(二)生产预算

生产预算是指为规划一定预算期内预计生产量水平而编制的一种经营预算。生产预算是在销售预算的基础上编制,其主要内容有销售量、期初存货量、期末存货量、生产量,编制生产预算的关键是确定计划期的生产量。只有确定了一定的生产量,才能进一步预算其成本和费用。通常情况下,企业的生产和销售不能做到"同步同量",需要设置一定的存货,以确保发生意外需求时按时供货,并可均衡生产,节省赶工的额外支出。并且为了避免存货过多,导致资金的积压和浪费,或存货不足,影响销售计划的正常执行,进而影响企业经营目标的实现,生产预算的编制应以预计销售量和预计产成品存货量为基础。预计生产量可根据预计销售量和期初、期末的预计产成品存货量确定。其计算公式如下：

$$预计期初存货量 = 上季度期末存货量$$

$$预计期末存货量 = 下季度销售量 \times 预计百分比$$

$$预计生产量 = 预计销售量 + 预计期末存货量 - 预计期初存货量$$

（三）直接材料预算

直接材料预算是指为规划一定预算期内因组织生产活动和材料采购活动预计发生的直接材料需要量、采购数量和采购成本而编制的一种经营预算。直接材料预算以生产预算为基础，结合材料消耗定额、预计材料采购单价等信息编制，同时还要考虑期初、期末材料存货水平。为避免直接材料的供应不足或超储积压，应根据生产需要量和预计采购量之间的关系编制直接材料预算。其计算公式如下：

$$预计直接材料耗用量 = 预计生产量 \times 单位产品材料耗用量$$

$$预计直接材料采购量 = 预计直接材料耗用量 + 预计期末库存材料 - 预计期初库存材料$$

$$预计直接材料采购成本 = 预计直接材料采购量 \times 预计材料采购单价$$

为了便于现金预算的编制，在直接材料预算中，还应根据直接材料的付款情况，编制"预计现金支出计算表"，其支出金额包括上期采购的材料将于本期支付的现金和本期采购的材料中应由本期支付的现金两部分。

（四）直接人工预算

直接人工预算是指为规划一定预算期内人工的工时消耗水平和人工成本水平而编制的一种经营预算。直接人工预算也是以生产预算为基础编制的。根据生产预算中预计的生产量和单位产品工时定额确定的直接人工小时，即可计算出预计的直接人工小时数，然后再乘以小时人工费用率，即可得出直接人工成本。如果生产中直接人工工种不止一种，应先按工种分别计算直接人工成本，然后进行汇总。其计算公式如下：

$$预计直接人工小时 = 预计生产量 \times 单位产品工时定额$$

$$预计直接人工成本 = 预计直接人工小时 \times 小时直接人工费用率$$

由于直接人工成本中的直接工资一般均由现金开支，因此通常不单独编制与此相关的现金支出预算。

（五）制造费用预算

制造费用预算是指为规划一定预算期内除直接材料和直接人工以外的预计发生的其他生产费用水平而编制的一种经营预算。由于在制造费用中，有些费用，如间接材料费用、间接人工费用等基本上随业务量成正比例变动，而另一些费用如折旧费、修理费、水电费等，则在一定时期内基本保持不变。因此，在编制制造费用预算时，需将制造费用按其成本性态划分为变动制造费用和固定制造费用两部分。预计变动制造费用根据预计生产量和预计变动制造费用分配率确定；预计固定制造费用可在上期的基础上根据预计预算期变动的幅度加以适当修正调整确定,或者采用零基预算的方法进行预计。

为便于现金预算的编制,在制造费用预算中,通常包括费用方面预计的现金支出。因此,在制造费用预算总额中,扣除非现金支付的费用(如折旧费等),从而求得以现金支付的制造费用数额。其计算公式如下:

预计制造费用 = 预计直接人工小时 × 预计变动制造费用分配率 + 预计固定制造费用

预计需用现金支付的制造费用 = 预计制造费用 - 非现金支付的制造费用

为适应企业内部管理的需要,采用变动成本法时,直接将变动制造费用计入产品成本,固定制造费用则作为期间费用直接计入利润表。

(六)产品成本预算

产品成本预算是指为规划一定预算期内每种产品的单位产品成本、生产成本、销售成本等项内容而编制的一种经营预算。产品成本预算是在生产预算、直接材料预算、直接人工预算和制造费用预算的基础上编制,同时也为编制预计利润表和预计资产负债表提供数据。

该预算需按照产品分别编制,其编制程序与存货的计价方法密切相关,不同的存货计价方法,需要采取不同的预算编制方法。其计算公式如下:

单位产品成本预算 = 单位直接材料预算 + 单位直接人工预算 + 单位变动制造费用预算

(七)期末存货预算

期末存货预算是指为规划一定预算期末的在产品、产成品和原材料预计成本水平而编制的一种经营预算。编制期末产成品预算是为了综合反映预算期内单位产品的预计生产成本,同时也是为了正确计量预计利润表中的产品销售成本和预计资产负债表中的期末存货项目提供数据。

由于期末存货的计价方法很多,因此在编制期末存货预算前,应先确定存货的单位成本,然后根据存货的单位成本和预计期末存货量,就可计算出预计期末存货成本。预计期末存货成本的计算公式如下:

预计期末存货成本 = 预计期末存货量 × 预计存货单位成本

采用变动成本法计算产品成本时,单位产品成本中只包括直接材料、直接人工和变动制造费用,至于固定制造费用则作为期间费用直接计入当期损益。

(八)销售及管理费用预算

销售及管理费用预算是指为规划一定预算期内发生的除生产成本以外的销售和管理等营业活动预计发生的各项费用水平而编制的一种经营预算。该项预算包括预算期内的除制造费用以外的各项费用。销售及管理费用预算的编制方法与制造费用预算的编制方法相同,也应根据费用的成本性态将销售及管理费用划分为变动性费用和固定性费用分别编制。其计算公式如下:

$$\text{预计销售及管理费用} = \text{预计销量} \times \text{预计变动销售及管理费用分配率} + \text{预计固定销售及管理费用}$$

$$\text{预计需用现金支付的} \atop \text{销售及管理费用} = {\text{预计销售及} \atop \text{管理费用}} - {\text{非现金支付的销售及} \atop \text{管理费用}}$$

如果各费用项目的数额较大,则销售及管理费用可以分别编制预算。

（九）现金预算

现金预算是指为规划一定预算期内由于经营活动和资本支出活动引起的预计现金收入、预计现金支出、现金余绌和现金筹集与使用情况,以及期初、期末现金余额水平而编制的一种财务预算,反映预算期内现金的流转状况。现金预算是企业现金管理的重要工具,它有助于企业事先对其日常的现金需要进行有计划的安排,通过合理地调度资金,提高资金使用效率。

现金预算的编制必须以经营预算和专门决策预算为基础。现金预算一般包括现金收入、现金支出、现金多余或不足,以及资金的筹集和运用四个部分组成。

（1）现金收入。现金收入部分包括期初的现金余额和预算期的现金收入,销货取得的现金收入是其主要来源。

（2）现金支出。现金支出部分包括预算期预计发生的各项现金支出,除上述材料、人工及各项费用等方面预计的支出外,还包括上缴的税金、支付的股利以及专门决策预算中属于预算期的现金支出等。

（3）现金多余或不足。现金收支相抵后的余额,如为正数,说明收大于支,现金有多余,除可用于偿还债务外,还可用于短期投资;如为负数,说明支大于收,现金不足,需设法筹集资金。

（4）资金的筹集和运用。资金的筹集和运用部分提供预算期预计对外筹措的资金以及有关利息支出的详细资料。

现金收入、现金支出、现金的多余或不足,以及资金的筹集和运用四个部分的基本关系可表示如下:

```
    期初现金余额
＋  现金收入
    预算期可用现金合计
－  现金支出
    现金多余(不足)
＋  资金的筹集(运用)
    期末现金余额
```

（十）预计利润表

预计利润表是指以货币形式综合反映预算期内经营成果计划水平的一种财务预算。该预算需要在前述销售预算、产品成本预算、制造费用预算、销售与管理费用预算等经营预算的基础上编制。预计利润表是整个预算过程的一个重要计划之一,它可以揭示企业预算期的盈亏情况,从而有助于企业及时调整经营战略。

（十一）预计资产负债表

预计资产负债表是指用于总括反映预算期末财务状况的一种财务预算。为了对比分析,可将有关资产、负债及所有者权益项目的期初实际数与期末预计数一同列示。预计资产负债表可以为企业管理当局提供会计期末预计财务状况信息,从而有助于管理当局预测未来期间的经营状况,并采取适当的预防措施。

第二节 实验步骤

一、实验条件

(一)基础数据资料

1. 优卡股份有限公司的经营情况和财务管理制度

详见"第二章 模拟实验企业概况"。

2. 优卡股份有限公司的财务报表

(1)优卡股份有限公司 2016 年 12 月 31 日资产负债表见表 2－4。

(2)优卡股份有限公司 2016 年度利润表见表 2－5。

(3)优卡股份有限公司 2016 年度现金流量表见表 2－6。

3. 优卡股份有限公司 2017 年固定预算编制的相关数据

(1)2017 年年初、年末存货量见表 2－7。

(2)2017 年预计销售量和销售单价见表 2－8。

(3)2017 年原材料消耗定额及计划单价见表 2－9。

(4)2017 年单位产品资料及预计固定费用见表 2－10。

(5)2017 年预计年度折旧额及税费额见表 2－11。

(6)2017 年预计投资额及筹资、还款额见表 2－12。

(二)实验条件

本实验应该在配备专业工具的手工实验室或具备计算机实验条件的计算机实验室进行,应该事先打印制作一套全面预算空白表、一张弹性预算表、一张零基预算空白表,全面预算空白表最好是统一装订好的完整一册。本实验需要用到优卡股份有限公司整套的公司公章、财务专用章、法人章、财务主管印章,以及红色印台。需要配备计算器等常用计算工具,计算机实验要求安装 Excel 2003 或以上版本的软件。

(三)实验安排

本实验应该在专业实习指导教师的指导下完成,可将参加实习的学生按照人数分组,由各小组推选出单位负责人、总会计师、财务主管等,在组内集思广益讨论的前提下,分工完成全面预算中的业务预算、财务预算、专门决策预算等预算的编制,以及弹性预算和零基预算的编制,最后各组提供年度全面预算报告、实验项目的弹性预算报告和零基预算报告各一份。

二、实验步骤

（一）销售预算的编制

销售预算是预算期内企业各种产品可能实现的销售量和销售收入的预算。销售预算是在销售预测的基础上，根据企业年度目标利润确定的预计销售量、销售单价和销售收入等参数编制的，是用于规划预算期销售活动的一种业务预算。为确保经营目标的顺利实现，企业必须首先编制销售预算，再根据销售预算确定的有关指标来编制生产预算、成本预算和现金收支预算。因此，销售预算是编制全面预算的起点，也是编制其他各项预算的基础，正确地编制销售预算是保证全面预算质量的关键。

编制销售预算的主要依据是预算期内的市场动态、国内外政治经济形势以及本企业历史期的产品销售量等资料。在编制过程中，应查阅公司的销售计划，根据年度内各季度预计销售量和预计单价，依据"预计销售额＝预计销售量×预计销售单价"测算各季度预计销售额，最后汇总各季度销售预算，编制全年的销售预算。

为了方便编制现金预算，确定预计现金收入，还应根据产品销售的收款条件，编制"预计现金收入计算表"，其中包括前期应收账款的收回和本期销售收入的实际收到数。按照公司的收现政策，根据销售预算，先计算每个季度销售收入的60％的，再计算上季度销售收入的40％，然后将每季度销售收入的60％与上季度销售收入的40％加总，即可求得当季度的收现额。

（二）生产预算的编制

生产预算是制造业企业在预算期内所要达到的生产规模及其产品结构的预算，是规划预算期生产数量而编制的一种业务预算。它是在销售预算的基础上编制的，并可以作为编制材料采购预算和生产成本预算的依据。销售预算编制以后，就可以根据销售预算所确定的每季度的销售量，按产品名称、数量分别编制生产预算。编制生产预算时，需要查阅销售预算的销售计划以及2017年年初、年末存货量，依据销售预算中预算年度分季度的预计销售量和预计年初、年末的存货数量，根据"预计生产量＝预计销售量＋预计期末存货量－预计期初存货量"，即可算出预计生产量。

（三）直接材料预算的编制

直接材料预算是为了规划预算期材料消耗情况及采购活动而编制的，用于反映预算期各种材料消耗量、采购量、材料消耗成本和材料采购成本等计划信息的一种业务预算。编制直接材料预算时，先查阅2017年单位产品费用资料，获取单位产品的材料定额耗用量，后依据生产预算中2017年分季度的预计产品生产量和材料单位耗用量，确定预算期各季度生产需要耗用量，再根据材料的期初期末结存数量，依据"预计直接材料采购量＝预计直接材料耗用量＋预计期末结存量－预计期初结存"，计算确定直接材料采购总量，最后结合材料采购单价，以"预计直接材料采购成本＝预计直接材料采购量×预计材料采购单价"计算出材料采购总成本。根据采购材料的付款，确定现金支出情况。材料期末结存量的确定可以为编制期末存货预算提供依据，现金支出的确定可以为编制现金预算提供依据。

为了方便编制现金预算，确定预计采购材料的现金支出，还应根据采购材料的付款条件,编制"预计现金支出计算表",其中包括前期采购材料账款中本期的付现额和本期采购材料的本期付现额。首先查阅公司的现金付款制度,计算各季度采购付款额的 60%,再加上上季度采购付款额的 40%,即可计算出当季材料采购的付现额。

(四)直接人工预算的编制

直接人工预算是为直接生产工人的人工费用编制的预算,包括直接人工工时预算和直接人工成本两部分。编制依据主要包括:生产预算中的每季预计生产量、单位产品的工时定额、单位工时的人工费用。编制直接人工预算时,先查阅 2017 年单位产品费用资料,取得单位产品生产工时和单位工时人工费用,然后结合生产预算中分季度预计产量计算生产耗用总工时,最后根据"预计直接人工成本=预计直接人工小时×小时直接人工费用率"计算出直接人工总成本。

编制直接人工预算时,一般认为各预算期直接人工都是直接以现金发放的,因此不再特别列示直接人工的现金支出,直接人工预算中的"预计直接人工总成本"即为直接人工付现额。

(五)制造费用预算的编制

制造费用预算是反映生产成本中除直接材料、直接人工以外的一切不能直接计入产品制造成本的间接制造费用的预算。这些费用必须按成本习性划分为固定费用和变动费用,分别编制变动制造费用预算和固定制造费用预算。编制制造费用预算时,应以计划期的一定业务量为基础来规划各个费用项目的具体预算数字。具体操作如下:查阅 2017 年单位产品费用资料,取得单位工时变动制造费用和固定制造费用总额,然后结合生产预算中的预算期分季度预计产量计算生产耗用总工时和变动制造费用总额,根据"预计制造费用=预计直接人工小时×预计变动制造费用分配率+预计固定制造费用"可算出预计制造费用;查阅 2017 年固定制造费用各项目预计支出额和 2017 年度折旧额资料,依据"预计需用现金支付的制造费用=预计制造费用-非现金支付的制造费用"即可计算出制造费用现金支出额。

为了方便编制现金预算,制造费用预算表下还要附有"预计现金支出表"。

(六)产品成本及期末存货预算的编制

产品成本预算是反映预算期内各种产品生产成本水平的一种业务预算。这种预算是在生产预算、直接材料预算、直接人工预算和制造费用预算的基础上编制的,通常应反映各产品单位生产成本。编制单位产品预算的目的是为了确定产品销售成本和期末产成品存货成本,以便为编制预计利润表和预计资产负债表做准备。编制单位产品成本预算的依据,主要是生产预算中的期末产品存货数量和直接材料、直接人工、变动制造费用等项目的消耗定额和价格标准。编制时,先查阅 2017 年单位产品费用资料,取得单位产品耗量、耗时和单位变动制造费用资料,根据"单位产品成本预算=单位产品直接材料预算+单位产品直接人工预算+单位产品变动制造费用预算",三项费用求和即得单位变动生产成本,然后依据固定制造费用总额和生产耗用总工时计算单位固定制造费用,单位变动生产成本与单位固定制造费用加总即得单位生产成本。根据产品成本预算和期末存货量即可编制期末存货预算。

(七)销售及管理费用预算的编制

销售及管理费用预算包括为销售产品和开展一般行政管理工作所发生的各种费用。与编制制造费用预算相似,编制销售及管理费用预算时,也应将销售及管理费用划分为变动销售及管理费用和固定销售及管理费用两大类,并分别编制预算。变动销售及管理费用通常以预算期的某种预计业务量(如销售量、销售额等)为标准来计算分配率,进行分配计算。编制时,先查阅 2017 年度单位产品费用资料,取得单位变动销售和管理费用以及预计固定销售和管理费用,然后结合预计销量计算变动销售和管理费用总额,最后再根据折旧费用资料计算销售和管理费用现金支出合计数。

为了方便编制现金预算,销售及管理费用预算表下要附有"预计现金支出表"。

（八）现金预算的编制

现金预算是用来反映预算期内的现金收支余缺和现金筹集、运用的预算。现金预算一般由现金收入、现金支出、现金多余或不足以及资金的筹集与运用等四个部分构成。通过编制现金预算,可以加强对预算期内现金的有效控制,合理调度资金,保证企业各个时期的资金需要。编制现金预算的依据主要包括各项业务预算、资本支出预算、预算期的资金筹集和运用计划等。现金预算应按年分季或分月进行编制,以便对现金收支进行有效的控制。编制时,首先查阅公司的现金付款制度,结合 2017 年度期初报表资料,确定 2017 年度第一季度期初现金余额,然后依据预计现金收入计划表确定第一季度可收回的账款,计算第一季度可使用的现金。查阅直接材料、直接人工、制造费用、销售和管理费用预算,取得相关费用资料,查阅 2017 年度预计年度税费资料取得第一季度所得税付现资料,查阅公司股利支付制度,查阅 2017 年度预计投资额、预计筹资和还款额,计算第一季度现金支总额。最后计算出第一季度期末现金余额。其余季度同理。

（九）预计利润表的编制

预计利润表是按照企业利润表的内容和格式编制的反映企业在预算期内利润目标的预算报表。编制预计利润表是企业整个预算过程的一个重要环节,它可以揭示企业预期的盈利情况,从而有助于经营人员及时调整经营策略。预计利润表可以按照全部成本法和变动成本法两种方法编制,按照变动成本法编制的预计利润表更适合企业内部管理的需要。本实验以变动成本法为例编制预计利润表。编制预计利润表的主要依据是业务预算和专门决策预算等有关数据。编制时,首先根据销售预算汇集编制年度销售收入预算,计算出各季度预计销售额,汇总各季度销售预算即可取得全年的销售预算额。然后根据产品成本预算的单位产品成本乘以预计销售量计算产品销售成本。结合 2017 年税费资料,最后计算年度净利润。

（十）预计资产负债表的编制

编制时,以 2016 年 12 月 31 日的资产负债表为基础,结合 2017 年现金预算、预计利润表等有关资料,分析计算资产、负债、所有者权益各项目的期末数额。

三、实验成果要求

依据优卡股份有限公司 2016 年度财务报表及其他有关资料,编制优卡股份有限公司 2017 年度预算报表(详见附录 1:实验参考答案)。

第三节　实验指导

一、销售预算编制指导

(一)销售预算的编制

销售预算是公司财务预算编制的起点,其他预算都是以销售预算为基础编制的。而只有合理预计销售量,才能合理编制销售额。编制销售预算时,首先,查阅企业的销售计划,找到预算期内分季度的预计销售量和预计销售单价;其次,根据"预计销售额＝预计销售量×预计销售单价"计算各季度预计销售额;最后,汇总各季度销售额计算全年销售预算额。

优卡股份有限公司生产的两种产品全年预计销售总额 85 000 000 元,是分别根据两种产品的预计销量(130 件、100 件)乘以预计销售单价(500 000 元、200 000 元),即 130×500 000＝65 000 000 和 100×200 000＝20 000 000 计算求和得到。

(二)预计现金收入计算表的编制

编制优卡股份有限公司预计现金收入计算表时,首先查阅公司的财务管理制度,了解公司应收账款管理规定,同时查阅 2016 年度财务报告的有关数据,获取期初应收账款的金额。根据公司 2017 年年初应收账款和公司收账政策(现金回款为销售当季 60%,下季度 40%)确定各季度的收现金额。因此,期初应收账款 170 600 元应当在第一季度收回,2017 年第四季度的预计销售收入 19 000 000 元的 60%(11 400 000 元)在当季收回,其余 40%(7 600 000 元)作为 2017 年年末应收账款。

二、生产预算编制指导

编制生产预算时,查阅公司 2016 年度财务管理制度和有关基础数据资料,预计期末存货量是下季度销量的 10%,而期初存货量是上季度的期末存货量。第一季度季初即 2017 年年初存货量是 2016 年第四季度季末存货量。第四季度季末存货即全年年末存货,该数据用于编制 2017 年年度预计资产负债表。

三、直接材料预算编制指导

(一)直接材料预算的编制

编制直接材料预算时,首先,查阅优卡股份有限公司 2016 年度财务报告及公司有关基础数据资料,同时查阅公司财务管理制度获取每季度的预计期末存料量是下一季度生产需要量的 10%;其次,根据生产预算获取生产需要量,分别每种材料以生产需要量乘以材料的单耗定额求得预计材料采购量,第一季度季初即 2017 年年初存料量是 2016 年第四季度季末存料量,第四季度季末材料存货量即全年年末材料存货量;最后,以材料采购量乘以预计材料采购单价可计算出直接材料采购成本,该数据用于编制 2017 年年度预计资产负债表。

（二）预计直接材料现金支出计算表的编制

编制优卡股份有限公司预计直接材料现金支出计算表时,首先查阅公司的财务管理制度,了解信用管理制度规定,同时查阅2016年度财务报告的有关数据,获取期初应付账款的金额。根据公司2017年年初应付账款和公司信用政策（现金付款为购料当季60%,下季度40%）确定各季度的付现金额。因此,2017年期初应付账款1 483 900元应当在第一季度支付,2017年第四季度的预计购料支出11 835 200元的60%（7 101 120元）在当季支付,其余40%（4 734 080元）作为2017年年末应付账款。

四、直接人工预算编制指导

编制直接人工预算时,查阅优卡股份有限公司2016年度财务报告、财务管理制度和有关基础数据资料,获取单位产品直接人工工时用量资料,查阅先期编制的生产预算可得产量资料,依据上述数据资料及其他相关信息,可计算出直接人工成本。

以直接人工预算数扣减不付现的预计职工福利等,在该预算表中即可算出直接人工的现金支出。

五、制造费用预算编制指导

编制制造费用时,查阅优卡股份有限公司2016年度财务报告、财务管理制度和有关基础数据资料,获取预计全年固定制造费用460 000元,460 000元除以4计算每季度固定制造费用预算115 000元。变动制造费用分配率来自公司基础资料,以变动制造费用分配率乘以直接人工工时即得变动制造费用总额。公司每月按年限平均法计提折旧费。假设所有付现的制造费用均在费用发生当期支付。

以制造费用预算数扣减不付现的折旧费,在该预算表中即可算出制造费用的现金支出。

六、产品单位成本及期末存货预算编制指导

编制产品单位成本及期末存货预算时,查阅优卡股份有限公司2016年度财务报告、财务管理制度和有关基础数据资料,查阅先期编制的生产预算、直接材料预算、直接人工预算、制造费用预算中有关数据,按照"单位产品变动生产成本＝单位产品直接材料成本＋单位产品直接人工成本＋单位产品变动制造费用"分别计算锚护机具和仪表的单位产品变动生产成本。分别以锚护机具和仪表的期末存货量乘以单位产品成本可得期末存货成本。

七、销售及管理费用预算编制指导

编制销售及管理费用预算时,查阅优卡股份有限公司2016年度财务报告、财务管理制度和有关基础数据资料,可得单位变动销售及管理费用,假设管理人员薪金、广告费、保险费等都在发生当季支出,假设每季度固定销售管理费用中只有折旧费为非现金支出。即可分别变动销售及管理费用、固定销售及管理费用编制销售和管理费用预算。

以销售及管理费用预算数扣减不付现的折旧费,在该预算表中即可算出销售及管理费

用的现金支出。

八、现金预算编制指导

编制现金预算时,查阅优卡股份有限公司 2016 年度财务报告、财务管理制度和有关基础数据资料,首先,查阅公司的现金付款制度、银行结算制度,结合 2017 年期初报表资料,确定 2017 年年初现金余额 29 721 849.80 元;其次,查阅先期编制的预计现金收入计算表可得第一季度现金收入;再次,查阅预计直接材料现金支出计算表、直接人工预算、制造费用预算、销售和管理费用预算,以及预计年度税费、预计投资费用、预计筹资及还款额等专门决策预算,查阅公司股利支付制度,可计算出第一季度现金支出;最后,以第一季度的现金收入扣减现金支出求出第一季度期末现金余额,该余额即是第二季度季初的现金余额。其他季度编制方法相同。

九、预计利润表编制指导

编制预计利润表时,查阅优卡股份有限公司 2016 年财务管理制度和有关基础数据资料,查阅销售预算得到预计销售额;依据销售预算、产品单位成本及期末存货预算、制造费用预算,以其中的销售量乘以单位产品制造成本,计算销售产品成本;查阅销售管理费用预算、预计税费及其他专门决策预算以及预计营业外收支基础资料,计算利润总额;查阅预计所得税费用,进而计算出净利润。

十、预计资产负债表编制指导

编制资产负债表时,查阅优卡股份有限公司 2016 年度财务报告、财务管理制度和有关基础数据资料,依据上述预算,即可分项目编制 2017 年度预计资产负债表。

第四节　案例拓展

一、案例 4－1:Walt Disney 扩张中的现金流

(一)案例介绍

全球闻名遐迩的 Walt Disney(The Walt Disney Company),公司名取自其创始人沃尔特·迪士尼,是总部设在美国伯班克的大型跨国公司。Walt Elias Disney(1901 年 12 月 5 日—1966 年 12 月 15 日),1901 年出生于美国芝加哥,1922 年 5 月 23 日沃尔特自筹 1 500 美元,创立了动画片制作公司,是米老鼠、唐老鸭等卡通人物的设计者,是 Walt Disney 制片公司和 Disney 乐园的创始人。经过半个多世纪的经营,Disney 成为主题公园行业的巨无霸级跨国公司。

1984 年,出身于 ABC 电视台的迈克尔·爱斯纳出任 Disney 的董事会主席和首席执行

官,在其出色的运作下,Disney 步入多元化经营的快车道,发展成为真正的 Disney 帝国。其主要业务包括娱乐节目制作、主题公园、玩具、图书、电子游戏和传媒网络。皮克斯动画工作室(PIXAR Animation Studio)、惊奇漫画公司(Marvel Entertainment Inc)、试金石电影公司(Touchstone Pictures)、米拉麦克斯(Miramax)电影公司、博伟影视公司(Buena Vista Home Entertainment)、好莱坞电影公司(Hollywood Pictures)、ESPN 体育、美国广播公司(ABC)、卢卡斯影业(Lucasfilm)都是其旗下的公司(品牌)。

自爱斯纳出任 Disney 首席执行官后,Disney 迅速扩张,并购是其扩张规模的捷径。1996 年,Disney 以 93.7 亿美元的长期债务筹资和 94.4 亿美元的股权筹资,斥资 190 亿美元巨款收购了美国广播公司 ABC。收购成功的当年公司收入达到 190 亿美元。之后 Disney 在有线电视迅速发展,该公司拥有 ESPN 体育频道、Disney 频道、"A&F"、"生活时代"等多家著名频道。

1998 年,Disney 通过购买 Infoseek 搜索引擎建立了 Go.com,在互联网使用还未普及的情况下,买下了 ESPN 的互联网部分 Espn.com,开展互联网业务,其目标是以 Infoseek 为基础建立 Disney 自己的门户网站,与 Yahoo 和 AOL 竞争。但是该公司在第一年便亏损了 9.91 亿美元,第二年的亏损额更是达到了 10 亿美元,资金黑洞越来越大,而在业界的地位却无法与竞争对手 Yahoo、AOL 抗衡。2001 年 1 月,Disney 迫不得已放弃了这一目标,将网站定位在娱乐和休闲方面,旨在与竞争对手有所区别,并希望借助卡通人物吸引儿童、青少年上网。尽管 Go.com 一度成为居 Yahoo、MSN、AOL 之后的全美第四大门户网站,但始终未达到 Disney 的预期,最终在 2001 年 2 月关门大吉。Go.com 的失败成为 Disney 互联网业务崩溃的起点,2001 年 4 月,Disney 发布电影及电视方面消息的 MrshowSiz.com 和音乐网站 WallofSound.com 也相继倒闭。尽管爱斯纳声称浪费在 Go.com 门户网站的钱只有 1.5 亿美元,并非报道所说的 8 亿美元,但是实质上 Disney 互联网领域的扩张损失惨重。

2001 年 7 月 23 日,Disney 以 53 亿美元现金加承担 23 亿美元债务,收购新闻集团和塞班娱乐公司拥有的福克斯家庭全球公司,该公司的"福克斯家庭娱乐频道"以儿童节目为主,彼时已经经营了 20 年,加入 Disney 后,福克斯频道更名为"ABC 家庭频道"。此次并购对 Disney 而言具有重大战略意义,买入福克斯使 Disney 获得了新的有线电视频道,更加有利于 Disney 通过有线电视将其节目向全球推广。福克斯家庭娱乐频道在美国拥有 8 100 万用户,在拉美地区有 1 000 万用户。同时,Disney 通过这笔交易获得了"欧洲福克斯儿童频道"75%的股权,而该频道有 2 400 万个家庭收看。总体而言,Disney 新增 1 亿以上的观众。此外,Disney 还获得了福克斯公司的节目库,此库收藏了约 6 200 个时间为半小时左右的儿童节目。Disney 对外声称,收购福克斯将使其在两年内通过传媒网络增加 50%的广告收入。同时,这笔交易使 Disney 有了更广的平台来推销它的电影和主题公园。

伴随 Disney 的不断扩张,公司收入不断增长,其外部筹资活动也一直没有停止过。Disney 的相关资料见表 4-1、表 4-2、表 4-3、表 4-4。

表 4-1 Disney 公司 1997—2001 年年度总收入

金额单位:百万美元

年 度	1997	1998	1999	2000	2001
总收入	22 473	22 976	23 402	25 402	25 269

表 4-2 Disney 公司 1997—2001 年年度其他财务数据

金额单位:百万美元

年 度 \ 项 目	1997	1998	1999	2000	2001
库存现金	317	127	414	842	618
流动资产	未统计	9 375	10 200	10 007	7 029
流动负债	未统计	7 525	7 707	8 402	6 219
长期负债	11 068	9 562	9 278	6 959	8 940
股本	17 285	19 388	20 975	24 100	22 672
总资产	30 032	31 438	32 913	34 248	34 724
资本性支出	1 922	2 314	2 134	2 013	1 795
现金流量	6 924	5 604	4 623	3 115	1 874
流动比率	未统计	1.24	1.32	1.19	1.13
资产长期负债率(%)	36.90	30.40	28.20	30.40	36.90
资产回报率(%)	11.70	10.00	6.40	4.00	0.50

表 4-3 Disney 公司 1992—2001 年年度长期筹资数据

金额单位:百万美元

年 度 \ 项 目	1992	1993	1994	1995	1996	1997	1998	1999	2 000	2001
长期债券①	2 020	2 088	2 774	2 856	12 223	10 224	9 562	9 278	6 959	8 940
股权②	4 705	5 031	5 508	6 651	16 086	17 285	19 388	20 975	24 100	33 672
长期债券比重(%) ③=①/(①+②)	30	29	33	30	43	37	33	31	22	28
股权筹资额*①④	829	324	475	1 152	9 440	1 198	2 100	1 577	3 314	−1 432
长期债券筹资额*②⑤	−54	68	686	82	9 367	−1 999	−662	−284	−2 139	1 981
总筹资额⑥=④+⑤	775	392	1 161	1 234	18 807	−801	1 438	1 293	815	549

*① 股权筹资额=本年股票账面价值×本年股票总额−上年股票账面价值×上年股票总额

*② 长期债券筹资额=本年长期债券−上年长期债券

表 4-4 Disney 公司投资需求与筹资来源比较表

金额单位:亿美元

项 目	投资需求①	债务筹资②	股权筹资③	总筹资额④	供需比例 ⑤=②/①
1996 年收购广播公司	190	93.70	94.40	188.10	99.00%
2001 年并购福克斯公司	53	55*①	0	55	103.80%

*① 55 亿美元债务分两年(2001 年、2002 年)筹备

透过财务数据不难看出,Disney 每年现金净流量可观,2001 年该公司回购了大约价值

2.35亿美元的股票,这表明公司管理层对 Disney 的信心。自 1996 年起,Disney 并购扩张的脚步从未停止过,2012 年 10 月 30 日,Disney 又斥资 40.5 亿美元收购卢卡斯影业,其支付方式仍是其惯常用的现金加股票(各一半)。通过并购快速扩张是 Disney 沿用至今的策略,而每年巨额的现金净流量是 Disney 扩张策略的基石。

(二)问题的提出

(1) Disney 对外投资的原因是什么?

(2) 说明 Disney 长期筹资结构的变动情况。

(3) 该案例给予我们的启示是什么?

二、案例 4-2:迈克尔财务预算编制的抉择

(一)案例介绍

JSJpj 公司是一家小型计算机配件的生产商,只生产一种配件。2016 年下半年准备编制下一年度的预算,预计 2017 年的期初现金余额为 45 000 元,根据公司财务规定,各季度要维持 20 000 元的最低现金持有量。迈克尔是公司财务人员,编制 2017 年财务预算的重任落到了迈克尔的肩上。

2016 年 11 月份,各部门编制的业务预算已经汇总到公司财务部。销售部门编制了销售预算和预计销售现金收入表,见表 4-5、表 4-6;生产部门编制了生产预算、制造费用预算、预计制造费用现金支出表,见表 4-7、表 4-8、表 4-9;供应部门编制了材料采购预算和预计材料采购现金支出表,见表 4-10、表 4-11;人事部门编制了直接人工预算,见表 4-12;财务部门编制了单位产品成本及期末存货预算,见表 4-13;财务部门根据公司的决定编制了专门决策预算,并汇总了销售及管理费用预算,编制了销售及管理费用预算和预计现金支出表,见表 4-14、表 4-15、表 4-16。

表 4-5 销售预算

2017 年度

金额单位:元

季 度	第一季度	第二季度	第三季度	第四季度	全 年
预计销售量(件)	300	600	400	450	1 750
单价	200	200	200	200	200
销售收入	60 000	120 000	80 000	90 000	350 000

表 4-6 预计销售现金收入表

2017 年度

金额单位:元

季 度	第一季度	第二季度	第三季度	第四季度	全 年
预计销售收入	60 000	120 000	80 000	90 000	350 000
收到上季度应收款	18 000	18 000	36 000	24 000	96 000
收到本季度应收款	42 000	84 000	56 000	63 000	245 000
现金收入合计	60 000	102 000	92 000	87 000	341 000

表 4-7 生产预算

2017 年度

单位:件

季　　度	第一季度	第二季度	第三季度	第四季度	全　年
预计销售量	300	600	400	450	1 750
加:预计期末存货量	60	40	45	40	40
减:预计期初存货量	50	60	40	45	50
预计生产量	310	580	405	445	1 740

表 4-8 制造费用预算

2017 年度

金额单位:元

变动制造费用	金　额	固定制造费用	金　额
间接人工	8 000	管理人员工资	10 000
间接材料	7 000	保险费	6 000
维修费	500	维护费	3 000
水电费	12 000	现金支出合计	19 000
合　计	27 500	加:折旧费	14 000
分配率	$\frac{27\,500}{1\,740}\approx15.80$ 元/件	合　计	33 000
		分配率	$\frac{33\,000}{1\,740}\approx18.97$ 元/件

表 4-9 预计制造费用现金支出表

2017 年度

金额单位:元

季　　度	第一季度	第二季度	第三季度	第四季度	全　年
生产量	310	580	405	445	1 740
变动制造费用现金支出	4 899	9 167	6 401	7 033	27 500
固定制造费用现金支出	4 750	4 750	4 750	4 750	19 000
现金支出合计	9 649	13 917	11 151	11 783	46 500

表 4-10 材料采购预算

2017 年度

金额单位:元

季　　度	第一季度	第二季度	第三季度	第四季度	全　年
预计生产量	310	580	405	445	1 740
单位消耗定额	4	4	4	4	4
生产需要量	1 240	2 320	1 620	1 780	6 960
加:期末材料存量	696	486	546	500	500
材料需要量	1 936	2 806	2 166	2 280	7 460
减:期初材料存量	510	696	486	546	510
材料采购量	1 426	2 110	1 680	1 734	6 950
单位成本	12	12	12	12	12
预计材料采购成本	17 112	25 320	20 160	20 808	83 400

表 4 - 11 预计材料采购现金支出表
2017 年度
金额单位:元

季 度	第一季度	第二季度	第三季度	第四季度	全 年
本季度应付上季赊购款	6 000	6 844.80	10 128	8 064	31 036.80
本季度应付上季现购款	10 267.20	15 192	12 096	12 484.80	50 040
现金支出合计	16 267.20	22 036.80	22 224	20 548.80	81 076.80

表 4 - 12 直接人工预算
2017 年度
金额单位:元

季 度	第一季度	第二季度	第三季度	第四季度	全 年
预计生产量	310	580	405	445	1 740
单位产品工时定额	3	3	3	3	3
工时用量总数	930	1 740	1 215	1 335	5 220
单位工时人工率	5	5	5	5	5
预计直接人工成本	4 650	8 700	6 075	6 675	26 100

表 4 - 13 单位产品成本及期末存货预算
2017 年度
金额单位:元

成本项目	价格标准	用量标准	合 计
直接材料	12	4	48
直接人工	5	3	15
变动制造费用	15.80	—	15.80
固定制造费用	18.97	—	18.97
单位产品成本	—	—	97.77
期末存货预算	产成品期末存货量为 40 件	期末存货成本＝40×97.77＝3 910.80	

表 4 - 14 专门决策预算
2017 年度
金额单位:元

季 度	第一季度	第二季度	第三季度	第四季度	全 年
购买生产设备	94 000				94 000
购买办公设备			28 000		28 000
预付所得税	17 500	17 500	17 500	17 500	70 000
借款	70 000				70 000
还款				70 000	70 000
支付利息				7 287	7 287
现金支出合计	41 500	17 500	45 500	94 787	199 287

表 4 - 15 销售及管理费用预算
2017 年度
金额单位:元

变动销售及管理费用	金 额	固定销售及管理费用	金 额
销售佣金	2 500	管理人员工资	6 600
运输费用	1 000	广告费	4 000
合 计	3 500	保险费	3 000
分配率	$\frac{3\,500}{1\,750}=2$ 元/件	合 计	13 600

表 4 - 16　销售及管理费用现金支出预算

2017 年度

金额单位:元

季　度	第一季度	第二季度	第三季度	第四季度	全　年
预计销售量	300	600	400	450	1 750
变动销售及管理费用	600	1 200	800	900	3 500
固定销售及管理费用	3 400	3 400	3 400	3 400	13 600
现金支出合计	4 000	4 600	4 200	4 300	17 100

　　迈克尔根据上述各部门提交的子预算汇总编制了现金预算、预计资产负债表和预计利润表。

　　(二)问题的提出

　　(1)编制现金预算依据的子预算有哪些?

　　(2)该公司是否需要再赊购商品?

三、案例 4 - 3:MaFbc 公司财务预算的编制

　　(一)案例介绍

　　安娜大学毕业后在一家大型咨询公司工作了几年,职业发展很顺利。此时有一位对其工作很满意的客户把她推荐给了 MaFbc 公司,MaFbc 公司目前正处于财务困境中。安娜见到了公司执行董事杰克,杰克是这家公司的创始人,当然也是最大股东。杰克介绍:公司的销售正在下降,虽然公司还是有盈利的,但现金流量出现了负数,所以他想补充一些新的血液帮助公司扭转局面。杰克坦率地说,对于求助于一位会计师他一直犹豫不决。因为人们一般认为会计师对事物的看法很狭窄,但是杰克也提到了,是那位推荐安娜的朋友再三保证,安娜与其他会计师不同。

　　安娜马上意识到这是一个绝佳的机会,它会使其在过去并不熟悉的许多管理问题上获取经验。并且,如果能够帮助这家公司扭转困局,将会拓展她的职业生涯。于是安娜向杰克表示愿意为这家公司服务。杰克很高兴安娜接受这项工作,几天后通知安娜,公司的财务总监已经退休,他向安娜提供了这个职位,安娜欣然接受。

　　安娜上班第一天杰克突然造访其办公室,提到有一件亟待解决的棘手事情。公司前任财务总监从来不编制计划,早在 2011 年,公司需要借款 300 万美元,因事先没有计划安排,公司必须四处求援来取得这笔款项。此时直接导致了 2012 年现金余额下降到较低的水平,董事会对此事先未得到任何预警。由于现金需求具有很强的季节性,所以,此后公司总是努力做到每年年底时存有 700 万美元的现金,以备不时之需。但是,最近公司向银行申请增加一笔贷款时,银行的信贷员表示不愿意增加贷款额度,所以,急需编制一份预算给银行,证明公司的确需要这笔新贷款。

　　杰克接下来向安娜简单地介绍了公司的历史和主要产品的生产经营情况。杰克透露,公司的生意一向很好,因此忽视了对前沿会计体系的需要,当近期利润开始下滑时,没能将自身的经营状况与同行业的其他企业进行对比,找出症结所在。更糟糕的是,公司从未聘用过一位专业的营销高管,因此未能进行深入分析找出存在的问题。尽管竞争对手的销售在不断增长,

但我们公司却并非如此。另外,杰克还向安娜说明了公司目前的日常管理工作由长期以来担任生产经理的汉斯负责,他是公司的总经理,有不清楚的事情可以直接与汉斯沟通。

安娜联系汉斯了解有关情况,汉斯谈到了他与前任财务总监共事近 30 年,双方的家庭已成为密友。汉斯也提到,他清楚公司的会计体系已经过时了,需要更新。现在银行需要公司提供一份预算,否则贷款一事免谈。

安娜向汉斯了解到,20 世纪 90 年代,正当公司通过互联网销售开展业务时,发生了那场信息产业的灾难,许多.com 公司纷纷倒闭。进入 21 世纪不久,主要产品销售下降日趋迅速,顾客群体和产品结构都发生了很大变化,公司不得不改变经营策略,调整产品结构。产品 A 虽然有比较稳定的顾客群体,但其销售扩张是有限的。于是公司将营销策略改变的重点放在另外的 B、C 产品上,90 年代后期,通过改变产品 B、C 的分销渠道,使公司销售额剧增,但是也面临着经销商不断施压,迫使公司降低产品价格的难题,虽然已经历了两次降价,但降价问题挥之不去。看到安娜面带焦虑,汉斯最后没忘记加上一句,公司还是盈利的,情况并没有那么糟糕。

安娜转而向财务部资深职员丽萨索取近期预算资料,令其吃惊的是公司居然不存在近几年的预算。丽萨解释,由于公司盈利颇丰,我们感觉没必要编制预算,所以从来没有编制过预算。事实上,会计的职能只限于向供应商支付款项和向客户收取货款而已,我们不对公司经营情况进行分析,只为股东们编制年度报表。听说银行现在要求我们对明年可能发生的情况作出预计,大家对这样的预计毫无经验。

丽萨的话使安娜深感不安,急于要看到公司究竟有哪些记录和报表。安娜找出了每年经过审计的财务报表,又审阅了公司的内部记录,看到公司是按照各产品的批发价格记录其存货和生产数据的。每年年底,再经过简单换算,把期末存货的市价折合为"成本价"。由于公司采用的是 FIFO 的存货计价方法,审计人员折算为成本价时,用其对单位售价的百分比来计算公司各条生产线上的当年成本。后以平均成本乘以各项产品的年终存货量,折算出其"成本"。根据所能找到的记录,安娜编制了一份历史数据摘要(见表 4-17)。摘要中将若干项小数额的资产或负债合并为"混项"资产或负债。

表 4-17　MaFbc 公司历史数据摘要

单位:百万美元

附表 1:存货的结转情况(按批发价计算)			
	A	B	C
存货(12/31/2012)	9.5	6.5	1.6
预算销售(生产)量(2013 年)	21.0	15.0	5.0
可供 2013 年销售的存货	30.5	21.5	6.6
2013 年实际销售	19.0	13.0	5.2
存货(12/31/2013)	11.5	8.5	1.4
预算销售(生产)量(2014 年)	20.0	14.0	5.6
可供 2014 年销售的存货	31.5	22.5	7.0
2014 年实际销售	18.0	11.5	6.0
存货(12/31/2014)	13.5	11.0	1.0
预算销售(生产)量(2015 年)	18.0	11.6	6.6

附表 1:存货的结转情况（按批发价格计算）	A	B	C
可供 2015 年销售的存货	31.5	22.6	7.6
2015 年实际销售	16.5	11.2	6.4
存货(12/31/2015)	15.0	11.4	1.2

附表 2:产品制造与销售成本表（按批发价格计算）	A	B	C
变动制造成本(2013 年)	16.8	10.5	2.8
固定制造成本(2013 年)	1.0	0.7	0.3
产品制造成本(2013 年)	17.8	11.2	3.1
库存存货成本(12/31/2012)	8.0	4.6	0.6
可供 2013 年销售的产品成本	25.8	15.8	3.7
库存存货成本(12/31/2013)	9.7	6.3	0.6
销售成本(2013 年)	16.1	9.5	3.1
变动制造成本(2014 年)	17.0	9.8	3.0
固定制造成本(2014 年)	1.0	0.7	0.3
产品制造成本(2014 年)	18.0	10.5	3.3
库存存货成本(12/31/2013)	9.7	0.3	0.6
可供 2014 年销售的产品成本	27.7	16.8	3.9
库存存货成本(12/31/2014)	12.2	8.2	0.6
销售成本(2014 年)	15.5	8.6	3.3
变动制造成本(2015 年)	15.3	9.3	3.3
固定制造成本(2015 年)	1.0	0.6	0.4
产品制造成本(2015 年)	16.3	9.9	3.7
库存存货成本(12/31/2014)	12.2	8.2	0.8
可供 2015 年销售的产品成本	28.5	18.1	4.3
库存存货成本(12/31/2015)	13.6	9.6	0.7
销售成本(2015 年)	14.9	8.5	3.6

附表 3:利润表	2013	2014	2015
销售收入	37.6	35.5	34.1
销售成本	26.7	27.4	27.0
销售毛利	8.9	8.1	7.1
推销费用	3.9	3.8	3.6
一般管理费	1.5	1.4	1.3
利息费用	1.7	1.7	1.8
税前利润	1.8	12	0.4

附表 4:现金流量表	2013	2014	2015
现金收入			
来自客户	37.6	35.5	34.1

续　表

附表 4：现金流量表

	2013	2014	2015
现金支出			
变动制造成本	30.1	29.8	27.9
固定制造成本	1.0	1.0	1.0
推销费用	3.9	3.8	3.6
一般管理费用	1.5	1.4	1.3
利息费用	1.7	1.7	1.8
支出合计	38.2	37.7	35.6
期初现金余额	7.6	7.0	7.0
＋收入	37.6	35.5	34.1
−支出	38.2	37.7	35.6
＋贷款增加	—	2.2	—
期末现金余额	7.0	7.0	5.5

附表 5：资产负债表

	2012	2013	2014	2015
资产				
现金	7.6	7.0	7.0	5.5
混项流动资产	3.0	3.0	3.0	3.0
存货	13.2	16.6	21.1	23.9
不动产与设备	15.2	14.2	13.2	12.2
商誉	9.3	9.3	9.3	9.3
资产合计	48.3	50.1	53.5	53.9
权益				
银行贷款	24.1	24.1	26.3	26.3
混项流动负债	4.0	4.0	4.0	4.0
普通股	12.5	12.5	12.5	12.5
留存收益	7.7	9.5	10.7	11.1
权益合计	48.3	50.1	53.5	53.9

　　紧接着,安娜审阅历史期销售数据,销售量带有明显的季节性。根据过去销售的趋势和已收到的订单,安娜预计 2016 年销售为 A 产品 1 600 万美元、B 产品 1 100 万美元、C 产品 650 万美元。

　　安娜将预算制作方法向丽萨作了介绍,后把历史数据和安娜对销售额的预计数交给丽萨,并要求其编制全面预算。同时告知其,由于数字是以 10 万美元为单位,经过四舍五入处理的,不很精确。并且税金问题也忽略不计了,因为在目前情况下,税金并非重要问题。只是需要通过预算了解大致情况,对细节问题现在还无暇顾及。安娜还对丽萨言明,按目前财务情况,我们需要改变现金状况,因此打算大量削减期末存货。

　　几天后,丽萨交出了预算(见表 4 - 18),同时丽萨补充道:"我粗略地看了看仓库,发现存货中存在大量损坏或过时情况,因此编制的生产预算中,列出的是我对可供销售存货的最大估计数。"接着,丽萨补充了以下情况:

　　(1) B 和 C 生产线上各生产了几十种产品,过去对各条生产线均未编制预算,因为销售人员说他们无法事先估计哪些产品畅销,哪些产品滞销。

（2）固定制造费用包括两类：一类是财产和设备的折旧费，每年100万美元；另一类是用现金支付的费用，如财产税、管理人员薪酬等。

（3）固定制造费用按当年生产产品预计售价的比例分配计入各产品。

（4）变动制造成本与销售单价之间的比例关系是按2015年的数字确定的（不过该年度经销商仍在施压，要求我们降价）。

（5）虽然在过去三年中，一般管理费用都有所下降，但是根据目前实际情况继续降低似乎很难。

（6）公司的方针是将每年的推销费用按前一年销售总额的10％列支。这一比例在本次预算中仍然维持不变。

（7）银行贷款的年利率为7％。

丽萨接着说，从编出的预算看，预计2016年会亏损。但值得庆幸的是，如果实际情况与预算估计的情况相同，我们会有能力偿还很大一部分银行贷款。按这个预计数字，银行会获得保证，其贷款委员会很愿意批准暂时给我们增加贷款。此外，贷款的偿还也会减少2017年的利息费用，使公司扭亏为盈。

表4-18　MaFbc公司按丽萨减少存货建议编制的2016年概算

单位：百万美元

预算的存货结转情况（按批发价格计算）			
	A	B	C
存货(12/31/2015)(实际数)	15.0	11.4	1.2
计划生产额(非销售额)	8.0	5.5	6.0
可供销售的产品	23.0	16.9	7.2
预算销售额	16.0	11.0	6.5
期末存货(12/31/2016)(预算数)	7.0	5.9	0.7
制造成本和销售成本的预算			
变动制造成本(预算)	6.8	4.4	3.0
固定制造成本(预算)	0.8	0.6	0.6
产品制造成本	7.6	5.0	3.6
存货(12/31/2015,实际成本)	13.6	9.6	0.7
可供销售的产品	21.2	14.6	4.3
存货(12/31/2016,预算)	6.6	5.4	0.4
预算的销售成本	14.6	9.2	3.9
预计利润表			
			C
销售收入			33.5
销售成本			27.7
销售毛利			5.8
推销费用			3.4
一般管理费			1.3
利息费用			1.8
税前利润			−0.7

续　表

现金流量预算	C
现金收入	
来自客户	33.5
现金支出	
变动制造成本	14.2
固定制造成本	1.0
推销费用	3.4
一般管理费用	1.3
利息费用	1.8
支出合计	21.7
期初现金余额	5.5
＋收入	33.5
－支出	21.7
－贷款偿还	10.0
期末现金余额(预算)	7.3

预计年终资产负债表	C
资产	
现金	7.3
混项流动资产	3.0
存货	12.4
不动产与设备	11.2
商誉	9.3
资产合计	43.2
权益	
银行贷款	16.3
混项流动负债	4.0
普通股	12.5
留存收益	10.4
权益合计	43.2

(二)问题的提出

(1)请计算每一条生产线 2013 年和 2015 年的变动制造成本对售价的百分率。2013年,公司采用按变动制造成本确定售价,确定的加成率是多少? 2015 年时又是多少?

(2)按表 4-17 的附表 1 所示,2013 年 12 月 31 日 A 存货的批发价为 1 150 万美元,请问此数是如何折算成表 4-17 的附表 2 中所示的 970 万美元的成本价值的?

(3)如果单位产品变动成本在 2014 年和 2015 年的数字保持不变,则降低 2015 年的售价会使 B 产品的销售数量(实物量)增加还是减少? 请说明理由。

(4)在 2016 年中,公司的年度销售额大体上需要维持在一个什么水平才能保本?

(5)在丽萨建议的预算中,2016 年应偿还一大笔银行贷款,如果偿还了这样一笔贷款,则公司在 2017 年是否还能达到保本? 请说明理由。

假设公司预算执行委员会开会时,上述预算被否决了,委员会的结论是,如果公司的预算出现亏损,银行就不会给贷款了。于是销售经理提出了另一个计划,如果A产品增加销售与推广费用至360万美元,其销售额就可能增加到1 900万美元,B产品增加到1 300万美元,C产品增加到800万美元。其结果必然是扭亏为盈。另外,他指出来,丽萨预算中存货减少的数字是不现实的,因为公司每年都在增加产品的规格型号,其销售量相当可观,因此,需要调整预算,把我们希望销售的产品安排在生产计划中。销售经理建议多花点时间,重新拟定一个战略计划。

(6)编制一套新的预算,把销售经理的计划和设想包括在这套预算之中。

假设安娜编出一套新预算不久,碰巧遇到了以前就熟悉的销售部职员苏珊,当其得知安娜是新到任的财务总监时,她提到,不理解为何固定制造成本要按照售价的比率分配到各条生产线的产品上去,她认为如果按照三条生产线销售毛利率来分配更合理,并且这样分配,A、B这两条产品生产线的毛利润会高些。

(7)请在未作出任何计算之前,指出上述建议分配固定制造费用的做法会使明年预计税前利润增加、减少还是不变,为什么?现金流量又会增加、减少或维持不变,为什么?

交谈中安娜获悉苏珊对会计业务感兴趣,就给她看了按照销售经理设想编出的预算,苏珊看后说,这只是个梦想,公司的那些销售人员一直持乐观态度,对我们销售部所做的市场调查不屑一顾。就目前所生产的产品而言,他们所说的销售额根本不可能实现。譬如给我们带来巨额销售的A、B产品,其消费群体面临后续购买力不足的问题,并且市场疲软的风险近几年已逐渐显现,目前产品的市场定位比较突出的问题就是高风险。

在MaFbc公司任职半月之后,安娜对自己职业生涯的前景进行了反思,这家公司所面临的挑战远超预期,此外,安娜也对自己编出提交给银行的各项预算感到不放心。于是她与杰克先生约定明天会晤。

(8)在明天会晤时,安娜需要向杰克提出哪些主要问题?请代安娜写出几项想要和杰克讨论的问题和处理这些问题的战略意见。

四、案例4-4:华飞公司制造费用弹性预算的编制

(一)案例介绍

华飞公司财务部的小张负责编制公司2017年第一季度制造费用的弹性预算。公司正常生产能力全部利用时(100%)为200 000小时,预计2017年第一季度有关制造费用的资料,如表4-19所示。

表4-19　华飞公司2017年第一季度预计制造费用数据资料

金额单位:元

项目	固定制造费用(元)	变动制造费用(元/小时)
管理人员工资	60 000	—
保险费	5 000	—
折旧费	100 000	—
间接材料	—	1.50

项　　目	固定制造费用(元)	变动制造费用(元/小时)
运输费	—	0.50
间接人工	80 000	1.10
维修费	4 000	0.15
水电费	6 000	0.25
其他	12 000	0.04

（二）问题的提出

（1）弹性预算与固定预算相比较,有哪些优越之处?

（2）请代小张采用列表法编制华飞公司 2017 年第一季度生产能力在 80％～120％范围内的弹性制造费用预算。

五、案例 4-5:华跃公司销售及管理费用零基预算的编制

（一）案例介绍

华跃公司拟在 2017 年采用零基预算的方法编制销售及管理费用预算,由小李负责具体编制。经销售部门与管理部门全体职工的反复会商讨论,确定有以下费用项目和费用额度(单位:元)。

广告费	90 000
租赁费	135 000
人工工资	180 000
培训费	75 000
业务招待费	150 000

上述费用项目中,租赁费、培训费和人工工资被一致认为是不可避免的费用支出,其余两项费用可以酌情增减。华跃公司 2017 年可用于销售及管理费用的财力资源只有 600 000 元。广告费和业务招待费的"成本—效益"分析结果见表 4-20。

表 4-20　"成本—收益"分析表

金额单位:元

项　　目	成　本	收　益	成本收益率
广告费	100	50	50％
业务招待费	100	150	150％

（二）问题的提出

（1）零基预算法应用的难点在哪儿?

（2）请根据上述资料,测算华跃公司 2017 年度的广告费和业务招待费预算额。

（3）请代小李编制华跃公司 2017 年度销售及管理费用的零基预算。

第五章　筹资管理实验

第一节　实验基础

一、实验知识点

企业筹资是指企业为了满足其经营活动、投资活动和其他需要,运用一定的筹资方式,筹措和获取所需资金的一种行为,是企业财务管理的一项重要内容。筹资是企业资金运动的起点,是决定资金运动规模和生产经营发展程度的重要环节。本实验需要掌握以下主要知识。

(一) 企业的资金构成

企业的资金构成从性质上来说可分为自有资金和债务资金,或权益资本和债务资本。权益资本是企业依法长期拥有、能够自主调配运用的资本。债务资本是企业按合同取得的在规定期限内需要清偿的债务,是企业向金融机构借款、发行债券、融资租赁等方式取得的资金。《企业财务通则》规定,资本金按照投资主体,分为国家资本金、个人资本金、法人资本金和外商资本金。

(二) 企业的筹资方式

按照资金的性质,企业可分为权益性筹资和债权性筹资两大类,主要有七种筹资方式,即吸收直接投资、发行股票、企业内部积累、银行借款、发行债券、融资租赁和商业信用等。

1. 吸收直接投资

吸收直接投资是指企业按照"共同投资、共同经营、共担风险、共享收益"的原则,直接吸收国家、法人、个人和外商投入资金的一种筹资方式。这种方式能够尽快形成生产能力;容易进行信息沟通;手续相对比较简便;筹资费用较低;资本成本较高;公司控制权集中;不利于公司治理;不利于产权交易。

2. 股票筹资

股票筹资下所有权与经营权相分离,分散公司控制权,有利于公司自主管理、自主经营。没有固定的股息负担,资本成本较低,能增强公司的社会声誉,促进股权流通和转让。但筹资费用较高,手续复杂,不易尽快形成生产能力,并且公司控制权分散,公司容易被经理人控制。

3. 留存收益

留存收益是其留存在企业内部、未向外分配的利润。留存收益的筹资途径包括提取盈余公积金、未分配利润。利用留存收益的筹资特点有:不用发生筹资费用、维持公司的控制权分布、筹资数额有限。

4. 银行借款

银行借款是指企业向银行或其他非银行金融机构借入的、需要还本付息的款项。借款筹资有以下优点：① 筹资速度快。与发行债券、融资租赁等债权筹资方式相比，银行借款的程序相对简单，所花时间较短，公司可以迅速获得所需资金。② 资本成本较低。利用银行借款筹资，比发行债券和融资租赁的利息负担要低。而且，无须支付证券发行费用、租赁手续费用等筹资费用。③ 筹资弹性较大。在借款之前，公司根据当时的资本需求与银行等贷款机构直接商定贷款的时间、数量和条件。在借款期间，若公司的财务状况发生某些变化，也可与债权人再协商，变更借款数量、时间和条件，或提前偿还本息。因此，借款筹资对公司具有较大的灵活性，特别是短期借款更是如此。④ 可发挥财务杠杆作用。长期借款不改变企业的控制权，因而股东不会出于控制权问题而反对借款。由于长期借款的利率一般是固定或相对固定的，这就为企业利用财务杠杆效应创造了条件。当企业的资本报酬率超过贷款利率时，会增加普通股股东的每股收益，提高企业的净资产报酬率。

借款筹资有以下缺点：① 筹资风险较高。借款通常有固定的利息负担和固定的偿付期限，故借款企业的筹资风险较高。② 限制条款多。与债券筹资相比较，银行借款合同对借款用途有明确规定，通过借款的保护性条款，对公司资本支出额度、再筹资、股利支付等行为有严格的约束，以后公司的生产经营活动和财务政策必将受到一定程度的影响。③ 筹资数额有限。银行借款的数额往往受到贷款机构资本实力的制约，不可能像发行债券、股票那样一次筹集到大笔资金，无法满足公司大规模筹资的需要。

5. 企业债券

企业债券又称公司债券，是企业依照法定程序发行的、约定在一定期限内还本付息的有价证券。

债券筹资具有以下优点：① 债券成本较低。与股票的股利相比较而言，债券的利息允许在所得税前支付，发行公司可享受税上利益，故公司实际负担的债券成本一般低于股票成本。② 可利用财务杠杆。无论发行公司的盈利多少，债券持有人一般只收取固定的利息，而更多的收益可用于分配给股东或留用公司经营，从而增加股东和公司的财富。③ 保障股东控制权。债券持有人无权参与发行公司的管理决策，因此，公司发行债券不会像增发新股那样可能会分散股东对公司的控制权。④ 便于调整资本结构。在公司发行可转换债券以及可提前赎回债券的情况下，则便于公司主动地合理调整资本结构。

债券筹资具有以下缺点：① 财务风险较高。债券有固定的到期日，并需定期支付利息，发行公司必须承担按期付息偿本的义务。在公司经营不景气时，亦需向债券持有人付息偿本，这会给公司带来更大的财务困难，有时甚至导致破产。② 限制条件较多。发行债券的限制条件一般要比长期借款、租赁筹资的限制条件都要多且严格，从而限制了公司对债券筹资方式的使用，甚至会影响公司以后的筹资能力。③ 筹资数量有限。公司利用债券筹资一般受一定额度的限制。多数国家对此都有限定。我国《公司法》规定，发行公司流通在外的债券累计总额不得超过公司净资产的 40%。

6. 融资租赁

对承租企业而言，租赁尤其是融资租赁，是一种特殊的筹资方式。通过租赁，企业可不必预先筹措一笔相当于设备价款的现金,即可获得需用的设备。因此,与其他筹资方式相比较,租赁筹资颇具特点。

融资租赁筹资具有以下优点:① 迅速获得所需资产。融资租赁集"融资"与"融物"于一身,一般要比先筹措现金后再购置设备来得更快,可使企业尽快形成生产经营能力。② 租赁筹资限制较少。企业运用股票、债券、长期借款等筹资方式,都受到相当多的资格条件的限制,相比之下,租赁筹资的限制条件很少。③ 免遭设备陈旧过时的风险。随着科学技术的不断进步,设备陈旧过时的风险很高,而多数租赁协议规定由出租人承担,承租企业可免遭这种风险。④ 全部租金通常在整个租期内分期支付,可适当减低不能偿付的危险。⑤ 租金费用可在所得税前扣除,承租企业能享受税上利益(可以享受财务杠杆的利益)。

融资租赁筹资的主要缺点:① 成本较高。租金总额通常要高于设备价值的30%;② 承租企业在财务困难时期,支付固定的租金也将构成一项沉重的负担;③ 采用租赁筹资方式如不能享有设备残值,也可视为承租企业的一种机会损失。

(三) 资本成本

资本成本是衡量资本结构优化管理的标准,也是投资经济效益的最低要求。只有当投资项目的收益率高于资本成本时,所筹集和使用的资金才能取得较好的经济效益。

资本成本是指企业为筹集和使用资本而付出的代价,包括筹资费用和占用费用。个别资本成本是指单一融资方式的资本成本。资本成本计算有一般模式与折现模式。为简化计算,我们可采用一般模式,结合不同筹资方式,计算公式如下:

$$银行借款资本成本 = \frac{年利率 \times (1 - 所得税税率)}{1 - 筹资费率} \times 100\%$$

$$公司债券资本成本 = \frac{债券面值总额 \times 年利率 \times (1 - 所得税税率)}{债券筹资总额 \times (1 - 筹资费率)} \times 100\%$$

普通股资本成本的计算:

(1) 股利增长模型法。

$$K_s = \frac{D_0(1+g)}{P_0(1-f)} + g = \frac{D_1}{P_0(1-f)} + g$$
$$= \frac{第1年现金红利}{当前普通股市价 \times (1 - 债券筹资费用率)} + \frac{现金红利}{年增长率}$$

(2) 资本资产定价模型法。

$$K_s = R_s = R_f + \beta(R_m - R_f) = \frac{无风险}{报酬率} + \frac{股票的}{系统风险} \times \left(\frac{市场组合}{期望权益率} - \frac{无风险}{报酬率}\right)$$

留存收益的资本成本率,表现为股东追加投资要求的报酬率,其计算与普通股成本相同,也分为股利增长模型法和资本资产定价模型法,不同点在于不考虑筹资费用。融资租赁各期的租金中,包含有本金每期的偿还和各期手续费用(即租赁公司的各期利润),其资本成本率只能按贴现模式计算。

平均资本成本是指多元化融资方式下的综合资本成本,反映着企业资本成本整体水平的高低。企业平均资本成本,是以各项个别资本在企业总资本中所占比重为权数,对各项个别资本成本率进行加权平均而得到的总资本成本率。

边际资本成本是企业追加筹资的成本,是企业进行追加筹资的决策依据。

(四)杠杆效应

财务管理中存在着类似于物理学中的杠杆效应,表现为:由于特定固定支出或费用的存在,导致当某一财务变量以较小幅度变动时,另一相关变量会以较大幅度变动。财务管理中的杠杆效应,包括经营杠杆、财务杠杆和总杠杆三种效应形式。杠杆效应既可以产生杠杆利益,也可能带来杠杆风险。

1. 经营杠杆效应

经营杠杆是指由于固定性经营成本的存在,而使得企业的资产报酬(息税前利润)变动率大于业务量变动率的现象。测算经营杠杆效应程度,常用指标为经营杠杆系数。经营杠杆系数,是息税前利润变动率与产销业务量变动率的倍数。经营杠杆可用于测度经营风险的大小。

经营杠杆系数(DOL),是息税前利润变动率与产销业务量变动率的倍数。其计算公式为:

$$DOL = \frac{\frac{\Delta EBIT}{EBIT}}{\frac{\Delta Q}{Q}} = \frac{息税前利润变动率}{产销业务量变动率}$$

2. 财务杠杆效应

财务杠杆是指由于固定性资本成本的存在,而使得企业的普通股收益(或每股收益)变动率大于息税前利润变动率的现象。测算财务杠杆效应程度,常用指标为财务杠杆系数。财务杠杆系数可用于测度财务风险的大小。

财务杠杆系数(DFL)是普通股盈余变动率与息税前利润变动率的倍数。其计算公式为:

$$DFL = \frac{EBIT}{EBIT - I} = \frac{息税前利润总额}{息税前利润总额 - 利息}$$

3. 总杠杆效应

总杠杆是指由于固定经营成本和固定资本成本的存在,导致普通股每股收益变动率大于产销业务量的变动率的现象。用总杠杆系数表示总杠杆效应程度。总杠杆系数用于衡量企业总风险的大小。

总杠杆系数是经营杠杆系数和财务杠杆系数的乘积,是普通股盈余变动率与产销量变动率的倍数。

(五)资本结构

资本结构及其管理是企业筹资管理的核心问题。资本结构优化,要求企业权衡负债的低资本成本和高财务风险的关系,确定合理的资本结构。资本结构优化的目标,是降低平均资本成本率或提高普通股每股收益。确定最优资本结构的方法包括每股收益无差别点法、平均资本成本法、公司价值分析法。

1. 每股收益无差别点法

每股收益受到经营利润水平、债务资本成本水平等因素的影响,分析每股收益与资本结构的关系,可以找到每股收益无差别点。所谓每股收益无差别点,是指不同筹资方式下每股收益都相等时的息税前利润和业务量水平。根据每股收益无差别点,可以分析判断在什么样的息税前利润水平或产销业务量水平前提下,适于采用何种筹资组合方式,进而确定企业的资本结构安排。

在每股收益无差别点上,无论是采用债务还是股权筹资方案,每股收益都是相等的。当预期息税前利润或业务量水平大于每股收益无差别点时,应当选择财务杠杆效应较大的筹资方案,反之亦然。每股收益无差别点用公式表示如下:

$$\frac{(\overline{EBIT}-I_1)(1-T)}{N_1}=\frac{(\overline{EBIT}-I_2)(1-T)}{N_2}$$

$$\overline{EBIT}=\frac{I_1 N_2 - I_2 N_2}{N_2 - N_1}$$

式中:$\overline{EBIT}$为息税前利润平衡点,即每股收益无差别点;I_2、I_2为两种筹资方式下的债务利息;N_1、N_2为两种筹资方式下普通股股数;T为所得税税率。

2. 平均资本成本法

通过计算和比较各种可能的筹资组合方案的平均资本成本,选择平均资本成本率最低的方案。即能够降低平均资本成本的资本结构,就是合理的资本结构。这种方法侧重于从资本投入的角度对筹资方案和资本结构进行优化分析。

3. 公司价值分析法

在考虑市场风险的基础上,以公司市场价值为标准,进行资本结构优化。即能够提升公司价值的资本结构,就是合理的资本结构。这种方法主要用于对现有资本结构进行调整,适用于资本规模较大的上市公司资本结构优化分析。同时,在公司价值最大的资本结构下,公司的平均资本成本率也是最低的。

设:V表示公司价值,B表示债务资本价值,S表示权益资本价值。公司价值应该等于资本的市场价值,即:

$$V=S+B$$

为简化分析,假设公司各期的$EBIT$保持不变,债务资本的市场价值等于其面值,权益资本的市场价值可通过下式计算:

$$S=\frac{(EBIT-I)(1-T)}{K_s}$$

且: $$K_s=R_s=R_f+\beta(R_m-R_f)$$

此时：
$$K_w = K_b \times \frac{B}{V} \times (1-T) + K_s \times \frac{S}{V}$$

（六）资金需要量预测

资金的需要量是筹资的数量依据，必须科学合理地进行预测。筹资数量预测的基本目的，是保证筹集的资金既能满足生产经营的需要，又不会产生资金多余而闲置。这里说明预测资金需要量的常用方法有销售百分比法和线性回归法。

1. 销售百分比法

（1）基本原理。销售百分比法，是根据销售增长与资产增长之间的关系，预测未来资金需要量的方法。企业的销售规模扩大时，要相应增加流动资产；如果销售规模增加很多，还必须增加长期资产。为取得扩大销售所需增加的资产，企业需要筹措资金。这些资金，一部分来自留存收益，另一部分通过外部筹资取得。通常，销售增长率较高时，仅靠留存收益不能满足资金需要，即使获利良好的企业也需外部筹资。因此，企业需要预先知道自己的筹资需求，提前安排筹资计划，否则就可能发生资金短缺问题。

销售百分比法，将反映生产经营规模的销售因素与反映资金占用的资产因素连接起来，根据销售与资产之间的数量比例关系，预计企业的外部筹资需要量。销售百分比法首先假设某些资产与销售额存在稳定的百分比关系，根据销售与资产的比例关系预计资产额，根据资产额预计相应的负债和所有者权益，进而确定筹资需要量。

（2）基本步骤。

① 确定随销售额变动而变动的资产和负债项目。资产是资金使用的结果，随着销售额的变动，经营性资产项目将占用更多的资金。同时，随着经营性资产的增加，相应的经营性短期债务也会增加，如存货增加会导致应付账款增加，此类债务称之为"自动性债务"，可以为企业提供暂时性资金。经营性资产与经营性负债的差额通常与销售额保持稳定的比例关系。这里，经营性资产项目包括库存现金、应收账款、存货等项目；而经营性负债项目包括预收账款、应付账款等项目，不包括短期借款、短期融资券、长期负债等筹资性负债。

② 确定经营性资产与经营性负债有关项目与销售额的稳定比例关系。如果企业资金周转的营运效率保持不变，经营性资产与经营性负债会随销售额的变动而呈正比例变动，保持稳定的百分比关系。企业应当根据历史资料和同业情况，剔除不合理的资金占用，寻找与销售额的稳定百分比关系。

③ 确定需要增加的筹资数量。预计由于销售增长而需要的资金需求增长额，扣除利润留存后，即为所需要的外部筹资额。即有：

$$\text{外部融资需求量} = \frac{A}{S_1} \times \Delta S - \frac{B}{S_1} \times \Delta S - P \times E \times S_2$$

式中：A 为随销售而变化的敏感性资产；B 为随销售而变化的敏感性负债；S_1 为基期销售额；S_2 为预测期销售额；ΔS 为销售变动额；P 为销售净利率；E 为利润留存率；$\frac{A}{S_1}$ 为敏感资产与销售额的关系百分比；$\frac{B}{S_1}$ 为敏感负债与销售额的关系百分比。

2. 线性回归法

在采用线性回归法时,可以应用以下几种方式。

(1) 根据资金占用总额与产销量的关系预测。设产销量为自变量 x,资金占用为因变量 y,它们之间关系可用下式表示:$y = a + bx$。式中:a 为不变资金;b 为单位产销量所需变动资金。可见,只要求出 a 和 b,并知道预测期的产销量,就可以用上述公式测算资金需求情况。

(2) 采用逐项分析法预测。这种方式是根据各经营性流动资产资金占用项目(如现金、存货、应收账款)和各经营性流动负债资金来源项目(如应付账款)同产销量之间的关系,把各项目的资金都分成变动和不变两部分,然后将资金占用项目与资金来源项目的差额汇总在一起,求出企业变动资金总额和不变资金总额,进而来预测资金需求量。例如,各资金占用项目合计 $= \sum a + \sum bx$,各资金来源项目合计 $= \sum c + \sum dx$,资金需要量 $= (\sum a - \sum c) + (\sum b - \sum d)x$。计算 a、b、c、d 可以按照历史资料分析法来计算。

二、实验目的

通过实验,学生能够熟悉与企业筹资业务相关的基础知识和基本理论,从总体上掌握一般企业筹资的程序和方法,能够熟练地进行企业资本成本的计算,并结合企业实际资金需要,进行合理资本结构的决策。

三、实验原理

筹资方式的选择是筹资决策的基本内容。决策时要从财务风险、资本成本、股东利益以及有关限制条件等诸多方面进行综合考虑、权衡利弊得失,最后作出决策。本实验涉及资金需要量的计算和不同筹资方式的优缺点等财务管理知识。

第二节　实验步骤

一、实验条件

(一)基础数据资料

1. 公司资本成本的计算

若公司计划筹集资金 100 万元,所得税税率 25%。有关资料如下:

(1) 向银行借款 10 万元,借款年利率 7%,手续费 2%。

(2) 按溢价发行债券,债券面值 14 万元,溢价发行价格为 15 万元,票面利率 9%,期限为 5 年,每年支付一次利息,其筹资费率为 3%。

(3) 平价发行优先股 25 万元,预计年股利率为 12%,筹资费率为 4%。

（4）发行普通股 40 万元，每股发行价格 10 元，筹资费率为 6%。预计第一年每股股利 1.2 元，以后每年按 8% 递增。

（5）其余所需资金通过留存收益取得。

要求：

（1）计算个别资金成本。

（2）计算公司加权平均资金成本。

2. 资本结构的决策

假设公司原有资本 1 000 万元，其中债务资本 400 万元（每年负担利息 30 万元），普通股资本 600 万元（发行普通股 12 万股，每股面值 50 元），企业所得税税率为 30%。由于扩大业务，需追加筹资 300 万元，其筹资方式有三个。一是全部发行普通股：增发 6 万股，每股面值 50 元；二是全部按面值发行债券：债券利率为 10%；三是发行优先股 300 万元，股息率为 12%。

要求：

（1）分别计算普通股筹资与债券筹资以及普通股筹资与优先股筹资每股利润无差别点的息税前利润。

（2）假设扩大业务后的息税前利润为 300 万元，确定公司应当采用哪种筹资方式（不考虑风险）。

3. 资金需要量的预测

假设公司 2016 年 12 月 31 日的简要资产负债表如表 5-1 所示。假定公司 2016 年销售额为 10 000 万元，销售净利率为 10%，利润留存率为 40%。2017 年销售额预计增长 20%，公司有足够的生产能力，无须追加固定资产投资。试确定外部融资需求的数量。

表 5-1　公司资产负债表

2016 年 12 月 31 日　　　　　　　　　　　　　　　　　单位：万元

资　产	金　额	与销售关系（%）	负债与权益	金　额	与销售关系（%）
货币资金	500		短期借款	2 500	
应收账款	1 500		应付账款	1 000	
存　货	3 000		预提费用	500	
固定资产	3 000		应付债券	1 000	
			实收资本	2 000	
			留存收益	1 000	
合　计	8 000		合　计	8 000	

（二）实验条件

本实验应该在配备专业工具的手工实验室或具备计算机实验条件的计算机实验室进行，应该事先准备好实验所需的最佳现金持有量计算表、应收账款信用政策决策分析表和存货经济批量计算表。本实验需要优卡股份有限公司整套的公司公章、财务专用章、法人章、财务主管印章,以及红色印台。需要配备计算器等常用计算工具,计算机实验要求安装 Excel 2003 或以上版本的软件。

(三)实验安排

本实验应该在专业实习指导教师的指导下完成,可将参加实习的学生按照人数分组,每组内不同学生分别负责资本成本管理并进行综合资本成本率的预测、资本结构决策并进行最佳资本结构的确定和资金需要量确定并进行资金需要量预测,最后每组都提供相关分析报告。

二、实验步骤

本章共进行三个实验。

(一)实验一:公司资本成本的计算

资本成本计算有一般模式与折现模式。本实验采用一般模式,结合不同筹资方式计算。

$$银行借款资本成本 = \frac{年利率 \times (1 - 所得税税率)}{1 - 筹资费率} \times 100\%$$

$$公司债券资本成本 = \frac{债券面值总额 \times 年利率 \times (1 - 所得税税率)}{债券筹资总额 \times (1 - 筹资费率)} \times 100\%$$

$$K_s = \frac{D_0(1+g)}{P_0(1-f)} + g = \frac{D_1}{P_0(1-f)} + g$$

(二)实验二:资本结构的决策

确定最优资本结构的方法包括每股收益无差别点法、平均资本成本法、公司价值分析法,本实验采用每股权益无差别点法。每股收益无差别点用公式表示如下:

$$\frac{(\overline{EBIT} - I_1)(1 - T)}{N_1} = \frac{(\overline{EBIT} - I_2)(1 - T)}{N_2}$$

$$\overline{EBIT} = \frac{I_1 N_2 - I_2 N_1}{N_2 - N_1}$$

(三)实验三:资金需要量的预测

销售百分比法用于资金需要量的预测,可按以下步骤:

(1)确定随销售额变动而变动的资产和负债项目。

(2)确定经营性资产与经营性负债有关项目与销售额的比例关系。

(3)确定需要增加的筹资数量。

预计由于销售增长而需要的资金需求增长额,扣除利润留存后,即为所需要的外部筹资额。即有:

$$外部融资需求量 = \frac{A}{S_1} \times \Delta S - \frac{B}{S_1} \times \Delta S - P \times E \times S_2$$

三、实验成果要求

（一）实验一：公司资本成本的计算模拟实验

采用一般模式计算公司综合资本成本率，写出资本成本计算分析报告。

（二）实验二：资本结构决策模拟实验

利用每股利润分析法对公司的最佳资本结构进行决策，写出决策分析报告。

（三）实验三：资金需要量预测模拟实验

利用销售百分比法计算需追加的外部资金量，并根据预测结果，编制预计资产负债表一份。

第三节　实验指导

一、实验一：公司资本成本的计算

平均资本成本是指多元化融资方式下的综合资本成本，反映了企业资本成本整体水平的高低。在衡量和评价单一融资方案时，需要计算个别资本成本；在衡量和评价企业筹资总体的经济性时，需要计算企业的平均资本成本。平均资本成本用于衡量企业资本成本水平，确立企业理想的资本结构。

$$K_W = \sum_{j=1}^{n} K_j W_f$$

二、实验二：资本结构的决策

资本结构优化，要求企业权衡负债的低资本成本和高财务风险的关系，确定合理的资本结构。资本结构优化的目标，是降低平均资本成本率或提高普通股每股收益。

每股利润分析法和平均资本成本比较法都是从账面价值的角度进行资本结构优化分析，侧重于从资本产出或投入的角度对筹资方案和资本结构进行优化分析。没有考虑市场反应，也没有考虑风险因素。公司价值分析法，是在考虑市场风险的基础上，以公司市场价值为标准，进行资本结构优化。这种方法主要用于对现有资本结构进行调整，适用于资本规模较大的上市公司资本结构优化分析。同时，在公司价值最大的资本结构下，公司的平均资本成本率也是最低的。

三、实验三：资金需要量的预测

销售百分比法是能为筹资管理提供短期预计的财务报表，以适应外部筹资的需要，且易于使用。但在有关因素发生变动的情况下，必须相应地调整原有的销售百分比。进行资金习性分析,把资金划分为变动资金和不变资金两部分,从数量上掌握了资金同销售量之间的规律性,对准确地预测资金需要量有很大帮助。实际上,销售百分比法是资金习性分析法的具体运用。

应用线性回归法必须注意以下几个问题:① 资金需要量与营业业务量之间线性关系的假定应符合实际情况;② 确定 a、b 数值,应利用连续若干年的历史资料,一般要有 3 年以上的资料;③ 应考虑价格等因素的变动情况。

第四节　案例拓展

一、案例 5-1:万科的融资与成长

(一)案例介绍

1988 年,万科进行股份制改造,首次公开发行股票,募集社会股金 2 800 万元。所募集的股金主要投向工业生产、进出口贸易和房地产开发,为公司快速发展打下了基础。1991年 1 月 29 日,万科股票正式在深圳证券交易所上市,代码为 000002,成为房地产行业中首次上市的公司,由此万科踏上了万亿市值的征程。

通过上市,万科打开了通往资本市场的大门,从此开始接受资本的洗礼,并在资本的帮助下开始腾飞。上市帮助万科建立了相对完善的公司治理结构,为今后公司的标准化管理奠定了基础。万科上市,为资金密集型的房地产行业找到了宝贵的资金渠道,开创了房地产企业做大做强的路径,树立了房地产企业走向规范化管理的一个标杆。

如当年阿姆斯特朗评价美国登月一样,我们可以这样评价万科上市:上市,是万科的一大步,也是地产业的一大步。万科上市 5 个月后,通过配售和定向发行新股 2 862 万股,集资 1.27 亿元资金,艰难挤进上海市场,并拉开了万科全国扩张的序幕。

1993 年,万科在渣打、君安的帮助下,成功发行 4 500 万 B 股,募集资金 45 135 万港元。这次双高的融资对万科具有双重的意义。

在 B 股发行前,万科在各个投资机构面前一度碰壁。随后,万科决定走专业化道路,将地产作为主要业务,剥离其他业务,将融资得到的现金全部投入房地产事业的发展中。1997年到 2000 年,万科先后两次采用增资配股的方式募集资金 10.08 亿元,这项资金主要投资于深圳房地产项目开发及土地储备,一举奠定了万科在深圳房地产市场上的领先地位。

随后,万科在资本市场上迈出了对其来说更为重要的一步:万科股改、华润入主。这一步让万科的羽翼终于丰满,开始迅速腾飞。

2000 年 8 月,中国华润总公司入主万科,通过协议受让股份成为万科的第一大股东。万科与华润采用认股权证方案,解决了万科股改的难题。万科之所以邀华润入主,是因为经过前阶段的发展,万科上市后出现"股权分散,持续快速增长"的情况,这使得企业容易成为收购对象,存在风险。为了避免被恶意收购的风险,高速增长期的万科需要国际资本的支持,这就成为邀请华润加入的主要原因。

股改后,万科加大了融资的步伐,2002 年和 2004 年,万科两次共计发行 34.5 亿元可转换债券且大多数成功转股;2006 年,发行 4 亿 A 股票,融资 42 亿元;2007 年,增发 A 股,融资 100 亿元;2008 年,发行 59 亿元公司债;2009 年,增发 A 股,募集资金 112 亿元。

（二）问题的提出

资本运作提高了万科的核心能力,强大的融资能力才是推进万科腾飞的主要力量。结合万科案例,试分析公司筹资的动机是什么？如何选择合适的筹资方式？

分析万科当年的股改,融资的筹资方式对其现今的影响。

二、案例 5-2：长江电力的公司债融资

（一）案例介绍

证监会 2007 年 5 月 30 日审议通过《公司债发行试点办法》并与 2007 年 8 月 14 日公布实施。其摒弃了额度制实行核准制、发行价格市场化、不强制担保、放宽募集资金用途等。"07 长电债"是《试点办法》实施后的第一家公司债券,极具代表性。

中国长江电力股份有限公司是由三峡工程开发子公司作为主发行人,联合其他五家发起人,以发起方式设立的股份有限公司。成立于 2002 年,2003 年在上交所挂牌上市,股票代码"600900",是我国最大的水电上市公司,主要从事水力发电业务。长江电力股本总数 941 208.55 万股,其中三峡总公司占 62.6%。体现了中国股市一股独大的特征。

"07 长电债"基本发行情况与发行条款：① 债券名称与规模：¥40 亿；面额 100 元面值发行债期 10 年,发行费预计 5 600 万元。② 建行提供全额担保,受托管理人为华泰债券公司。③ 公司主体与本期公司债均被评为 AAA 级,且约定每年跟踪评价。④ 发行对象为社会公众与投资机构。⑤ 本次发行特点：债券利率由发行人和保荐人（主承销商）通过市场询价商定,在债券存续期内不变,单利按年计息；第 7 年可按面值回售给公司；所筹集资金扣除发行费用于偿还借款 35 亿元,剩余补充流动资金。

这次发行产生了重大影响：① 对资本结构产生影响,降低了流动负债,且节约了资本成本；② 对公司治理产生作用,通过债券持有人会议制度与债券受托管制度参与公司治理。

（二）问题的提出

结合本案例,讨论债券筹资的优缺点。

第六章 投资管理实验

第一节 实验基础

一、实验知识点

(一) 投资管理主要内容

投资是把资金直接或间接投放于一定对象,以期望在未来获取收益的经济活动,它对企业具有重要意义。投资是企业获得利润的前提;投资是企业生存和发展的必要手段;投资是企业降低风险的重要途径。企业投资按照其投资对象分类,可以分为项目投资、证券投资和其他投资。

1. 项目投资

项目投资是一种以特定项目为对象,直接与以新增生产能力为目的的新建项目和已以恢复生产能力为目的的更新改造有关的长期投资行为。投资项目类型包括:① 厂房的新建、扩建、改建;② 设备的购置和更新;③ 资源的开发和利用;④ 现有产品的改造;⑤ 新产品的研制与开发等。其特点为:投资数额大、影响时间长、变现能力差、发生频率小。

2. 证券投资

证券投资是指企业在证券市场上购买有价证券的经济行为。证券投资类型包括债券投资、股票投资、组合投资等。其特点为:投资数额小、期限灵活、变现能力强、收益高、风险大。

3. 其他投资

其他投资是指除项目投资和证券投资以外的投资,如流动资产投资和无形资产投资。本实验主要为项目投资和证券投资。

(二) 项目投资的程序

1. 项目投资的提出

投资规模较大,所需资金较多的战略性项目,应由董事会提议,由各部门专家组成专家小组提出方案并进行可行性研究。投资规模较小,投资金额不大的战术性项目由主管部门提议,比如,新产品方案通常来自营销部门,设备更新的方案来自生产部门等,并由有关部门组织人员提出方案并进行可行性研究。

2. 项目投资的可行性分析

对提出的投资项目进行适当分类,为分析评价做好准备;计算有关项目的建设周期,测算有关项目投产后的收入、费用和经济效益,预测有关项目的现金流入和现金流出;运用各种投资评价指标,把各项投资按可行程度进行排序;写出详细的评价报告。

3. 项目投资的决策评价

项目能否实施,取决于企业管理当局的决策评价结果。决策者要综合财务人员、技术人员、市场研究人员等的评价结果,全面考核,最终作出是否采纳、采纳哪一个方案的决定。

4. 项目投资的实施

对已作出可行决策的投资项目,企业管理部门要编制资金预算,并筹措所需要的资金,在投资项目实施过程中,要进行控制和监督,使之按期按质完工,投入生产,为企业创造经济效益。

5. 项目投资的再评价

这项工作很重要,但很多企业忽视了这一点,缺少了对项目的跟踪审计。通过对项目的事后评价,可以告诉我们预测的偏差,掌握改善财务控制的线索,有利于下一步的财务决策。

(三)项目投资决策的依据

1. 项目计算期的构成

项目计算期是指投资项目从投资建设开始到最终清理结束整个过程的全部时间,包括建设期和运营期。其中,建设期是指项目资金正式投入开始到项目建成投产为止所需要的时间,建设期第一年的年初称为建设起点,建设期最后一年的年末称为投产日。在实践中,通常应参照项目建设的合理工期或项目的建设进度计划合理确定建设期。项目计算期最后一年的年末称为终结点,假定项目最终报废或清理均发生在终结点(但更新改造除外)。从投产日到终结点之间的时间间隔称为运营期,又包括试产期和达产期(完全达到设计生产能力期)两个阶段。项目计算期、建设期和运营期之间有以下关系成立,即:

$$项目计算期(n) = 建设期(s) + 运营期(p)$$

2. 投资项目的现金流量

按照投资项目的整个计算期,其现金流量主要包括初始现金流量、经营现金流量和终结现金流量三个具体部分。

(1)初始现金流量。

初始现金流量是指投资项目开始投资建设时所发生的现金流量,或项目投资总额。主要包括以下几项:

① 项目总投资,包括:一是固定资产投资,包括固定资产的购置成本或建造成本、运输成本及安装成本等。二是无形资产投资,如技术转让费或技术使用费、商标权和商誉等。三是其他资产投资,如生产准备费、开办费、培训费等。

建设期某年的净现金流量 == 该年的原始投资

项目总投资主要包括固定资产投资、无形资产投资、其他资产投资。固定资产投资按项目规模和投资计划所确定的各项建设工程费用、设备购置费用和安装工程费用等来估算。

无形资产投资和其他资产投资,根据需要和可能,逐项按有关资产的评估方法和计价标准进行估算。

② 垫支的营运资本,是指投资项目建成投产后为开展正常经营活动而投放在流动资产(存货、应收账款等)上用于周转使用的资本。一般,在营业终了或项目结束时才能收回这些资金。

③ 原有固定资产的变价收入,是指固定资产出售或报废时的残值收入,应作为投资项目的一项现金流入。

④ 所得税额,指固定资产重置时变价收入的税赋损益。按规定,出售资产时,如果出售价高于原价或账面净值,应缴纳所得税,多缴纳的所得税构成现金流出量;相反,出售净资产时发生的损失(出售价低于账面净值)可以抵减当年所得税支出,少缴的所得税构成现金流入量。对于这一部分由于投资引起的税赋变化,在计算项目现金流量时应加以考虑。

(2)经营现金流量。

经营期营业现金流量是指投资项目投产后,在经营期内由于生产经营活动而产生的现金流量,这种现金流量一般是按年计算的,经营现金流量的确认可以根据有关利润表的资料分析得到。其基本计算公式为:

$$营业现金流量 = 营业收入 - 付现成本 - 所得税额$$

营业收入是指投资项目投产后每年实现的营业收入,它是经营期主要的现金流入量。付现成本在这里是指每年需要支付现金的销售成本,包括产品制造成本和各项期间费用,是项目投产后主要的现金流出。由于销售成本中每年不需要支付现金的,其中主要指的是固定资产折旧费、无形资产摊销费等费用。为反映折旧变化对现金流量的影响,上式可变为:

$$
\begin{aligned}
营业现金流量 &= 营业收入 - 付现成本 - 所得税额 & ① \\
&= 营业收入 - (营业成本 - 非付现成本) - 所得税额 \\
&= 净利润 + 非付现成本 & ② \\
&= \left[\substack{营业\\收入} - \left(\substack{付现\\成本} + \substack{非付现\\成本} \right) \right] \times \left(1 - \substack{所得税\\税率} \right) + \substack{非付现\\成本} \\
&= \substack{营业\\收入} \times \left(1 - \substack{所得税\\税率} \right) - \substack{付现\\成本} \times \left(1 - \substack{所得税\\税率} \right) + \substack{非付现\\成本} \times \substack{所得税\\税率} \\
&= 税后营业收入 - 税后付现成本 + 非付现成本抵税 & ③
\end{aligned}
$$

由上式可知,非付现成本并不是现金流出,它之所以会对投资项目的现金流量产生影响,是由于所得税的存在引起的。

在新准则下,非付现成本主要包括固定资产折旧、无形资产摊销、开办费摊销、资产减值损失等。通常,在项目投资决策现金流量估算中,主要考虑固定资产折旧、无形资产摊销和开办费摊销三项非付现成本。固定资产折旧和无形资产摊销要按税法规定的净残值、使用年限和折旧摊销方法估算,开办费摊销按制度规定在投产后第一年全额摊销。

在实务中,决定某个投资项目是否具有财务可行性时,不一定知道整个企业的利润及与此有关的所得税,这就妨碍了① 式和② 式的使用。③ 式不需要知道企业的利润是多少,使用起来比较方便。尤其是有关固定资产更新的决策,我们没有办法计量某项资产给企业带来的收入。

（四）投资决策分析常用的方法

1. 静态投资回收期

（1）含义:静态投资回收期是指收回全部投资所需要的期限。

（2）两种形式。静态投资回收期包括建设期的投资回收期（PP）,不包括建设期的投资回收期（PP'）。

（3）决策原则。评价标准:投资回收期一般不能超过固定资产使用期限的一半,多个方案中则以投资回收期最短者为优。

（4）计算。

$$\text{包括建设的投产回收期}(PP) = \text{最后一项为负数的累计净现金流量对应的年数} + \frac{\text{最后一项为负值的累计净现金流量的绝对值}}{\text{下年净现金流量}}$$

$$= n + \frac{\text{第 } n \text{ 年的尚未回收额}}{\text{第 } n+1 \text{ 年的净现金流量}}$$

不包括建设期的静态投资回收期 $PP' = PP - \text{建设期}$

2. 净现值法

净现值（记作 NPV）,是指在项目计算期内,按设定折现率或基准收益率计算的各年净现金流量现值的代数和。其理论计算公式为:

$$NPV = \sum_{t=0}^{n} NCF_t \times (P/F, i, t)$$

式中:n 为项目计算期（包括建设期与经营期）;NCF_t 为第 t 年的现金净流量;$(P/F, i, t)$ 为第 t 年、贴现率为 i 的复利现值系数。

（1）经营期内各年现金净流量相等,建设期为零时,此时净现值的计算公式为:

净现值 ＝ 经营期每年相等的现金净流量 × 年金现值系数 － 投资现值

（2）经营期内各年现金净流量不相等,此时净现值的计算公式为:

净现值 ＝ $\sum$（经营期各年的现金净流量 × 各年的现值系数）－ 投资现值

净现值是一个贴现的绝对值正指标,其优点在于:一是综合考虑了资金时间价值,能较合理地反映投资项目的真正经济价值;二是考虑了项目计算期的全部现金净流量,体现了流动性与收益性的统一;三是考虑了投资风险性,因为贴现率的大小与风险大小有关,风险越大,贴现率就越高。但是该指标的缺点也是明显的,即无法直接反映投资项目的实际投资收益率水平;当各项目投资额不同时,难以确定最优的投资项目。

只有净现值指标大于或等于零的投资项目才具有财务可行性。

3. 内含报酬率法

内含报酬率又称内部收益率,是指投资项目在项目计算期内各年现金净流量现值合计数等于零时的贴现率,亦可将其定义为能使投资项目的净现值等于零时的贴现率。显然,内含报酬率 IRR 满足下列等式:

$$\sum_{t=0}^{n} NCF_t \times (P/F, IRR, t) = 0$$

从上式中可知,净现值的计算是根据给定的贴现率求净现值。而内含报酬率的计算是先令净现值等于零,然后求能使净现值等于零的贴现率。所以,净现值不能揭示各个方案本身可以达到的实际报酬率是多少,而内含报酬率实际上反映了项目本身的真实报酬率。用内含报酬率评价项目可行的必要条件是:内含报酬率大于或等于贴现率。

通过计算项目不同设定折现率的净现值,然后根据内含报酬率的定义所揭示的净现值与设定折现率的关系,采用一定技巧,最终设法找到能使净现值等于零的折现率——内含报酬率 IRR——的方法,又称为逐次测试逼近法(简称逐次测试法)。如项目不符合直接应用简便算法的条件,必须按此法计算内含报酬率。

一般方法的具体应用步骤如下:

(1)先自行设定一个折现率 r_1,代入计算净现值的公式,求出按 r_1 为折现率的净现值 NPV_1,并进行下面的判断。

(2)若净现值 $NPV_1 = 0$,则内含报酬率 $IRR = r_1$,计算结束;若净现值 $NPV_1 > 0$,则内含报酬率 $IRR > r_1$,应重新设定 $r_2 > r_1$,再将 r_2 代入有关计算净现值的公式,求出 r_2 为折现率的净现值 NPV_2,继续进行下一轮的判断;若净现值 $NPV_1 < 0$,则内含报酬率 $IRR < r_1$,应重新设定 $r_2 < r_1$,再将 r_2 代入有关计算净现值的公式,求出 r_2 为折现率的净现值 NPV_2,继续进行下一轮的判断。

(3)经过逐次测试判断,有可能找到内含报酬率 IRR。每一轮判断的原则相同。若设 r_j 为第 j 次测试的折现率,NPV_j 为按 r_j 计算的净现值,则有:

当 $NPV_j > 0$ 时,$IRR > r_j$,继续测试;

当 $NPV_j < 0$ 时,$IRR < r_j$,继续测试;

当 $NPV_j = 0$ 时,$IRR = r_j$,测试完成。

(4)若经过有限次测试,已无法继续利用有关货币时间价值系数表,仍未求得内含报酬率 IRR,则可利用最为接近零的两个净现值正负临界值 NPV_m、NPV_{m+1} 及其相应的折现率 r_m、r_{m+1} 四个数据,应用内插法计算近似的内含报酬率。

即:如果以下关系成立

$$NPV_m > 0$$
$$NPV_{m+1} < 0$$
$$r_m < r_{m+1}$$
$$r_{m+1} - r_m \leqslant d \quad (2\% \leqslant d < 5\%)$$

就可以按下列具体公式计算内含报酬率 IRR:

$$IRR = r_m + \frac{NPV_m - 0}{NPV_m - NPV_{m+1}} \cdot (r_{m+1} - r_m)$$

二、实验目的

通过本实验,学生能够从总体上把握一般企业项目投资管理的程序,掌握企业常用的项目投资决策方法,能够熟练地运用所学原理,进行投资项目分析与评价,提高理财效率。

三、实验原理

（一）项目投资评价程序（见图 6-1）

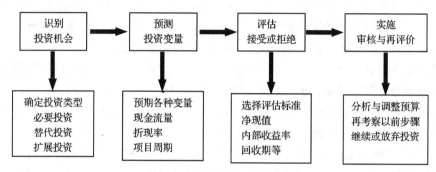

图 6-1　项目投资评价程序

（二）项目现金流量预测方法

1. 初始现金流量

初始现金流量包括固定资产投资支出、垫支的营运资本、其他费用、原有固定资产的变价收入、所得税效应。其中,垫支的营运资本是指项目投产前后分次或一次投放于流动资产上的资本增加额。即:

$$年营运资本增加额 = 本年流动资本需要额 - 上年流动资本$$

$$本年流动资本需要额 = 该年流动资产需要额 - 该年流动负债需要额$$

2. 经营期内现金净流量

$$经营期内现金净流量 = 销售收入 - 付现成本 - 所得税$$

或：
$$= 净利润 + 非付现成本$$

或：
$$= 税后收入 - 税后付现成本 + 折旧(摊销)抵税$$

$$= 销售收入 \times \left(1 - \frac{所得税}{税率}\right) - 付现成本 \times \left(1 - \frac{所得税}{税率}\right) +$$

$$折旧(摊销) \times \frac{所得税}{税率}$$

3. 终结点的现金净流量

终结点的现金净流量包括垫支营运资本的收回、固定资产残值变价收入及出售时的税负损益。

当设备的变现价值与账面净值不一致时要考虑对所得税的影响。

利用旧设备丧失的变现流量＝－[变现价值＋清理损失抵税(或－清理收益纳税)]

回收残值变现流量＝最终变现残值＋清理净损失抵税(或－清理净收益纳税)

(三) 项目投资评价的基本原理

项目投资评价的基本原理是：投资项目的收益率超过资本成本时,企业的价值将增加；投资项目的收益率少于资本成本时,企业的价值将减少。这一原理涉及资本成本、项目收益与股价的关系。投资者要求的收益率及资本成本,是评价项目能否为股东项目创造价值的标准。具体项目评价标准有净现值、内含报酬率、投资回收期等。

净现值是通过计算投资项目计算期内现金流入量现值与现金流出量现值的差额,反映投资项目在其整个经济年限内的总经济效益。当 $NPV \geq 0$ 时,项目可行。

内含报酬率是通过计算现金流入量现值与现金流出量现值相等时的折现率,反映投资项目真实投资收益率。内含报酬率采用财务计算器或 Excel 软件或试错法求出。应用试错法时,具体采用逐步测试法。当 IRR 大于或等于项目资本成本或投资最低收益率时,项目可行。

投资回收期法是通过计算投资项目预期现金流量的累加值等于原始现金流出量所需要的时期。反应收回原始投资所需要的时间,一般以年为单位。当回收期小于或等于基准回收期时,则这个方案具有财务可行性。

第二节　实验步骤

一、实验条件

(一) 基础数据资料

1. 实验一：单一投资方案的财务可行性评价

优卡股份有限公司 2016 年度报表分析显示,公司利润大幅上升,现金流向好,资金充裕。公司召集财务、生产、销售等多部门经理参加的公司未来生产经营规划会议上,生产部王经理谈到,随着以智能制造为主导的第四次工业革命(Industrie 4.0)时代的到来,势必影响企业未来的生产经营,企业要在这场竞争中赢得先机。因为"工业 4.0"项目主要分为两大主题：一是"智能工厂",重点研究智能化生产系统及过程,以及网络化分布式生产设施的实现；二是"智能生产",主要涉及整个企业的生产物流管理。适应智能化生产,仪表产品需求更新换代产品速度加快已是不争的事实。销售部李经理颇为赞同王经理的观点,并且提到从 2016 年公司产品博览会订货需求情况也得到了印证。研发部张经理说,他们早已注意到,在 2011 年汉诺威工业博览会,德国政府提出"工业 4.0"战略,加之公司近几年利润向好,加大了研发资金投入。因此,对仪表换代产品、智能化产品的研究与试制从未停止过,就在 2016 年一款新型号的智能化换代仪表已通过了试制检验。但是,新产品对生产设备条件要求较高,目前的设备无法进行量产,需要上新的生产线。财务万经理当场表态,公司目前现金充裕,如果决定上新的生产线,资金问题能够解决……最后与会人员一致认为,适应第四次工业革命浪潮,鉴于我们国家目前在借鉴德国版"工业 4.0"计划,草拟中国制造业顶层设计——"中国制造 2025"的既定方略,公司只有顺势而为,走在同行业前列,方能长盛不衰,所以产品的更新换代刻不容缓,并且提出了具体的方案。原产品锚护机具继续生产,仪表(换代产品)采用购置新生产线的方式进行生产。

根据市场调研,更新产品生产线的相关资料如下:

(1) 该生产线当年购置当年投产,一次性投资 15 000 000 元,生产经营期 5 年,采用平均年限法计提折旧费用,5 年后的净残值为 400 000 元。与之配套的销售及管理费用固定资产投资额为 450 000 元,使用期 5 年,采用平均年限法计提折旧费用,5 年后的净残值为 40 000 元。另需垫支营运资金 950 000 元。

(2) 产品销量各年分别为 120 台、110 台、120 台、110 台、100 台,产品销售单价各年均为 600 000 元。因为第一年产销不均衡,按照预计产量安排支出。从第二年开始产品生产趋稳,产销达到平衡,年内各季度销量均衡,假设前期余额的影响忽略不计。

(3) 产品成本资料:假设换代产品只耗用 H 材料,单件产品材料耗量定额 15 kg,材料单价 30 000 元/kg;单位产品人工耗时 150 小时,每小时直接人工费用 80 元;单位产品变动制造费用 50 000 元,年非折旧固定制造费用 2 000 000 元。

(4) 销售及管理费用资料:年变动销售及管理费用 2 000 000 元,年非折旧固定销售及管理费用 3 000 000 元。

2. 实验二:投资方案选择

设:利率＝10%。

方案 1:原始投资 10 000 元,年现金净流入量 1 750 元,有效期限 10 年,无残值。

方案 2:原始投资 10 000 元,年现金净流入量 1~5 年,每年 2 000 元,6~10 年,每年 1 500元,有效期限 10 年,无残值。

方案 3:原始投资 10 000 元,年现金净流入量 1~5 年,每年 1 500 元,6~10 年,每年 2 000元,有效期限 10 年,无残值。

方案 4:原始投资 10 000 元,年现金净流入量 1 350 元,有效期限 10 年,残值 4 000 元。

方案 5:原始投资 10 000 元,年现金净流入量 1 750 元,有效期限 15 年,无残值。

要求:根据上述资料,分别计算其"投资的年平均报酬率""偿还期""净现值""现值指数"和"内含报酬率",并作简要的对比分析。

3. 实验三:生产设备投资

公司购进生产设备一台,购价 70 000 元,可用于生产某种产品共 4 000 件,按各期产品的生产量计提折旧,使用期限终了,尚有残值 14 500 元,预计单位产品有关指标见表 6-1、表 6-2。

表 6-1 单位产品净收益

金额单位:元

单位售价		47.63
销售成本现金支出部分	23.45	
固定资产折旧	13.87	37.41
纳税前净收益		10.22
所得税		4.00
净收益		6.13

表 6-2 单位产品现金净流入量

金额单位:元

销售收入		47.63
销售成本中的现金支出部分	23.45	
固定资产折旧	13.87	37.41
纳税前净收益		10.22
所得税	4.09	27.63
现金净流入量		20

预计在该设备的使用期限内各年的产品销售量、净收益、现金净流量如表 6-3 所示。

表 6-3 产品销售量、净收益、现金净流量

金额单位:元

年 份	销售量	净收益	现金净流入量
1	500	3 065	10 000
2	1 000	6 130	20 000
3	2 000	12 260	40 000
4	500	3 065	10 000
	4 000	24 530	

要求:根据上述资料分别计算以下各项指标:

(1) 投资的年平均报酬率;

(2) 净现值($i=15\%$);

(3) 内含报酬率。

4. 实验四:设备购置方案的选择

公司准备购入一套设备以扩充生产能力,现有两个方案可供选择。甲方案需要投资 30 000 元,使用寿命为 5 年,采用直线计提法折旧,5 年后无残值。5 年中,每年销售收入为 15 000 元,每年付现成本为 5 000 元。乙方案需要投资 36 000 元,采用直线法计提折旧,使用寿命也是 5 年,5 年后有残值收入 6 000 元,5 年中每年的销售收入为 17 000 元,付现成本第一年为 6 000 元,以后随着设备陈旧,逐年将增加修理费用 300 元,另外需垫支流动资金 3 000 元。所得税税率为 25%,资金成本为 10%。要求:

(1) 计算两个方案的年折旧;

（2）计算两个方案的营业现金流入；

（3）计算两个方案的全部现金净流量；

（4）计算两个方案的净现值；

（5）计算两个方案的内含报酬率；

（6）计算两个方案的投资回收期。

（二）实验条件

本实验应该在配备专业工具的手工实验室或具备计算机实验条件的计算机实验室进行，应该事先准备好实验所需的利润分配表。本实验需要优卡股份有限公司整套的公司公章、财务专用章、法人章、财务主管印章，以及红色印台。本实验需要配备计算器等常用计算工具，计算机实验要求安装 Excel 2003 或以上版本的软件。

（三）实验安排

本实验应该在专业实习指导教师的指导下完成，可将参加实习的学生按照人数分组，每组内学生计算并对方案的财务可行性进行评价，并根据结果，每位同学提供一份投资项目可行性分析报告。

二、实验步骤

（1）全部现金流量的计算；

（2）计算方案的相关指标；

（3）对方案的财务可行性进行评价。

相关项目的分析方法为：净现值的决策规则（当 $NPV \geqslant 0$ 时，则项目可以考虑接受），有时可辅之以内含报酬率、投资回收期，分析投资项目的财务可行性。

三、实验成果要求

（1）提交投资项目可行性分析报告一份。

（2）投资项目可行性分析报告格式包括以下几方面内容：封面、扉页、目录、正文、签字、盖章。

（3）投资项目可行性分析报告基本内容包括以下几个内容：① 该项目投资的必要性；② 投资项目基本资料；③ 投资经济效益分析；④ 投资项目不确定性分析；⑤ 分析结论。

第三节　实验指导

一、投资决策方法选择指导

进行投资项目财务可行性分析，由于属于独立方案决策，无须择优，其首选方法应是净现值法。因为和静态评价法相比，它考虑了现金流量及货币的时间价值；和其他动态评价相比,它反映了投资项目在其整个经济年限内的总收益。另外,它可以根据需要来改变贴现率,因为项目的经济年限越长,贴现率变动的可能性越大,在计算净现值时,只需改变公式中的分母即可。利用净现值进行投资项目财务可行性分析的关键是净现值的计算,而净现值计算的重点是投资项目各期现金流量的测算,难点是贴现率的确定。一般通过两种方法来确定折现率:一种是根据资金成本率来确定;另一种是根据企业要求的最低资金利润率来确定。相比之下,根据资金成本率确定折现率不太方便,因为资金成本率的计算比较困难,应用范围有限;根据企业要求的最低资金利润率来确定折现率,比较简单易行。

辅之以内含报酬率,是因为该指标反映项目的真实报酬率,使投资者做到心中有数,但计算麻烦。一般情况下,在测试时,先以企业资金成本率或企业要求的最低资金利润率为底线,两倍于5%为间距,确定第一个贴现率,如果第一个贴现率的净现值为正,则在第一个测试贴现率的基础上加10%,作为第二个贴现率,以此类推,直到净现值为负。然后,在此测试贴现率减5%(或小于5%),进一步测试,确定内插法的两个贴现率。最后,根据内插法公式,计算确定内含报酬率。

使用投资回收期,主要从投资风险角度考虑。一般情况下,回收期小于经营期的一般较好。

二、投资方案财务可行性评价指导

优卡股份有限公司针对更新换代仪表方案,需要进行以下分析。

(1)确定投资方案类型。

(2)确定投资项目计算期。

(3)确定投资项目现金流量。

① 根据仪表(换代)产品的预计销售量和计划单价,计算并填列"投资项目产品预计现金收入表"。

② 根据仪表(换代)产品的预计销售量、单位产品材料消耗量和材料采购价格,计算并填列"投资项目产品预计直接材料费用现金支出表"。

③ 根据仪表(换代)产品的预计销售量、单位产品消耗人工工时和每小时直接人工成本,计算并填列"投资项目产品预计直接人工现金支出表"。

④ 根据仪表(换代)产品的预计销售量、单位产品消耗人工工时、变动制造费用分配率和固定制造费用,计算并填列"投资项目产品预计制造费用现金支出表"。

⑤ 根据仪表(换代)产品的预计资料销售量和计算填列的直接材料费用、付现直接材料费、直接人工费用、制造费用有关数据,计算并填列"投资项目预计产品成本及付现成本估算表"。

⑥ 根据仪表(换代)产品的预计销售量、变动销售及管理费用、固定销售及管理费用、折旧固定销售及管理费用,计算填列的直接材料费用、付现直接材料费、直接人工费用、制造费用有关数据,计算并填列"投资项目预计销售及管理费用表"。

⑦ 根据仪表(换代)产品的预计销售收入、销售现金收入、产品成本、付现产品成本、销售及管理费用、付现销售及管理费用,填列"投资项目预计营业现金流量表"。根据公式:税前利润=销售收入-产品销售成本-销售及管理费用;所得税=税前利润×所得税率;税后

利润＝税前利润－所得税；营业现金流量＝销售现金收入－付现成本－付现销售及管理费用－所得税，计算并填列"投资项目各期的预计现金流量表"。

⑧ 根据仪表（换代）产品预计及计算的初始投资、流动资金垫支、营业现金流量、设备残值、流动资金收回，填列"投资项目现金流量表"。根据公式：初始现金流量＝初始投资＋流动资金垫支；终结现金流量＝营业现金流量＋设备残值＋流动资金收回，计算并填列"投资项目预计现金流量表"。

（4）计算加权平均资金成本，确定投资项目的折现率。

（5）根据确定的折现率、各期现值系数、各期现金流量，计算并填列"投资项目净现值表""投资项目预计现值指数表""投资项目内含报酬率测试表""投资项目内含报酬率估算表""投资项目投资回收期估算表"。

（6）根据净现值法的决策规则，即净现值≥0时，项目可以接受，此外还需结合现值指数法、内含报酬率法以及投资回收期法，综合分析投资项目的可行性。

第四节 案例拓展

一、案例介绍

在中国企业界，"蒙牛速度"是二十一世纪初最吸引眼球的经济名词之一。

蒙牛创造了中国乳业市场最大的奇迹——1999 年销售收入只有 3 730 万元，而 2005 年年底这一数字超百亿元。与此相对应，蒙牛从行业中的"末字辈"成长为龙头企业。支撑蒙牛超常规极速发展的正是扩张型财务战略的力量。蒙牛快速成长的故事在很大程度上就是扩张型财务战略成功实施的典范。

蒙牛有一个著名的"飞船定律"：不是在高速中成长，就是在高速中毁灭。如果达不到环绕速度，那么只能掉下来；只有超越环绕速度，企业才能永续发展。

蒙牛的扩张型财务战略如何使企业超越环绕速度？

财务战略是为谋求企业资金均衡、有效的流动和实现企业战略，为加强企业财务竞争优势，在分析企业内、外环境因素影响的基础上，对企业资金流动进行全局性、长期性和创造性的谋划。财务战略是战略理论在财务管理方面的应用与延伸，不仅体现了财务战略的"战略"共性，而且勾画出了财务战略的"财务"个性。

一般来说，财务战略有三种路径选择：扩张型、稳健型、防御收缩型。

蒙牛选择扩张型财务战略不是偶然的，这与其企业生命周期所处阶段、高成长的企业发展战略息息相关。

企业生命周期理论认为，大多数企业的发展可分为初创期、扩张期、稳定期和衰退期四个阶段。在企业初创期，主要财务特征是资金短缺，尚未形成核心竞争力，财务管理的重点应是如何筹措资金，通过企业内部自我发展来实现企业增长。在企业扩张期、稳定期，资金相对充裕，企业已拥有核心竞争力和相当的规模，可以考虑通过并购实现外部发展。在企业衰退期，销售额和利润额已明显下降，企业应考虑如何变革企业组织形态和经营方向，实现企业蜕变和重生。一般来说,在企业的初创期和扩张期企业宜采取扩张型财务战略,在稳定期则一般采取稳健型财务战略,而在衰退期企业应采取防御收缩型财务战略。一直身处初创期、成长期正是蒙牛选择扩张型财务战略的现实基础。

此外,蒙牛"跨步走"的发展战略规划是蒙牛扩张型财务战略的萌芽。财务战略的本质是为企业战略的实现提供财务保障,它要根据企业总体战略和各业务单元战略的选择,对财务的各个主要方面作出决策。

2001 年 9 月,蒙牛制订未来"五年规划",牛根生将 2006 年的销售目标锁定为 100 亿元。此议一出,众皆哗然,因为蒙牛 2000 年的销售收入不到 3 亿元,而 100 亿元相当于中国乳业 2000 年总销售收入的半壁江山。有魄力的牛根生力排众议,通过了这个"五年规划"。要实现该规划,扩张型财务战略无疑是唯一选择。

企业生命周期所处阶段及牛气冲天的企业发展战略促使蒙牛的财务战略选择了扩张型的路径。在蒙牛的扩张型财务战略中,投资、筹资和风险控制是三大核心内容。

蒙牛的扩张型财务战略在投资环节上有"两大炼金术":一是"虚拟联合";二是"财务资源向营销及产品质量倾斜"。

投资炼金术之一:虚拟联合。

1999 年,蒙牛创立之时,注册资本只有 100 万元,面临的是"一无工厂,二无奶源,三无市场"的窘境。在这种情况下,蒙牛搞"虚拟联合":与中科院联合,走产学研相结合的路子,开发产品,塑造品牌;与中间商联合,开辟全国大市场;而自治区内外 8 家乳品企业则是自己的贴牌加工车间。

后来蒙牛将"虚拟联合"渗透到企业运营的各个方面。在有了自己的工厂后,"虚拟联合"在制造环节不断收缩,在产业链的其他环节却进一步延伸。截至 2004 年,参与蒙牛原料、产品运输的 3 000 多辆运货车、奶罐车、冷藏车,为蒙牛收购原奶的 2 600 多个奶站及配套设施,以及员工宿舍,合起来总价值达 20 多亿元,几乎没有一处是蒙牛自己掏钱做的,均由社会投资完成。

通过虚拟联合,蒙牛把传统的"体内循环"变作"体外循环",把传统的"企业办社会"变作"社会办企业",整合了大量的社会资源。

投资炼金术之二:财务资源向营销及产品质量倾斜。

营销是蒙牛的核心竞争力之一,蒙牛对营销的财务支持不惜血本。1999 年 2 月,牛根生当时共筹集到 300 万元,却毅然拿出 100 万元做广告。蒙牛产品 1999 年 4 月份问世,5 月初便与中央电视台签订了第一份广告合同,6 月 1 日正式开播。1999 年,蒙牛总募集资金 1 000 多万元,其中 300 多万元打了广告,用三分之一的钱去攻占消费者的心智资源。

此外,蒙牛对产品质量的财务支持不遗余力。蒙牛的产品战略是"产品质量的好坏等于人格品行的好坏"。初创阶段的蒙牛,勒紧裤带建厂,资金捉襟见肘,而为了保证产品质量,不惜耗费巨资建起了国内首家"奶车桑拿浴车间"(光洗车的钱一年得额外支出三四百万元)。"奶车桑拿浴车间"后来在保障牛奶原汁原味、胜出竞争对手方面,为蒙牛力立下了汗马功劳。

值得一提的是,因过硬的质量,蒙牛牛奶从众多品牌的牛奶中脱颖而出,2003 年 4 月被中国载人航天工程确定为"中国航天员专用牛奶"。嗅觉灵敏的蒙牛人抓住此契机,联合众多营销机构,策划实施了 2003 年中国最成功的营销事件:航天员专用牛奶告知行动。蒙牛的财务战略成功地支撑了公司的产品战略和营销战略。

蒙牛的扩张型财务战略在投资方向上有所取有所弃。加强的是产业链的生产和营销环节,而产业链的其他环节,蒙牛通过"虚拟联合"用经济杠杆撬动社会资金。

二、问题的提出

结合本案例,分析蒙牛在财务战略上所采用的扩张型投资战略。

第七章　营运资本管理实验

第一节　实验基础

一、实验知识点

营运资本是指流动资产减去流动负债后的余额。营运资本的管理既包括流动资产的管理,也包括流动负债的管理。本章实验主要练习流动资产管理。

(一)企业流动资产管理的内容

1. 流动资产

流动资产是指可以在1年以内或超过1年的一个营业周期内变现或运用的资产。流动资产具有占用时间短、周转快、易变现等特点。企业拥有较多的流动资产,可在一定程度上降低财务风险。流动资产按不同的标准可进行不同的分类,常见分类方式如下:

(1) 按占用形态不同,分为现金、交易性金融资产、应收及预付款项和存货等。

(2) 按在生产经营过程中所处的环节不同,分为生产领域中的流动资产、流通领域中的流动资产以及其他领域的流动资产。

2. 流动负债

流动负债是指需要在1年或者超过1年的一个营业周期内偿还的债务。流动负债又称短期负债,具有成本低、偿还期短的特点。流动负债按不同标准可作不同分类,最常见的分类方式如下:

(1) 以应付金额是否确定为标准,可以分为应付金额确定的流动负债和应付金额不确定的流动负债。应付金额确定的流动负债是指那些根据合同或法律规定到期必须偿付、并有确定金额的流动负债。应付金额不确定的流动负债是指那些要根据企业生产经营状况,到一定时期或具备一定条件才能确定的流动负债,或应付金额需要估计的流动负债。

(2) 以流动负债的形成情况为标准,可以分为自然性流动负债和人为性流动负债。自然性流动负债是指不需要正式安排,由于结算程序或有关法律法规的规定等原因而自然形成的流动负债;人为性流动负债是指根据企业对短期资金的需求情况,通过人为安排所形成的流动负债。

(3) 以是否支付利息为标准,可以分为有息流动负债和无息流动负债。

(二)营运资本的特点

为了有效地管理企业的营运资金,必须研究营运资金的特点,以便有针对性地进行管理。营运资本一般具有如下特点。

1. 营运资本的来源具有灵活多样性

与筹集长期资金的方式相比,企业筹集营运资金的方式较为灵活多样,通常有银行短期借款、短期融资券、商业信用、应交税金、应交利润、应付工资、应付费用、预收货款、票据贴现等多种内外部融资方式。

2. 营运资本的数量具有波动性

流动资产的数量会随企业内外条件的变化而变化,时高时低,波动很大。季节性企业如此,非季节性企业也如此。随着流动资产数量的变动,流动负债的数量也会相应发生变动。

3. 营运资本的周转具有短期性

企业占用在流动资产上的资金,通常会在1年或1个营业周期内收回。根据这一特点,营运资金可以用商业信用、银行短期借款等短期筹资方式来加以解决。

4. 营运资本的实物形态具有变动性和易变现性

企业营运资本的实物形态是经常变化的,一般按照现金、材料、在产品、产成品、应收账款、现金的顺序转化。为此,在进行流动资产管理时,必须在各项流动资产上合理配置资金数额,做到结构合理,以促进资金周转顺利进行。此外,短期投资、应收账款、存货等流动资产一般具有较强的变现能力,如果遇到意外情况,企业出现资金周转不灵、现金短缺时,便可迅速变卖这些资产,以获取现金。这对财务上应付临时性资金需求具有重要意义。

(三)营运资本的管理原则

企业的营运资本在全部资金中占有相当大的比重,而且周转期短,形态易变,是企业财务管理工作的一项重要内容。实证研究也表明,财务经理的大量时间都用于营运资本的管理。企业进行营运资本管理,应遵循以下原则。

1. 保证合理的资金需求

企业应认真分析生产经营状况,合理确定营运资本的需要数量。企业营运资本金的需求数量与企业生产经营活动有直接关系。一般情况下,当企业产销两旺时,流动资产会不断增加,流动负债也会相应增加;而当企业产销量不断减少时,流动资产和流动负债也会相应减少。营运资本的管理必须把满足正常合理的资金需求作为首要任务。

2. 提高资金使用效率

加速资金周转是提高资金使用效率的主要手段之一。提高营运资本使用效率的关键就是采取得力措施,缩短营业周期,加速变现过程,加快营运资本周转。因此,企业要千方百计地加速存货、应收账款等流动资产的周转,以便用有限的资金,服务于更大的产业规模,为企业取得更好的经济效益提供条件。

3. 节约资金使用成本

在营运资本管理中,必须正确处理保证生产经营需要和节约资金使用成本二者之间的关系。要在保证生产经营需要的前提下,遵守勤俭节约的原则,尽力降低资金使用成本。一方面,要挖掘资金潜力,盘活全部资金,精打细算地使用资金;另一方面,积极拓展融资渠道,合理配置资源,筹措低成本资金,服务于生产经营。

4. 保持足够的短期偿债能力

偿债能力的高低是企业财务风险高低的标志之一。合理安排流动资产与流动负债的比例关系,保持流动资产结构与流动负债结构的适配性,保证企业有足够的短期偿债能力是营运资金管理的重要原则之一。流动资产、流动负债以及二者之间的关系能较好地反映企业的短期偿债能力。流动负债是在短期内需要偿还的债务,而流动资产则是在短期内可以转化为现金的资产。因此,如果一个企业的流动资产比较多,流动负债比较少,说明企业的短期偿债能力较强;反之,则说明短期偿债能力较弱。但如果企业的流动资产太多,流动负债太少,也不是正常现象,这可能是因流动资产闲置或流动负债利用不足所致。

(四) 营运资本战略

企业必须建立一个框架用来评估营运资本管理中的风险与收益的平衡,包括营运资本的投资和融资战略,这些战略反映企业的需要以及对风险承担的态度。实际上,一个财务管理者必须做两个决策:一是需要拥有多少营运资本;二是如何为营运资本融资。在实践中,这些决策一般同时进行,而且它们相互影响。

1. 流动资产的投资战略

由于销售水平、成本、生产时间、存货补给时订货到交货的时间、顾客服务水平、首款和支付期限等方面存在不确定性,因此,流动资产的投资决策至关重要。对于不同的产业和企业规模,流动资产与销售额比率的变动范围非常大。

企业不确定性和风险忍受的程度决定了其在流动资产账户上的投资水平。流动资产账户通常随着销售额的变化而立即变化,但风险则与销售的稳定性和可预测性相关。销售额越不稳定,越不可预测,则投资于流动资产上的资金就应越多,以保证有足够的存货满足顾客的需要。

稳定性和可预测性的相互作用非常重要。即使销售额是不稳定的,但可以预测,如属于季节性变化,那么将没有显著的风险。然而,如果销售额不稳定而且难以预测,如石油和天然气开采业以及许多建筑业企业,就会存在显著的风险,从而必须保证一个高的流动资产水平,维持较高的流动资产与销售收入比率。如果销售额既稳定又可预测,则只需维持较低的流动资产投资水平。

一个企业必须选择与其业务需要和管理风格相符合的流动资产投资战略。如果企业管理政策趋于保守,就会选择较高的流动资产水平,保证更高的流动性(安全性),但盈利能力也更低;然而,如果管理者偏向于为了产生更高的盈利能力而承担风险,那么它将以一个低水平的流动资产与销售收入比率来运营。下面就紧缩的或较低流动性的投资战略与宽松的或更高流动性的投资战略进行介绍。

(1) 紧缩的流动资产投资战略。在紧缩的流动资产投资战略下,企业维持低水平的流动资产与销售收入比率。利用适时制(JIT)存货管理技术,原材料等存货投资将尽可能紧缩。另外,尚未结清的应收账款和现金余额将保持在最低水平。紧缩的流动资产投资战略可能伴随着更高风险,这些风险可能源于更紧的信用和存货管理,或源于缺乏现金用于偿还应付账款。此外,紧缩的信用政策可能减少企业销售收入,而紧缩的产品存货政策则不利于顾客进行商品选择,从而影响企业销售。只要不可预见的事件没有损坏企业的流动性而导致严重的问题发生,紧缩的流动资产投资战略就会提高企业效益。

(2)宽松的流动资产投资战略。在宽松的流动资产投资战略下,企业通常会维持高水平的流动资产与销售收入比率。也就是说,企业将保持高水平的现金、高水平的应收账款(通常来自于宽松的信用政策)和高水平的存货(通常源于补给原材料或不愿意因为产成品存货不足而失去销售)。对流动资产的高投资可能导致较低的投资收益率,但由于较高的流动性,企业的营运风险较小。

(3)如何选择流动资产投资战略。一个企业该选择何种流动资产投资战略取决于该企业对风险和收益的权衡。通常,银行和其他借款人对企业流动性水平非常重视,因为流动性包含了这些债权人对信贷扩张和借款利率的决策。他们还考虑应收账款和存货的质量,尤其是当这些资产被用来当作一项贷款的抵押品时。

许多企业,由于上市和短期借贷较为困难,通常采用紧缩的投资战略。此外,一个企业的流动资产战略可能还受产业因素的影响。在销售边际毛利较高的产业,如果从额外销售中获得的利润超过额外应收账款所增加的成本,宽松的信用政策可能为企业带来更为可观的收益。

流动资产投资战略的另一个影响因素是那些影响企业政策的决策者。财务管理人员较之运营或销售经理,通常具有不同的流动资产管理观点。运营经理通常喜欢高水平的原材料存货或部分产成品,以便满足生产所需。相似地,销售经理也喜欢高水平的产成品存货以便满足顾客的需要,而且喜欢宽松的信用政策以便刺激销售。相反,财务管理人员喜欢使存货和应收账款最小化,以便使流动资产融资的成本最小化。

2. 流动资产的融资战略

一个企业对流动资产的需求数量,一般会随着产品销售的变化而变化。例如,产品销售季节性很强的企业,当销售处于旺季时,流动资产的需求一般会更旺盛,可能是平时的几倍;当销售处于淡季时,流动资产需求一般会减弱,可能是平时的几分之一;即使当销售处于最低水平时,也存在对流动资产最基本的需求。在企业经营状况不发生大的变化的情况下,流动资产的最基本的需求具有一定的刚性和相对稳定性,我们可以将其界定为流动资产的永久性水平。当销售发生季节性变化时,流动资产将会在永久性水平的基础上增加或减少。因此,流动资产可以被分解为两部分:永久性部分和波动性部分。检验各项流动资产变动与销售之间的相关关系,将有助于我们较准确地估计流动资产的永久性和波动性部分,便于我们进行应对流动资产需求的融资政策。

从以上分析可以看出,流动资产的永久性水平具有相对稳定性,是一种长期的资金需求,需要通过长期负债融资或权益性资金解决;而波动性部分的融资则相对灵活,最经济的办法是通过低成本的短期融资解决其资金需求,如1年期以内的短期借款或发行短期融资券等融资方式。

融资决策主要取决于管理者的风险导向,此外它还受到利率在短期、中期、长期负债之间的差异的影响。财务人员必须知道如下两种融资方式的融资成本哪个更为昂贵:一是连续地从银行或货币市场借款;二是通过获得一个固定期限贷款或通过资本市场获得资金,从而将融资成本锁定在中期或长期的利率上。

(1) 期限匹配融资战略。在期限匹配融资战略中,永久性流动资产和固定资产以长期融资方式(负债或权益)来融通,波动性流动资产用短期来源融通。这意味着,在给定的时间,企业的融资数量反映了当时的波动性流动资产的数量。当波动性资产扩张时,信贷额度也会增加以便支持企业的扩张;当资产收缩时,它们的投资将会释放出资金,这些资金将会用于弥补信贷额度的下降。

(2) 保守融资战略。在保守融资战略中,长期融资支持固定资产、永久性流动资产和某部分波动性流动资产。公司通常以长期融资来源来为波动性流动资产的平均水平融资,短期融资仅用于融通剩余的波动性流动资产。这种战略通常最小限度地使用短期融资。因为这种战略在需要时将会使用成本更高的长期负债,所以往往比其他途径具有较高的融资成本。

对短期融资的相对较低的依赖导致了较高的流动性比率,但由于总利息费用更高,这种战略也会导致利润更低。然而,如果长期负债以固定利率为基础,而短期融资方式以浮动或可变利率为基础,则利率风险可能降低。

(3) 激进融资战略。在激进融资战略中,企业以长期负债和权益为所有的固定资产融资,仅对一部分永久性流动资产使用长期融资方式融资。短期融资方式支持剩下的永久性流动资产和所有的临时性流动资产。这种战略比其他战略使用更多的短期融资。

短期融资方式通常比长期融资方式具有更低的成本,因为收益曲线在许多时候是向上倾斜的。然而,过多地使用短期融资方式会导致较低的流动比率和更高的流动性风险。

由于经济衰退、企业竞争环境的变化以及其他因素,企业必须面对业绩惨淡的经营年度。当销售下跌时,存货将不会那么快地转换成现金,这将导致现金短缺。曾经及时支付的顾客可能会延迟支付,这会进一步加剧现金短缺。企业可能会发现它对应付账款的支付已经超过信用期限。由于销售下降以及利润下跌对固定营业费用的影响,会计利润将降低。

在这种环境下,企业需要与银行重新安排短期融资协议,但此时企业对于银行来说似乎很危险。银行可能会向企业索要更高的利率,但它的分析师可能会指出企业无法支付这么高的利息,从而导致企业在关键时刻筹集不到急需的资金。

企业依靠大量的短期负债来解决资金困境,这会导致企业每年都必须更新短期负债协议进而产生更多的风险。然而,融资协议中,有许多变异的协议可以弱化这种风险。例如,多年期(通常 3~5 年)滚动信贷协议,这种协议允许企业以短期为基础进行借款。这种类型的借款协议不像传统的短期借款那样会降低流动比率。企业还可以利用衍生融资产品来对紧缩投资政策的风险进行套期保值。

(五)企业常用流动资产管理方法

1. 企业常用最佳现金持有量确定方法

(1) 成本分析模式。成本模型强调的是:持有现金是有成本的,最优的现金持有量是使得现金持有成本最小化的持有量。具体步骤为:① 根据不同现金持有量测算并确定有关成本数值;② 按照不同现金持有量及其有关成本资料编制最佳现金持有量测算表;③ 在测算表中找出总成本最低时的现金持有量,即最佳现金持有量。

（2）存货分析模式。在存货分析模式下有两项相关成本:机会成本和转换成本,我们要寻求的是两项成本之和最低时的现金持有量。这一模式的使用有如下假定:① 企业在某一段时期内需用的货币资金已事先筹措得到,并以短期有价证券的形式存放在证券公司内;② 企业对货币资金的需求是均匀、稳定、可知的,可通过分批抛售有价证券取得;③ 短期有价证券利率稳定、可知;④ 每次将有价证券变现的交易成本可知。

2. 企业应收账款管理

为了确保企业能一致性地运用信用和保证公平性,企业必须保持恰当的信用政策。企业信用政策内容主要包括信用标准和信用条件。

（1）信用标准。信用标准代表企业愿意承担的最大的付款风险的金额,通常以预期的坏账损失率来表示。如果企业执行的信用标准过于严格,可能会降低对符合可接受信用风险标准客户的赊销额,因此会限制企业的销售机会;如果企业执行的信用标准过于宽松,可能会对不符合可接受信用风险标准的客户提供赊销,因此会增加随后还款的风险并增加坏账费用。因此,制定适宜的信用标准是企业应收账款管理的重要内容。

（2）信用条件。信用条件是企业接受客户信用订单时所提出的付款要求,主要包括信用期限、折扣期限和现金折扣等。信用期限是指企业允许客户从购货到付款之间的时间间隔。折扣期限是指客户可以享受现金折扣的期限。现金折扣是企业给予客户在规定时期内提前付款能按销售额的一定比率享受折扣的优惠政策。其描述方式通常为"1/10,n/20",表示信用期限为 20 天,如客户能在 10 天内付款,可享受 1％的折扣,超过 10 天,则应在 20 天内足额付款。其中 20 天是信用期限,10 天是折扣期限,1％是现金折扣率。

3. 企业常用的存货经济批量模型

与企业存货有关的成本主要包括购置成本、变动性订货成本、变动性储存成本和允许缺货时的缺货成本。

（1）基本经济批量模型。经济批量是指能使一定时期内某项存货的相关总成本达到最小时的订货批量。经济订货模型是建立在一系列严格假设基础上的。这些假设包括:① 存货总需求量是已知常数;② 订货提前期是常数;③ 货物是一次性入库;④ 单位货物成本为常数,无批量折扣;⑤ 库存持有成本与库存水平呈线性关系;⑥ 货物是一种独立需求的物品,不受其他货物影响。

由于企业不会缺货,所以不存在存货的缺货成本,经济批量模型中的相关总成本只包括变动性订货成本和变动性储存成本。

（2）有商业折扣的经济批量模型。企业会通过设置不同程度的商业折扣来刺激客户购买更多的商品,这时购置成本随采购批量大小变动,也成为决策的一项相关成本。此时,企业确定最佳经济批量需要考虑存货的购置成本、变动性订货成本和变动性储存成本。本模型可按下述程序求最优解:① 按经济批量模型求出订货批量;② 按商业折扣条款查出与步骤① 求得的批量对应的采购单价及相关总成本;③ 按商业折扣条款中采购单价低于步骤② 求得的单价的各档次的最低批量对应的相关总成本;④ 比较各相关总成本,最低的为最优解。

二、实验目的

通过实验使学生能够综合掌握一般企业的流动资产管理的原理与思路,掌握企业常用的最佳现金持有量确定方法与分析模式、应收账款信用政策制定的内容与综合分析方法和存货经济批量确定方法与分析模式,能够熟练地运用所学理论与方法,理论与实践相结合,系统地掌握企业流动资产管理的基本操作技能,提高企业理财能力。

三、实验原理

(一)现金管理

现金管理主要是权衡其收益性和流动性,使其控制在一个最佳范围之内。最佳现金持有量确定的方法主要有成本分析模式和存货模式。

1. 成本分析模式

成本分析模式是通过分析持有现金的成本,分析确定其总成本最低时现金持有量的一种方法。运用该模型考虑的现金持有成本包括机会成本、管理成本和短缺成本。

机会成本是指企业因持有一定现金余额丧失的再投资收益,它与现金持有量呈正比例关系,即现金持有量越大,机会成本越大,反之就越少,二者之间的关系为:

$$机会成本 = 现金持有量 \times 资本成本(有价证券利息率)$$

管理成本是指企业因持有一定数量的现金而发生的管理费用。一般认为这是一种固定成本,这种固定成本在一定范围内和现金持有量之间没有明显的比例关系。

短缺成本是指在现金持有量不足,又无法及时通过有价证券变现加以补充所给企业造成的损失,它与现金持有量呈反比例关系。持有现金的成本与现金持有量的关系如图 7-1 所示。

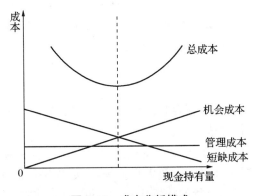

图 7-1　成本分析模式

$$最佳现金持有量 = \min(机会成本 + 管理成本 + 短缺成本)$$

2. 存货模式

在存货分析模式下有两项相关成本:机会成本和转换成本,我们要寻求的是两项成本之和最低时的现金持有量。假设,TC 为存货分析模式下的相关总成本;C 为最佳现金持有量(每次出售有价证券换回的现金数量);i 为有价证券的利息率(机会成本率);T 为一个周期内的现金总需求量;b 为每次出售有价证券的转换成本。

(1)计算现金的机会成本为:

$$机会成本 = \frac{C}{2} \times i$$

(2)计算现金与有价证券之间的转换成本为:

$$转换成本 = \frac{T}{C} \times b$$

(3)计算现金占用的相关总成本为:

$$相关总成本 = \frac{C}{2} \times i + \frac{T}{C} \times b$$

(4)根据现金占用相关总成本导数等于 0,得出最佳现金持有量为:

$$C = \sqrt{\frac{2bT}{i}}$$

(5)计算此时的相关总成本为:

$$TC = \sqrt{2bTi}$$

(二)应收账款管理

应收账款管理的目标是制定合理的信用政策,使得预计增加的收益与增加的成本之间达到均衡。企业不同信用政策下净收益确定程序如下:

(1)计算不同信用政策下的销售利润为:

$$销售利润 = 年销售额 - 变动成本 = 年赊销额 \times (1 - 变动成本率)$$

(2)计算不同信用政策下的现金折扣成本为:

$$现金折扣成本 = 赊销额 \times 享受现金折扣比例 \times 现金折扣率$$

(3)计算不同信用政策下应收账款机会成本为:

$$机会成本 = 应收账款占用资金 \times 资本成本$$
$$= 应收账款平均余额 \times 变动成本率 \times 资本成本$$
$$= 日销售额 \times 信用期间或平均收现期 \times 变动成本率 \times 资本成本$$

（4）计算不同信用政策下的坏账成本为：

$$坏账成本 = 年赊销额 \times 坏账损失率$$

（5）计算不同信用政策下净收益为：

$$净收益 = 销售利润 - 现金折扣成本 - 坏账成本 - 机会成本 - 管理成本$$

最后比较不同信用政策下的净收益,净收益最大的信用政策即为最佳的信用政策。如果只比较两种信用政策,也可以计算两种信用政策下的差额净收益,根据差额净收益的正负选择最佳信用政策。

（三）存货管理

存货管理的目标是实现存货功能与存货成本之间的平衡,此时需要考虑存货的经济批量。企业确定最佳经济批量的模型主要有基本经济批量模型和商业折扣模型。

1. 基本经济批量模型

在经济批量模型假设下不会出现缺货的情况,所以基本经济批量模型考虑的相关成本包括变动性订货成本和变动性储存成本,确定最佳经济批量即为计算使两种相关成本的总成本最低值的采购批量。假设相关总成本为 TC;存货年需用量为 A;每次订货的变动性订货成本为 P;每次订货量为 Q;存货年平均单位变动性储存成本为 C_1。

（1）计算存货的变动性订货成本为：

$$变动性订货成本 = P \times \frac{A}{Q}$$

（2）计算存货的变动性储存成本为：

$$变动性储存成本 = C_1 \times \frac{Q}{2}$$

（3）计算存货占用的相关总成本为：

$$TC = P \times \frac{A}{Q} + C_1 \times \frac{Q}{2}$$

（4）根据存货占用相关总成本导数等于 0,得出经济批量为：

$$Q = \sqrt{\frac{2PA}{C_1}}$$

（5）计算此时的相关总成本为：

$$TC = \sqrt{2PAC_1}$$

2. 商业折扣模型

如果采购时有商业折扣,此时存货的相关总成本除了基本经济批量下的变动性订货成本和变动性储存成本,还包括与存货采购价格相关的购置成本。确定在商业折扣下的经济批量是计算使三种相关成本的总成本最低时的批量。计算思路是:先计算不考虑商业折扣的经济批量,以此经济批量计算存货相关总成本,然后计算按照不同商业折扣进货批量进货时的存货相关总成本,最后比较不同订货批量下的相关总成本,最低存货相关总成本对应的订货批量即为考虑商业折扣情况的经济批量。

第二节 实验步骤

一、实验条件

(一)基础数据资料

1. 最佳现金持有量预测

(1)假定公司目前采用成本分析模式确定最佳现金持有量。根据优卡股份有限公司资料可知,公司的资本成本率是10%。公司现有甲、乙、丙、丁四种现金持有量方案,有关成本资料如表7-1所示。

表7-1 现金持有量备选方案

项 目	甲	乙	丙	丁
现金持有量	2 300 000	2 500 000	2 700 000	2 900 000
资本成本率(%)	10	10	10	10
管理成本	50 000	50 000	50 000	50 000
短缺成本	340 000	330 000	340 000	350 000

(2)假定公司目前采用存货模式确定最佳现金持有量。假定优卡股份有限公司的现金收支情况基本满足利用存货模式预测最佳现金持有量的假设条件,故可以采用存货模式预测公司的最佳现金持有量。结合以往经验可以得知公司年现金需要量略高于交易性动机需求,根据公司预算资料假定2017年公司现金总需求量为64 000 000元,根据公司资料可以得知公司资本成本率为10%,现金与有价证券之间的转换成本为每次5 000元。

2. 应收账款信用政策决策

(1)企业不提供现金折扣时的信用政策决策。根据优卡股份有限公司资料可以得知,公司目前的信用政策为60%的应收账款在销售当季收回,40%的应收账款在下一季收回,可知平均收账期为126天,没有任何现金折扣政策。根据预算资料可以得知,公司的变动成本率约为60.68%,资本成本率为10%,企业为了改变现有政策,在收账政策和固定成本总额不变的情况下,提出以下信用条件的备选方案:

A:维持原来的信用条件;

B:将信用条件放宽至 $n/150$;

C:将信用条件收紧至 $n/180$。

各备选方案下估计的年销售额、坏账损失率和收账费用等有关数据如表7-2所示。

表 7－2　信用条件备选方案

方　案	A	B	C
信用条件	$n/126$	$n/150$	$n/180$
年销售额	85 000 000	87 000 000	90 000 000
应收账款平均收账期	126	150	180
坏账损失率	1%	2%	3%
收账费用	500 000	700 000	800 000

（2）企业提供现金折扣时的信用政策决策。假定公司为了加速应收账款的回收，决定在上述最优信用政策的基础上将信用条件改为"2/50，$n/120$"，估计会有 80%的客户会利用 2%的现金折扣，坏账损失率降为 0.5%，收账费用降为 40 000 元。

3. 存货经济批量预测

（1）运用基本经济批量模型预测。假定优卡股份有限公司生产锚护机具和仪表产品所用的甲材料的有关情况满足基本经济批量模型的假设条件，而且采购时没有任何商业折扣，所以可以采用基本经济批量模型确定该材料的最佳经济批量。

根据公司预算资料可以得知，该材料的年需用量为 592.8 吨，每次订货的变动性订货成本为 5 000 元，该材料的年平均单位变动性储存成本为 2 000 元，材料采购单价 50 000 元/吨。

（2）有商业折扣的经济批量模型预测。假定优卡股份有限公司生产锚护机具和仪表产品所用的电气元件材料的有关情况满足基本经济批量模型的假设条件，而且采购时供应商提供一定数量的商业折扣，所以可以采用有商业折扣的经济批量模型确定该材料的最佳经济批量。

根据公司预算资料可以得知，该材料的年需用量为 1 307 件，每次订货的变动性订货成本为 1 200 元，该材料的年平均单位变动性储存成本为 100 元，材料采购标准单价 2 000 元。供应商提供的商业折扣条件如下：客户每批购买量小于 500 件时，按照标准价格计算；每批购买量大于等于 500 件时，价格优惠 10%。

（二）实验条件

本实验应该在配备专业工具的手工实验室或具备计算机实验条件的计算机实验室进行，应该事先准备好实验所需的最佳现金持有量计算表、应收账款信用政策决策分析表和存货经济批量计算表。本实验需要优卡股份有限公司整套的公司公章、财务专用章、法人章、财务主管印章，以及红色印台。需要配备计算器等常用计算工具，计算机实验要求安装 Excel 2003 或以上版本的软件。

（三）实验安排

本实验应该在专业实习指导教师的指导下完成，可将参加实习的学生按照人数分组，每组内不同学生分别负责现金管理并进行最佳现金持有量预测、应收账款管理并进行信用政策决策和存货管理并进行经济批量预测，最后每组都提供最佳现金持有量预测分析报告、应收账款信用政策决策分析报告和存货经济批量预测分析报告。

二、实验步骤

（一）实验一：最佳现金持有量预测实验

1. 成本分析模式

根据已知数据资料将不同方案下的现金持有量、资本成本、管理成本和短缺成本填入事先制定好的最佳现金持有量计算表中，并根据公式"机会成本＝现金持有量×资本成本"计算出持有现金的机会成本，进而计算出不同方案下的相关总成本（机会成本、管理成本和短缺成本之和），根据相关总成本最低选出最佳现金持有量方案。

2. 存货模式

根据已知数据资料将一个周期内的现金总需求量、有价证券的利息率（机会成本率）、每次出售有价证券的转换成本填入事先制定好的表格中，根据最佳现金持有量计算公式计算出最佳现金持有量，并计算出此时的相关总成本、年度现金转换次数。

（二）实验二：应收账款信用政策决策实验

1. 不存在现金折扣时的信用政策决策

根据已知数据资料填写信用政策决策分析表：

第一，计算不同信用政策下的销售利润（年销售额－变动成本）；

第二，计算不同信用政策下的应收账款机会成本；

第三，计算不同信用政策下的坏账成本；

第四，计算不同信用政策下的净收益（销售利润－机会成本－坏账成本－管理成本）；

最后比较不同信用政策下的净收益，净收益最大的信用政策即为最佳的信用政策。

2. 存在现金折扣时的信用政策决策

根据已知数据资料填写信用政策决策分析表：

第一，计算不同信用政策下的销售利润（年销售额－变动成本）；

第二，计算不同信用政策下的现金折扣成本；

第三，计算不同信用政策下的应收账款机会成本；

第四，计算不同信用政策下的坏账成本；

第五，计算不同信用政策下的净收益（销售利润－现金折扣成本－机会成本－坏账成本－管理成本）；

最后比较不同信用政策下的净收益，净收益最大的信用政策即为最佳的信用政策。

（三）实验三：存货经济批量预测实验

1. 基本经济批量模型

根据已知数据资料将存货年需用量、存货单价、每次订货的变动性订货成本和存货年平均单位变动性储存成本填入事先制定的存货经济批量计算表中，根据经济批量计算公式计算出经济批量，并计算出此时的相关总成本、年度最佳进货批次。

2. 商业折扣模型

首先,按照基本经济批量模型计算出存货经济批量,并计算出此时的存货相关总成本,然后,计算按照不同商业折扣进货批量进货时的存货相关总成本,最后,比较不同订货批量下的相关总成本,最低存货相关总成本对应的订货批量即为考虑商业折扣情况的最佳经济批量。

三、实验成果要求

(一)实验一:最佳现金持有量预测实验

分别填写在成本分析模式和存货模式下的最佳现金持有量计算表,并根据预测结果,写出最佳现金持有量预测分析报告。

(二)实验二:应收账款信用政策决策实验

分别填写不存在现金折扣和存在现金折扣情况下的信用政策决策分析表,并根据分析结果,分别写出两种情况下的应收账款信用政策决策分析报告。

(三)实验三:存货经济批量预测实验

分别填写不存在商业折扣和存在商业折扣情况下的存货经济批量计算表,并根据预测结果,分别写出两种情况下的存货经济批量预测分析报告。

第三节　实验指导

一、实验一:最佳现金持有量预测实验

(一)成本分析模式

利用成本分析模式确定最佳现金持有量的关键是首先提出备选的现金持有量方案。现金持有量备选方案的提出主要结合企业的历史资料和现金需要量的预测。机会成本可以用短期有价证券的平均收益率,短缺成本也是根据相关历史资料与决策者的主观判断,管理成本一般在一定现金持有量范围内是固定成本,在实际分析时可以不考虑。因为此模型是在有限的几个方案中选择最佳方案,而最优方案很有可能不在备选方案中,所以,很有可能漏掉最优方案,但此模式简单易懂,在实务中还是具有易懂适用性。

(二)存货模式

根据存货模式确定最佳现金持有量的关键是合理预测现金的全年需要量。如想较为准确地确定现金的全年需要量,首先要做好企业的预算工作,决策者要全面阅读企业的预算资料,尤其是有关现金的预算表,在现金预算表的基础上再根据以往的经验,确定此交易性现金需求占现金总需求的比例,从而确定全年的现金总需求量。因为此模型是在一系列严格假设基础上计算出来的,所以计算结果精确,但由于这些假设条件过于严格,

与实际情况可能不太相符,所以在实际应用中应以此计算结果为参照,再考虑实际情况加以调整。

二、实验二:应收账款信用政策决策实验

信用政策决策的标准是比较不同方案的净收益大小,所以信用政策决策分析的关键是确定赊销收入、变动成本与应收账款相关成本。在企业决策时可以用销售收入代表赊销收入,当然为了增加准确性可以借助赊销的比例确定赊销收入。现行信用政策下的销售收入可根据公司预算资料中的销售预算获得,其他信用政策下的销售收入可以根据市场情况进行销售预算。变动成本可根据预算资料中成本资料获得,坏账损失率与管理费用都可以根据以往的经验数据进行估算。

如果企业为了加速收款而提供现金折扣,还要考虑现金折扣成本,可以根据预计的享受现金折扣的人数比例和现金折扣率来计算,这些数据都可以根据市场调研资料、历史资料与经验判断得出。

三、实验三:存货经济批量预测实验

确定企业存货经济批量的关键是确定存货年需用量、采购价格、存货年平均单位变动性储存成本。存货年需用量及采购价格可以根据企业材料采购预算资料获得,存货年平均单位变动性储存成本可以根据以往资料估算。获取相关数据资料后,就可以根据基本经济批量模型公式计算出存货经济批量。如果销货方提供商业折扣,还应考虑采购价格对相关总成本的影响。

第四节　案例拓展

一、案例介绍

据统计,我国企业的物流成本占产品全部成本的 30% 左右,其中库存费用大约要占 35%,对于众多的制造业和分销商来说,不断增长的库存量已成为一种沉重的负担。企业管理者希望实现他们梦寐以求的"零库存",保证物料供应和产品分配的顺畅,实现利润最大化。怎样才能做到"零库存"?

说起"零库存",很多人马上就想起了 DL 公司。经过充分的传播,DL 公司的名声已经与"零库存"联系在一起了。DL 公司目前已经发展成为世界上最大的电脑直销商,也是全球发展最快的第二大电脑制造商。有媒体报道说:DL 公司目前已成为全球领先的计算机制造商,成功跻身于业内主要制造商之列,成为全球排名第一、增长最快的计算机公司。在美国,DL 也已经成为商业部门、政府部门、教育机构等客户市场排名第一的个人计算机供应商。在中国市场,DL 的市场地位日益强势,已成为仅次于联想的计算机供应商。

（一）DL 公司的成功之道——"直销模式"

不景气的大环境下,DL 公司却始终保持着较高的收益,并且不断增加市场份额。我们习惯于给成功者贴上"标签式"的成功秘籍,正如谈及沃尔玛成就商业王国时,"天天低价"被我们挂在嘴边;论及 DL 公司的成功之道,几乎是众口一词地归结为"直销模式"。

DL 公司的直销模式分为以下三个阶段:

第一阶段:订货阶段。在这一阶段,DL 公司要接受顾客的订单。顾客可以拨打 800 免费电话叫通 DL 公司的销售人员,直接订货。DL 公司在中国的 258 个城市设立了 109 条免费电话,顾客只要拨通订购电话,就可以向销售人员咨询 DL 公司的产品和服务,也可以对产品功能提出特殊的要求进行定制。一般情况下,销售人员会安排当地的销售代表与客户联系;在确定客户购买后,会安排付款事宜。

顾客还可以浏览 DL 公司的网站进行网上订购,只需在 DL 公司的网站上点击"买一台 DL"按钮,顾客就可以用电子方式设计定制化的计算机系统并且确定价格;然后点击"购买"按钮,就可以发出订单,并且选择网上支付方式。DL 公司在接收到订单的 5 分钟内就可以完成对顾客的数字化确认,顾客在收到确认之后可以在任何时间查看网上订单的状态。

第二阶段:生产阶段。当顾客的订单传送到生产部门后,所需的零部件清单也就自动产生,并将零部件备齐通过传送带送到装配线上。组装人员将零部件组装成计算机,然后用 DL 公司特制的测试软件进行测试,通过测试的产品送到包装车间,包装后装入相应的卡车运送给顾客。

第三阶段:发运阶段。怎样把产品发送到顾客手中呢? DL 公司采用了第三方物流。DL 公司与专业的第三方物流公司(如大海国际货运、联邦快递、美国联合包裹运送公司)签订了代理合同,由这些第三方物流公司负责 DL 公司产品的运送。在 DL 公司的厦门制造中心,大海国际货运的车队 24 小时随时待命;在马来西亚的 DL 公司生产基地,DL 公司的工作人员与联邦快递的工作人员同时作业;货物一旦发出,DL 公司的网上系统会给顾客发送一个电子邮件予以通知。

总之,DL 公司直销模式的特点是快速配送、产品定制化、低价格和备受赞誉的顾客服务。

（二）库存管理——物料的低库存与成品的零库存

迈克尔说:"人们只把目光停留在 DL 公司的直接模式上,并把这看作是 DL 公司与众不同的地方。但是直销只不过是最后阶段的一种手段。我们真正努力的方向是追求零库存运行模式。"

在库存的数量管理上,DL 公司以物料的低库存与成品的零库存而声名远播,其平均物料库存只有约 5 天。在 IT 业界,与 DL 公司最接近的竞争对手也有 10 天以上的库存,联想的库存管理是中国厂商的最高管理水平,有 22 天,业内的其他企业平均库存更是达到了 50 天左右。由于材料成本每周就会有 1％的贬值,因此库存天数对产品的成本影响很大,仅低库存一项就使 DL 公司的产品比许多竞争对手拥有了 8％左右的价格优势。

而高效率的物流配送使 DL 公司的过期零部件比例保持在材料开支总额的 0.05%～0.1% 之间,2000 年 DL 公司全年在这方面的损失为 2 100 万美元。而这一比例在 DL 公司的对手企业都高达 2%～3%,在其他工业部门更是高达 4%～5%。

当然,DL 公司的库存管理并不仅仅着眼于"低",通过双向管理其供应链,通盘考虑用户的需求与供应商的供应能力,使二者的配合达到最佳平衡点,实现"永久性库存平衡",这才是 DL 公司库存管理的最终目的。

采用符合行业标准的、模块化的产品,是 DL 公司库存管理的另一个重要内容。DL 公司很少在一个新技术或新产品刚刚出现时把它"推"向市场,而是要等到技术已经标准化、产品已经成熟时,才大规模进入市场,并力争在进入后马上成为市场的领导者。正因为如此,DL 公司大量采用符合行业标准的、开放的技术,而不是独家、封闭的技术。这一点反映在库存物料的管理上,就使得 DL 公司特别强调库存本身的标准化,要求它们符合行业的标准,并尽可能地实现模块化与可互换,以最大限度地降低重复开发的成本。

需要注意的是,当我们为 DL 公司"物料的低库存与成品的零库存"给予喝彩和掌声的同时,应该看到:DL 公司没有仓库,但是供应商在它周围有仓库。

事实上,DL 公司的工厂外边有很多配套厂家。DL 公司在网上或电话里接到订单,收了钱之后会告诉你要多长时间货可以到。在这段时间里它就有时间去对订单进行整合,对既有的原材料进行分拣,需要什么原材料就下订单给供应商,下单之后,货到了生产线上才进行产权交易,之前的库存都是供应商的。

无须讳言,DL 公司把库存的压力转移给了供应商。这是加入 DL 公司供应链的代价,也是一件两相情愿的事情。因为 DL 公司需要货物的量很大,加入 DL 公司的供应链就意味着拥有不断增长的市场和随之而来的利润。

(三)赢在超乎寻常的供应链

当然,DL 公司需要一个组织严密的供应商网络,才能按照这样的安排准点送货,才能实现物料的低库存和成品的零库存。事实上,DL 公司的成功源于其效率超乎寻常的供应链,其经常以 200% 以上的年均增长速度飞速发展。

DL 公司致力于与少数优秀的供应商合作,并努力使这种合作关系简单化。DL 公司拥有稳定的订单,而且这些订单量足够大,如一次为 1 亿美元的采购量,足以使想和 DL 公司合作的供应商动心:自己得执行 DL 公司的标准,按照 DL 公司的要求,确保迅速配送,而且这样的经营运作必须是高品质的。DL 公司之所以能围绕直销实现 JIT(just in time)生产,就是因为它有一个组织严密的供应商网络。DL 公司 95% 的物料来自这个供应网络,其中 75% 来自 40 家最大的供应商,另外 20% 来自规模略小的 20 家供应商。DL 公司几乎每天都要与这 60 家主要供应商中的每一家打交道,甚至每天要与其中的许多家打多次交道。

实际上,DL 公司每天都监控着每一个部件的供应状况。在生产运营中,如果生产线上某一部件由于需求量突然增大导致原料不足,主管人员就会立刻联系供应商,确认对方是否可能增加下一次发货的数量。如果问题涉及硬盘之类的通用部件,主管人员就会立即与后备供应商协商。如果穷尽了可供选择的所有供应渠道后,仍然没有收获,主管人员就会与公司内部的销售和营销人员磋商,通过他们的"直线订购渠道"与客户联系,争取把客户对于某些短缺部件的需求转向那些备货充足的部件。所有这些操作,都能在几个小时内完成。

（四）流程管理——电子化贯穿始终

电子工具的广泛应用是 DL 公司供应链管理的一个显著特征,DL 公司电子化的供应链系统为处于链条两端的用户和供应商分别提供了网上交易的虚拟平台。DL 公司有 90% 以上的采购程序通过互联网完成。有了与供货商的紧密沟通渠道,工厂只需要保持 2 小时的库存即可应付生产。除此之外,DL 公司还推出一个名为 valuechain. dell. com 的企业内联网,此网站堪称供货商的入门网站,供货商可以在上面看到专属其公司的材料报告,随时掌握材料品质、绩效评估、成本预算以及制造流程变更等信息。

不仅如此,"电子化"还贯穿了从供应商管理、产品开发、物料采购一直到生产、销售乃至客户关系管理的全过程。以销售管理为例,强大的管理信息系统不仅使 DL 公司能够实现成品的零库存,而且还可以大大提高物流与运输的效率。

DL 公司实施电子商务化物流后 1998 年取得的物流效果是:① 成品库存为零;② 零部件仅有 2.5 亿美元的库存量(其盈利为 168 亿美元);③ 年库存周转次数为 50 次;④ 库存期平均为 7 天;⑤ 增长速度 4 倍于市场成长速度;⑥ 增长速度 2 倍于竞争对手。

（五）DL 公司在中国

虽然从 1998 年 2 月正式进入中国市场以来,一直面对种种关于直销模式是否会水土不服的质疑,但 DL 公司用自己市场份额的提升证明了自己:从 1998 年 DL 公司在中国厦门成立中国客户中心以来,DL 公司在中国的销售额 4 年翻了 58.3 倍,1998 年销售额为 3 亿元人民币,2002 年达到了 175 亿元人民币。在中国市场,DL 公司已经成为仅次于联想的计算机供应商。

长期以来,中国一直是 DL 公司最重要的战略市场之一。进入→退出→进入,面对中国的市场机遇,DL 公司推出了一系列富有前瞻性的举措,及时满足了客户需求上的新变化。"例如,在过去的几年时间里,我们在不断拓展全线产品、满足不同客户产品需求的同时,进一步完善了 DL 公司的客户服务体系,增加了业务开展的区域范围,使更多中国客户体验到'直接经营'模式带来的价值。"原 DL 公司中国区总裁符标榜这样解释。

在国际上合作广泛的伯灵顿环球公司随 DL 公司一同进驻中国,主力承担起 DL 公司中国工厂的原材料物流供应,现在已经把即时供货的服务标准缩短到 90 分钟以内。供货时间之所以能做到这么短,一是能系统化地接收 DL 公司生产计划,二是通过自动库存管理保证货物的先进先出。伯灵顿在厦门为 DL 公司管理和运作 VMI,帮助 DL 公司(中国)实现了"真正的零库存"。这是伯灵顿环球公司成立 30 年以来,在全球 123 个国家遇到第一个真正的"零库存"企业。

与此同时,DL 公司还通过大幅提高本地采购和生产规模等手段,将中国市场全面纳入到 DL 公司的全球业务体系中。DL 公司在北京、上海及深圳等地相继开设了国际采购据点(IPO),通过与国内供应商的紧密合作,为 DL 公司全球工厂开辟出一条更加有效的供货途径。DL 公司已经深深扎根于中国,成为带动中国信息技术产业发展的一支重要力量。

二、问题的提出

(1)"零库存"是不是意味着没有库存? DL 公司的"零库存"运行模式的精髓在哪里?

(2)企业里推行"零库存"运行模式需要什么条件?

(3)在中国的电脑卖场选购时,常看到 DL 公司产品与其他品牌的电脑摆在一起待价而沽,你怎么看待这个问题?

第八章 财务成果分配实验

第一节 实验基础

一、实验知识点

企业年度决算后实现的利润总额,要在国家、企业的所有者和企业之间进行分配。利润分配关系着国家、企业、职工及所有者各方面的利益,是一项政策性较强的工作,必须严格按照国家的法规和制度执行。利润分配的结果,形成了国家的所得税收入、投资者的投资报酬和企业的留用利润等不同的项目,其中企业的留用利润是指盈余公积金、公益金和未分配利润。由于税法具有强制性和严肃性,缴纳税款是企业必须履行的义务,从这个意义上看,财务管理中的利润分配,主要指企业的净利润分配,利润分配的实质就是确定给投资者分红与企业留用利润的比例。

（一）利润分配的原则

1. 依法分配原则

为规范企业的利润分配行为,国家制定和颁布了若干法规,这些法规规定了企业利润分配的基本要求、一般程序和重大比例。企业的利润分配必须依法进行,这是正确处理企业各项财务关系的关键。

2. 分配与积累并重原则

企业的利润分配,要正确处理长期利益和近期利益这两者的关系,坚持分配与积累并重。企业除按规定提取法定盈余公积金以外,可适当留存一部分利润作为积累,这部分未分配利润仍归企业所有者所有。这部分积累的净利润不仅可以为企业扩大生产筹措资金,增强企业发展能力和抵抗风险的能力,同时,还可以供未来年度进行分配,起到以丰补歉、平抑利润分配数额波动、稳定投资报酬率的作用。

3. 兼顾职工利益原则

企业的净利润归投资者所有,是企业的基本制度。但企业职工不一定是企业的投资者,净利润就不一定归他们所有,而企业的利润是由全体职工的劳动创造的,他们除了获得工资和奖金等劳动报酬以外,还应该以适当的方式参与净利润的分配,如在净利润中提取公益金,用于企业职工的集体福利设施支出。公益金是所有者权益的一部分,职工对这些福利设施具有使用权并负有保管之责,但没有所有权。

4. 投资与收益对等原则

企业利润分配应当体现"谁投资谁收益"、收益大小与投资比例相适应,即投资与收益对等原则,这是正确处理企业与投资者利益关系的立足点。投资者因投资行为,以出资额依法享有利润分配权,就要求企业在向投资者分配利润时,要遵守公开、公平、公正的"三公"原则,不搞幕后交易,不帮助大股东侵蚀小股东利益,一视同仁地对待所有投资者,任何人不得以在企业中的其他特殊地位谋取私利,这样才能从根本上保护投资者的利益。

(二)利润分配的程序

根据我国《公司法》等有关规定,企业当年实现的利润总额应按国家有关税法的规定作相应的调整,然后依法交纳所得税。交纳所得税后的净利润按下列顺序进行分配。

1. 弥补以前年度的亏损

企业可供分配的利润是本年净利润加年初未分配利润,如果可供分配的利润小于零,则不能进行后续的分配,只有可供分配的利润大于零时,企业才能进行后续分配。

2. 提取法定盈余公积金

可供分配的利润大于零是计提法定盈余公积金的必要条件。法定盈余公积金以净利润扣除以前年度亏损为基数,按 10% 提取。企业以前年度亏损未弥补完,不得提取法定盈余公积金。

3. 提取任意盈余公积金

任意盈余公积金是根据企业发展的需要自行提取的公积金,其提取基数与计提盈余公积金的基数相同,计提比例由股东会根据需要决定。

4. 向股东(投资者)支付股利(分配利润)

提取法定盈余公积和任意盈余公积后,公司根据股东会决定的利润分配方案中的股利分配政策,在下年度分季度向股东等额支付股利。

(三)利润分配制约因素

企业在确定利润分配政策时,应当考虑各种相关因素的影响,主要包括法律、公司、股东及其他因素。

1. 法律因素

为了保护债权人和股东的利益,法律规定就公司的利润分配作出如下规定:

(1)资本保全约束。规定公司不能用资本(包括实收资本或股本和资本公积)发放股利,目的在于维持企业资本的完整性,保护企业完整的产权基础,保障债权人的利益。

(2)资本积累约束。规定公司必须按照一定的比例和基数提取各种公积金,股利只能从企业的可供分配利润中支付。

(3)超额累积利润约束。由于资本利得与股利收入的税率不一致,如果公司为了避税而使得盈余的保留大大超过了公司目前及未来的投资需要时,将被加征额外的税款。

(4)偿债能力约束。要求公司考虑现金股利分配对偿债能力的影响,确定在分配后仍能保持较强的偿债能力,以维持公司的信誉和借贷能力,从而保证公司的正常资金周转。

2. 公司因素

(1) 现金流量。公司在进行利润分配时,要保证正常的经营活动对现金的需求,以维持资金的正常周转,使生产经营得以有序进行。

(2) 资产的流动性。企业现金股利的支付会减少其现金持有量,降低资产的流动性,而保持一定的资产流动性是企业正常运转的必备条件。

(3) 盈余的稳定性。一般来讲,公司的盈余越稳定,其股利支付水平也就越高。

(4) 投资机会。如果公司的投资机会多,对资金的需求量大,那么它就很可能会考虑采用低股利支付水平的分配政策;反之,公司就很可能倾向于采用较高的股利支付水平。

(5) 筹资因素。如果公司具有较强的筹资能力,随时能筹集到所需资金,那么它会具有较强的股利支付能力。

(6) 其他因素。由于股利的信号传递作用,公司不宜经常改变其利润分配政策,应保持一定的连续性和稳定性。

3. 股东因素

(1) 控制权。企业支付较高的股利导致留存收益的减少,当企业为有利可图的投资机会筹集所需资金时,发行新股的可能性增大,新股东的加入必然稀释公司的控制权。所以,股东会倾向于较低的股利支付水平,以便从内部的留存收益中取得所需资金。

(2) 稳定的收入。如果股东以现金股利维持生活,他们往往要求企业能够支付稳定的股利,而反对过多的留存。

(3) 避税。由于股利收入的税率要高于资本利得的税率,一些高股利收入的股东处于避税的考虑而往往倾向于较低的股利支付水平。

4. 其他因素

(1) 债务契约。一般来说,为了保证自己的利益不受侵害,债权人通常都会在债务契约、租赁合同中加入关于借款企业股利政策的限制条款。

(2) 通货膨胀。企业往往不得不考虑留用一定的利润,以便弥补由于购买力下降而造成的固定资产重置资金缺口。因此,在通货膨胀时期,企业一般会采取偏紧的利润分配政策。

(四) 股利分配理论

企业的股利分配方案既取决于企业的股利政策,又取决于决策者对股利分配的理解与认识,即股利分配理论。股利分配理论是指人们对股利分配的客观规律的科学认识与总结,其核心问题是股利政策与公司价值的关系问题。市场经济条件下,股利分配要符合财务管理目标。人们对股利分配与财务管理目标之间关系的认识存在不同的流派与观念,还没有一种被大多数人所接受的权威观点和结论。但主要有以下两种较流行的观点。

1. 股利无关论

股利无关论认为股利分配对公司的市场价值(或股票价格)不会产生影响。这一理论建立在这样一些假定之上:不存在个人或公司所得税;不存在股票的发行和交易费用(即不存在股票筹资费用);公司的投资决策与股利决策彼此独立(即投资决策不受股利分配的影响);公司的投资者和管理当局可相同地获得关于未来投资机会的信息。上述假定描述的是一种完美无缺的市场,因而股利无关论又被称为完全市场理论。股利无关论认为:第一,投资者并不关心公司股利的分配,若公司留存较多的利润用于再投资,会导致公司股票价格上升,此时尽管股利较低,但需用现金的投资者可以出售股票换取现金。若公司发放较多的股利,投资者又可以用现金再买入一些股票以扩大投资。也就是说,投资者对股利和资本利得并无偏好。第二,股利的支付比率不影响公司的价值,既然投资者不关心股利的分配,公司的价值就完全由其投资的获利能力所决定,公司的盈余在股利和保留盈余之间的分配并不影响公司的价值(即使公司有理想的投资机会而又支付了高额股利,也可以募集新股,新投资者会认可公司的投资机会)。

2. 股利相关理论

与股利无关理论相反,股利相关理论认为,企业的股利政策会影响股票价格和公司价值。主要观点有以下几种:

(1)"手中鸟"理论。该理论认为,用留存收益再投资给投资者带来的收益具有较大的不确定性,并且投资的风险随着时间的推移会进一步加大,因此,厌恶风险的投资者会偏好确定的股利收益,而不愿将收益留存在公司内部,去承担未来的投资风险。该理论认为公司的股利政策与公司的股票价格是密切相关的,即当公司支付较高的股利时,公司的股票价格会随之上升,公司价值将得到提高。

(2)信号传递理论。该理论认为,在信息不对称的情况下,公司可以通过股利政策向市场传递有关公司未来获利能力的信息,从而会影响公司的股价。一般来讲,预期未来获利能力强的公司,往往愿意通过相对较高的股利支付水平吸引更多的投资者。对于市场上的投资者来讲,股利政策的差异或许是反映公司预期获利能力的有价值的信号。如果公司连续保持较为稳定的股利支付水平,那么投资者会对公司未来的盈利能力与现金流量抱有乐观的预期。如果公司的股利支付水平突然发生变动,那么股票市价也会对这种变动作出反应。

(3)所得税差异理论。该理论认为,由于普遍存在的税率和纳税时间的差异,资本利得收入比股利收入更有助于实现收益最大化目标,公司应当采用低股利政策。一般来说,对资本利得收入征收的税率低于对股利收入征收的税率;再者,即使两者没有税率上的差异,由于投资者对资本利得收入的纳税时间选择更具有弹性,投资者仍可以享受延迟纳税带来的收益差异。

(4)代理理论。该理论认为,股利政策有助于减缓管理者与股东之间的代理冲突,即股利政策是协调股东与管理者之间代理关系的一种约束机制。该理论认为,股利的支付能够有效地降低代理成本。首先,股利的支付减少了管理者对自由现金流量的支配权,这在一定程度上可以抑制公司管理者的过度投资或在职消费行为,从而保护外部投资者的利益;其次,较多的现金股利发放,减少了内部融资,导致公司进入资本市场寻求外部融资,从而公司将接受资本市场上更多的、更严格的监督,这样便通过资本市场的监督减少了代理成本。因此,高水平的股利政策降低了企业的代理成本,但同时增加了外部融资成本,理想的股利政策应当使两种成本之和最小。

（五）常见股利政策

1. 剩余股利政策

剩余股利政策是指公司在有良好的投资机会时，根据目标资本结构，测算出投资所需的权益资本额，先从盈余中留用，然后将剩余的盈余作为股利来分配，即净利润首先满足公司的资金需求，如果还有剩余，就派发股利；如果没有，则不派发股利。采用剩余股利政策时，公司要遵循如下四个步骤：

（1）设定目标资本结构，在此资本结构下，公司的加权平均资本将达到最低水平；

（2）确定公司的最佳资本预算，并根据公司的目标资本结构预计资金需求中所需增加的权益资本数额；

（3）最大限度地使用留存收益来满足资金需求中所需增加的权益资本数额；

（4）留存收益在满足公司权益资本增加需求后，若还有剩余再用来发放股利。

剩余股利政策的优点：留存收益优先保证再投资的需要，有助于降低再投资的资金成本，保持最佳的资本结构，实现企业价值的长期最大化。

剩余股利政策的缺陷：若完全遵照执行剩余股利政策，股利发放额就会每年随着投资机会和盈利水平的波动而波动。在盈利水平不变的前提下，股利发放额与投资机会的多寡呈反方向变动；而在投资机会维持不变的情况下，股利发放额将与公司盈利呈同方向波动。剩余股利政策不利于投资者安排收入与支出，也不利于公司树立良好的形象，一般适用于公司初创阶段。

2. 固定或稳定增长的股利政策

固定或稳定增长的股利政策是指公司将每年派发的股利额固定在某一特定水平或是在此基础上维持某一固定比率逐年稳定增长。公司只有在确信未来盈余不会发生逆转时才会宣布实施固定或稳定增长的股利政策。

固定或稳定增长股利政策的优点：① 由于股利政策本身的信息含量，稳定的股利向市场传递着公司正常发展的信息，有利于树立公司的良好形象，增强投资者对公司的信心，稳定股票的价格。② 稳定的股利额有助于投资者安排股利收入和支出，有利于吸引那些打算进行长期投资并对股利有很高依赖性的股东。③ 稳定的股利政策可能会不符合剩余股利理论，但考虑到股票市场会受多种因素影响（包括股东的心理状态和其他要求），为了将股利维持在稳定的水平上，即使推迟某些投资方案或暂时偏离目标资本结构，也可能比降低股利或股利增长率更为有利。

固定或稳定增长股利政策的缺点：股利的支付与企业的盈利相脱节，即不论公司盈利多少，均要支付固定的或按固定比率增长的股利，这可能会导致企业资金紧缺，财务状况恶化。此外，在企业无利可分的情况下，若依然实施固定或稳定增长的股利政策，也是违反《公司法》的行为。

3. 固定股利支付率政策

固定股利支付率政策是指公司将每年净利润的某一固定百分比作为股利分派给股东。

固定股利支付率的优点：① 采用固定股利支付率政策，股利与公司盈余紧密地配合，体现了"多盈多分、少盈少分、无盈不分"的股利分配原则。② 采用固定股利支付率政策，公司每年按固定的比例从税后利润中支付现金股利,从企业的支付能力的角度看,这是一种稳定的股利政策。

固定股利支付率的缺点:① 大多数公司每年的收益很难保持稳定不变,导致年度间的股利额波动较大,由于股利的信号传递作用,波动的股利很容易给投资者带来经营状况不稳定、投资风险较大的不良印象,称为公司的不利因素。② 容易使公司面临较大的财务压力。这是因为公司实现的盈利多,并不能代表公司有足够的现金流用来支付较多的股利额。③ 合适的固定股利支付率的确定难度比较大。

4. 低正常股利加额外股利政策

低正常股利加额外股利政策,是指公司事先设定一个较低的正常股利额,每年除了按正常股利额向股东发放股利外,还在公司盈余较多、资金较为充裕的年份向股东发放额外股利。

低正常股利加额外股利政策的优点:① 赋予公司较大的灵活性,使公司在股利发放上留有余地,并具有较大的财务弹性。② 使那些依靠股利度日的股东每年至少可以得到虽然较低但比较稳定的股利收入,从而吸引住这部分股东。

低正常股利加额外股利政策的缺点:① 由于年份之间公司盈利的波动使得额外股利不断变化,造成分派的股利不同,容易给投资者收益不稳定的感觉。② 当公司在较长时间持续发放额外股利后,可能会被股东误认为"正常股利",一旦取消,传递出的信号可能会使股东认为这是公司财务状况恶化的表现,进而导致股价下跌。

(六)股利支付形式与程序

1. 股利支付形式

股利支付形式可以分为不同的种类,主要有以下四种:

(1)现金股利。现金股利,是以现金支付的股利,它是股利支付的最常见的方式。公司选择发放现金股利除了要有足够的留存收益外,还要有足够的现金,而现金充足与否往往会成为公司发放现金股利的主要制约因素。

(2)财产股利。财产股利,是以现金以外的其他资产支付的股利,主要是以公司所拥有的其他公司的有价证券,如债券、股票等,作为股利支付给股东。

(3)负债股利。负债股利,是以负债方式支付的股利,通常以公司的应付票据支付给股东,有时也以发放公司债券的方式支付股利。

财产股利和负债股利实际上是现金股利的替代,但这两种股利支付形式在我国公司实务中很少使用。

(4)股票股利。股票权利,是公司以增发股票的方式所支付的股利,我国实务中通常也称其为"红股"。股票股利对公司来说,并没有现金流出企业,也不会导致公司的财产减少,而只是将公司的留存收益转化为股本。但股票权利会增加流通在外的股票数量,同时降低股票的每股价值。它不改变公司股东权益总额,但会改变股东权益的构成。

发放股票股利虽不直接增加股东的财富,也不增加公司的价值,但对股东和公司都有特殊意义。

对股东来讲,股票股利的优点主要有:① 派发股票股利后,理论上每股市价会成比例下降,但实务中这并非必然结果。因为市场和投资者普遍认为,发放股票股利往往预示着公司会有较大的发展和成长,这样的信息传递会稳定股价或使股价下降比例减少甚至不降反升,股东便可以获得股票价值相对上升的好处。② 由于股利收入和资本利得税率的差异,如果股东把股票股利出售,还会给其带来资本利得纳税上的好处。

对公司来讲,股票股利的优点主要有:① 发放股票股利不需要向股东支付现金,在再投资机会较多的情况下,公司就可以为再投资提供成本较低的资金,从而有助于公司的发展。② 发放股票股利可以降低公司股票的市场价格,既有利于促进股票的交易和流通,又有利于吸引更多的投资者成为公司股东,进而使股权更为分散,有效地防止公司被恶意控制。③ 股票股利的发放可以传递公司未来发展前景良好的信息,从而增强投资者的信心,在一定程度上稳定股票价格。

2. 股利支付程序

公司股利的发放必须遵守相关的要求,按照日程安排来进行。一般情况下,先由董事会提出分配预案,然后提交股东大会决议通过才能进行分配。股东大会决议通过分配预案后,要向股东宣布发放股利的方案,并确定股权登记日、除息日和股利发放日。

(1)股利宣告日,即股东大会决议通过并由董事会将股利支付情况予以公告的日期。公告中将宣布每股应支付的股利、股权登记日、除息日以及股利支付日。

(2)股权登记日,即有权领取本期股利的股东资格登记截止日期。凡是在此指定日期收盘之前取得公司股票,成为公司在册股东的投资者都可以作为股东享受公司分派的股利。在这一天之后取得股票的股东则无权领取本次分派的股利。

(3)除息日,即领取股利的权利与股票分离的日期。在除息日之前购买的股票才能领取本次股利,而在除息日当天或是以后购买的股票,则不能领取本次股利。由于失去了"付息"的权利,除息日的股票价格会下跌。

(4)股利发放日,即公司按照公布的分红方案向股权登记日在册的股东实际支付股利的日期。

二、实验目的

通过本章实验使学生熟悉企业利润分配的相关基础知识和基本理论,掌握企业利润分配的程序及利润分配政策,尤其是股份制公司的股利政策的制定,并能够熟练编制企业利润分配表。

三、实验原理

企业股利政策的选择取决于影响股利分配政策的影响因素、企业自身的盈利和财务状况及未来投融资的需求。

企业在利润分配时,应注意以下几个方面问题:

(1)按我国财务和税务制度的规定,企业的年度亏损,可以由下一年度的税前利润弥补,下一年度税前利润尚不足于弥补的,可以由以后年度的利润继续弥补,但用税前利润弥补以前年度亏损的连续期限不超过 5 年。5 年内弥补不足的,用本年税后利润弥补。

（2）法定盈余公积金以净利润扣除以前年度亏损为基数,按 10％提取。当企业法定盈余公积金达到注册资本的 50％时,可不再提取。

（3）任意盈余公积金提取比例由股东大会决议。

（4）股份有限公司当年无利润时,不得向股东分配股利,但在用盈余公积金弥补亏损后,经股东大会特别决议,可以按照不超过股票面值 6％的比例用盈余公积金分配股利,在分配股利后,企业法定盈余公积金不得低于注册资本金的 25％。

（5）股东按照实缴的出资比例分取红利,但是,全体股东约定不按照出资比例分取红利的除外。股份有限公司按照股东持有的股份比例分配,但股份有限公司章程规定不按持股比例分配的除外。

第二节　实验步骤

一、实验条件

（一）基础数据资料

（1）2016 年优卡股份有限公司资产负债表、利润表。

（2）2017 年优卡股份有限公司销售预算、销售和管理费用预算、预计资产负债表、预计利润表、现金预算表。

（二）实验条件

本实验应该在配备专业工具的手工实验室或具备计算机实验条件的计算机实验室进行,应该事先准备好实验所需的利润分配表。本实验需要优卡股份有限公司整套的公司公章、财务专用章、法人章、财务主管印章,以及红色印台。本实验需要配备计算器等常用计算工具,计算机实验要求安装 Excel 2003 或以上版本的软件。

（三）实验安排

本实验应该在专业实习指导教师的指导下完成,可将参加实习的学生按照人数分组,每组内学生讨论确定企业所应采取的股利政策,并根据讨论结果,每位同学提供一份利润分配表及相关分析报告。

二、实验步骤

先根据优卡股份有限公司 2015—2016 年相关经营与分配资料,并结合公司 2017 年的相关预算资料,选择企业最合适的股利分配政策,再根据国家《公司法》中利润分配的相关规定并结合企业实际情况,确定企业预计的可供分配的利润、计提的法定盈余公积金、任意盈余公积、普通股股利等项目完成 2017 年预计利润分配表。

三、实验成果要求

首先确定适合企业的股利分配政策,并分析确定的依据,形成分析报告。

根据要求计算并填写 2017 年优卡股份有限公司预计利润分配表。

第三节 实验指导

利润分配关系着国家、企业、职工及所有者各方面的利益,是一项政策性较强的工作,必须严格按照国家的法规和制度执行。企业选择利润分配方案时要综合考虑影响利润分配的因素、企业的现状与发展规划,发挥相关分配政策的优点,保证企业的平稳发展、股价的稳定和企业资金的充分性。

编制利润分配表时,首先应明确该公司的利润分配程序,其次应参阅公司有关财务报告数据及预算资料,并结合公司的财务管理制度及公司章程,最后计算相关数据完成利润分配表。

第四节 案例拓展

一、案例介绍

(一) 事件背景

2002 年年初,YY 公司公布分红方案每 10 股派现 6 元,王文京现金分红 3 321 万。大股东王文京成为最大获益者。

王文京、苏启强于 1988 年成立的北京市海淀区双榆树 YY 财务软件服务社,最初的注册资本为 5 万元人民币。后于 1990 年 3 月正式组建为有限责任公司,同时更名为 YY 公司。

1995 年 1 月 18 日,YY 公司组建成立 YY 集团公司,注册资本增加至 2 000 万元人民币。

1999 年 12 月 6 日,YY 公司由有限责任公司变更为股份有限公司,注册资本最终增至 7 500 万元人民币。

2001 年 5 月 18 日,YY 公司(600588)作为中国证券市场上第一家核准制下发行的股票,以每股 36.68 元的价格发行,上市当天该股最高摸至 100 元,收盘价 92 元,创下中国证券市场新纪录,王文京个人身价一度超过 50 亿元人民币。

中国软件业的风云人物王文京再一次成了媒体聚焦的对象。作为 2001 年第一家核准制上市公司 YY(600588)的最大股东,他在上市第一年的 0.6 元(含税)分红中得到了 3 321 万元的红利。根据计算,YY 公司出资 8 000 多万元的大股东,一年分得红利 4 500 万元,回报率高达 54%，不到两年就能收回投资。而出资 20 个亿的流通股股东分得红利 1 500 万元，回报率只有 1.6%，需要 133 年才能收回投资。

（二）分红资料（见表 8-1）

表 8-1　分红资料

分红年度	分配方案			公告日期	股权登记日	除权除息日	除权除息交易起始日	公告类型
	每 10 股送红股	每 10 股转赠股	每 10 股派现金					
2003		2.00	3.75	2004-05-15	2004-05-19	2004-05-20	2004-05-21	实施方案
2002		2.00	6.00	2003-06-30	2003-07-03	2003-07-04	2003-07-07	实施方案
2001			6.00	2002-05-15	2002-05-21	2002-05-22		实施方案
2001				2001-08-15				董事会预案

（三）YY 公司决定股利分配政策主要考虑问题

（1）股东的利益；

（2）过多的现金分配；

（3）配股要求；

（4）市场信心。

二、问题的提出

请分析 YY 公司选择现金股利政策的理由及其影响。

附　录

附录1　实验参考答案

第三章　财务分析实验参考答案

优卡股份有限公司 2016 年度财务分析报告

企业名称:优卡股份有限公司

企业负责人:王大伟

主管财务工作负责人:万宇航

财务机构负责人:黄华

编报人:刘莉

公司地址:山东省泰安市高新区南天街 50 号

联系电话:0538 - 8922999

编制时间:2016 年 12 月 31 日

一、资产负债表分析参考答案

(一)资产负债表水平分析

资产负债表垂直分析如附表 1-1 所示。

附表 1-1　资产负债表水平分析表

单位:元

资　产	期末余额	年初余额	变动情况		对总资产的影响%
			差异额	差异率%	
流动资产:					
货币资金	29 721 849.8	29 000 000.8	721 849	2.49	1.23
交易性金融资产	44 400	54 400	−10 000	−18.38	−0.02
应收票据	1 053 000	1 000 000	53 000	5.3	0.09
应收账款		234 000.	−234 000	−100	0.4
预付账款	240 000	40 000	200 000	500	0.34

资 产	期末余额	年初余额	变动情况		对总资产的影响%
			差异额	差异率%	
应收利息	6 000	6 000	0	0	0
其他应收款	454 716	54 716	400 000	731.05	0.68
存货	13 270 543.26	5 270 543.26	8 000 000	157.79	13.64
流动资产合计	44 790 509.06	35 659 660.06	9 130 849	25.61	15.57
非流动资产:					
可供出售金融资产	44 000	60 000	−16 000	−26.67	−0.03
持有至到期投资	304 860	34 860	270 000	774.53	0.46
长期应收款		50 000	−50 000	−100	−0.09
长期股权投资	6 170 000	1 170 000	5 000 000	427.35	8.53
投资性房地产					
固定资产	11 162 340	21 162 340	−10 000 000	−47.25	−17.05
在建工程					
工程物资					
固定资产清理					
无形资产	595 000	500 000	95 000	19	0.16
开发支出					
商誉					
长期待摊费用					
递延所得税资产					
其他非流动资产					
非流动资产合计	18 276 200	22 977 200	−4 701 000	−20.46	−8.02
资产合计	63 066 709.06	58 636 860.06	4 429 849	7.55	7.55
负债及所有者权益	期末余额	年初余额	变动情况		对总资产的影响%
			差异额	差异率%	
流动负债:					
短期借款	2 000 000	600 000	1 400 000	233.33	2.39
交易性金融负债					
应付票据	137 260	37 260	100 000	268.38	0.17
应付账款	1 483 900	3 000 000	−1 516 100	−50.54	2.59
预收账款	200 000	1 200 000	−1 000 000	−83.33	1.71
应付职工薪酬	1 899 970	1 899 970	0	0	0
应交税费	159 405.52	59 405.52	100 000	168.33	0.17
应付利息					
应付股利					
其他应付款	170 000	70 000	100 000	142.86	0.17
一年内到期的非流动负债					
流动负债合计	6 050 535.52	6 866 635.52	−816 100	−11.89	−1.39
非流动负债:					
长期借款	5 900 000	2 900 000	3 000 000	103.45	5.12

负债及所有者权益	期末余额	年初余额	变动情况		对总资产的影响%
			差异额	差异率%	
应付债券	1 043 740	1 000 740	43 000	4.30	0.07
长期应付款		1 356 668	-1 356 668	-100	2.31
专项应付款					
预计负债					
递延所得税负债					
其他非流动负债					
非流动负债合计	6 943 740	5 257 408	1 686 332	32.08	2.88
负债合计	12 994 275.52	12 142 043.52	852 232	7.02	1.45
所有者权益					
股本	44 000 000	44 000 000	0	0	0
资本公积	817 970	647 370	170 600	26.35	0.29
减:库存股					
盈余公积	1 865 446.35	865 446.54	999 999.81	115.55	1.71
未分配利润	3 389 017.19	1 000 000	2 389 017.19	238.9	4.07
所有者权益合计	50 072 433.54	46 512 816.54	3 559 617	7.65	6.07
负债及所有者权益合计	63 066 709.06	58 636 860.06	4 429 849	7.55	7.55

资产负债表垂直分析说明如下：

本公司总资产本期增加 4 429 849 元,增长度为 7.55%,说明本公司本年资产规模有较大幅度增长。进一步分析结果如下：

(1)非流动资产变化较大,非流动资产合计减少-4 701 000 元,降低幅度为-20.46%,对总资产的影响为-8.02%。其中:可供出售金融资产减少-16 000 元,降低幅度为-26.67%。对总资产的影响为 0.03%,持有至到期投资增加 270 000 元,对总资产的影响为 0.46%。长期股权投资增加 5 000 000 元,增长幅度为 427.35%,对总资产的影响为 8.53%,说明该公司的长期股权投资增长幅度较大。关注长期股权投资的核算是否符合相关规定,这种变化是由于新的投资行为引起,还是由于被投资单位的所有者权益发生变化引起的,如果是前者说明公司的对外投资扩张,如果是后者说明被投资单位的盈利水平较高,要关注这种变化对该公司造成的影响。固定资产减少-10 000 000 元,减少幅度-47.25%,总资产规模下降了-17.05%,是非流动资产中对总资产变动最大的项目。固定资产规模体现了一个企业的生产能力,但仅仅根据固定资产净值的变化不能得出企业生产能力上升或下降的结论,应根据公司的具体情况分析固定资产减少的具体原因。

(2)流动资产增加 9 130 849 元,增长幅度 25.61%,对总资产规模影响为 15.57%。该公司的资产流动性有所增强,特别是存货的大幅度增加,增长额为 8 000 000 元,增长幅度157.79%,对总资产的影响为 13.64%,是流动资产中变动最大的项目,对增强企业的偿债能力,满足资产流动性需要时有利的。但是,应根据公司的具体情况进一步分析其变化的具体原因。所持货币资产资金比上年增加 721 849 元,持有的货币资金数量巨大,应根据公司的具体情况进一步分析大量持有货币资金的具体原因。应收票据增加 53 000 元,增长幅度为 5.3%,应收账款减少 234 000 元,减少幅度达 100%,对此应结合企业的销售规模变动、信用政策和收账政策进行评价。2016 年的销售收入增长 3.87%,但是应收款账减少和应收票据增加幅不大,一方面说明本公司的销售形势比较好,应关注这种增长是由什么原因造成的,如果是产品符合市场需要,那企业要注重产品质量,做好售后服务,保持市场增长势头;另一方面,公司要不断开发新产品,探讨好的销售政策,使销售收入大幅度增长。其他应收款项目增加 400 000 元,增长幅度 731.05%,对总资产规模的影响为 0.68%。该项目变化较大,应根据公司的具体情况进一步分析具体原因。

(3) 该公司权益总额较上年同期增加 3 559 617 元,增长幅度 7.65%,说明本公司本年权益总额有较大幅度的增加,进一步分析,本年度负债增加 852 232 元,增长幅度为 7.02%,使权益总额增长了 1.45%。其中,流动负债降低 816 100 元,降低 13.56%,主要是应付账款和预收账款的大幅降低和短期借款、应付票据、应交税费和其他应付款大幅上升综合造成的;非流动负债增加 1 686 332 元,增长 32.08%,主要是长期借款和应付债券增加引起的,长期借款增长 3 000 000 元,应付债券增长 43 000 元。长期应付款减少 -1 356 668 元。本年度所有者权益增加了 3 559 617 元,增长幅度 7.65%,对总权益的影响为 6.07%,主要是资本公积、盈余公积和未分配利润大幅增加引起的。权益各项目的变动既可能是企业经营活动造成的,也可能是企业会计政策变更造成的,或者由于会计的灵活性、随意性造成的,应结合权益各项目变动情况的分析,才能揭示权益总额的变动真正原因。

(二) 资产负债表垂直分析

资产负债表垂直分析如附表 1-2 所示。

附表 1-2　资产负债表垂直分析表

单位:元

资　产	期末余额	年初余额	期末%	期初%	变动情况%
流动资产:					
货币资金	29 721 849.8	29 000 000.8	47.13	49.46	-2.33
交易性金融资产	44 400	54 400	0.07	0.09	-0.02
应收票据	1 053 000	1 000 000	1.67	1.71	-0.04
应收账款		234 000	0	0.4	-0.04
预付账款	240 000	40 000	0.38	0.07	0.31
应收利息	6 000	6 000	0.01	0.01	0
其他应收款	454 716	54 716	0.72	0.09	0.63
存货	13 270 543.26	5 270 543.26	21.04	8.99	12.05
流动资产合计	44 790 509.06	35 659 660.06	71.02	60.81	10.21
非流动资产:					
可供出售金融资产	44 000	60 000	0.08	0.1	-0.02
持有至到期投资	304 860	34 860	0.48	0.06	0.42
长期应收款		50 000			
长期股权投资	6 170 000	1 170 000	9.78	2.00	7.78
投资性房地产					

资　产	期末余额	年初余额	期末％	期初％	变动情况％
固定资产	11 162 340	21 162 340	17.70	36.09	−18.39
在建工程					
工程物资					
固定资产清理					
无形资产	595 000	500 000	0.94	0.85	0.09
开发支出					
商誉					
长期待摊费用					
递延所得税资产					
其他非流动资产					
非流动资产合计	18 276 200	22 977 200	28.98	39.19	−10.21
资产合计	63 066 709.06	58 636 860.06	100	100	0.00
负债及所有者权益 （或股东权益）	期末余额	年初余额	期末％	期初％	变动情况％
流动负债：					
短期借款	2 000 000	600 000	3.17	1.02	2.15
交易性金融负债					
应付票据	137 260	37 260	0.22	0.06	0.16
应付账款	1 483 900	3 000 000	2.35	5.12	−2.77
预收账款	200 000	1 200 000	0.32	2.05	−1.73
应付职工薪酬	1 899 970	1 899 970	3.01	3.24	−0.23
应交税费	159 405.52	59 405.52	0.25	0.1	0.15
应付利息					
应付股利					
其他应付款	170 000	70 000	0.27	0.12	0.15
一年内到期的非流动负债					
流动负债合计	6 050 535.52	6 866 635.52	9.6	11.71	−2.11
非流动负债：					
长期借款	5 900 000	2 900 000	9.36	4.95	4.41
应付债券	1 043 740	1 000 740	1.65	1.71	−0.06
长期应付款		1 356 668		2.31	−2.31
专项应付款					
预计负债					
递延所得税负债					
其他非流动负债					
非流动负债合计	6 943 740	5 257 408	11.01	8.97	2.04
负债合计	12 994 275.52	12 142 043.52	20.61	20.71	−0.1
所有者权益：					
股本	44 000 000	44 000 000	69.77	75.04	−5.27
资本公积	817 970	647 370	1.30	1.10	0.2
减：库存股					

负债及所有者权益 （或股东权益）	期末余额	年初余额	期末％	期初％	变动情况％
盈余公积	1 865 446.35	865 446.54	2.96	1.48	1.48
未分配利润	3 389 017.19	1 000 000	5.37	1.71	3.66
所有者权益合计	50 072 433.54	46 512 816.54	79.39	79.32	0.07
负债及所有者权益合计	63 066 709.06	58 636 860.06	100	100	0

资产负债表垂直分析说明如下。

1. 资产结构分析

（1）从静态角度分析，根据资产结构，通过与行业的平均水平或可比企业的资产结构进行比较，说明该公司资产流动性和资产风险情况，进而对资产合理性作出评价。本期流动资产比重达 71.02％，非流动资产比重达 28.98％，可以认为该公司资产的流动性中等，资产风险中等。

（2）从动态角度分析，该公司流动资产比重上升了 10.21％，非流动资产比重下降了 −10.21％，结合各资产项目的结构变动来看，说明该公司的资产流动性增强，资产风险有所降低，变动幅度不是很大，资产结构相对比较稳定。

2. 资本结构分析

（1）从静态分析，该公司所有者权益比重为 79.39％，负债比重为 20.61％，资产负债率较低，财务风险不高。这样的财务结构是否合适，还要结合企业盈利能力，通过权益结构优化分析才能说明。

（2）从动态分析，所有者权益比重上升了 0.07％，负债比重下降了 −0.1％，表明该公司资本结构比较稳定，财务实力略有上升。

二、利润表分析参考答案

（一）利润表水平分析

利润表水平分析如附表 1−3 所示。

附表 1−3　利润表水平分析表

单位：元

项　目	本期金额	上期金额	增减额	增减率（％）
一、营业收入	80 580 000	77 580 000	3 000 000	3.87
减：营业成本	61 584 683.94	60 140 000	1 444 683.94	2.40
营业税金及附加	1 040 650	900 000	140 650	15.63
销售费用	1 702 150	1 702 000	150	0.01
管理费用	4 993 316.13	4 933 310	6.13	0.000 1
财务费用（收益以"−"号填列）	7 109 000.20	7 500 000	−390 999.80	−5.21
资产减值损失				

项　目	本期金额	上期金额	增减额	增减率(%)
加:公允价值变动净收益 （损失以"－"号表示）	17 000	－500 000	517 000	1.034
投资收益（亏损以"－"号填列）	27 010	－300 000	327 010	1.09
二、营业利润（亏损以"－"号填列）	4 194 209.73	1 544 690	2 649 519.73	171.52
加:营业外收入	303 000	303 000	0	0
减:营业外支出	957 925	47 690	910 235	1 908.65
三、利润总额（亏损总额以"－"号填列）	3 539 284.73	1 800 000	1 739 284.73	96.63
减:所得税费用	884 821.19	450 000	434 821.19	96.63
四、净利润（净亏损以"－"号填列）	2 654 463.54	1 350 000	1 304 463.54	96.63
（一）基本每股收益				
（二）稀释每股收益				

利润表水平分析表说明如下：

（1）净利润分析:2016 年净利润 2 654 463.54 元,比去年上升了 1 304 463.54 元,增长率 96.63%。公司净利润上升主要是利润总额比上年上升了 1 739 284.73 元,所得税上升了 434 821.19 元,共同作用,导致净利润上升了 1 304 463.54 元。

（2）利润总额分析:本公司利润总额上升了 1 739 284.73 元,关键原因是营业利润上升了 2 649 519.73 元;此外营业外支出增加了 910 235 元,增长幅度 1 908.65%。两者共同作用,导致利润总额上升了 1 739 284.73 元。

（3）营业利润分析:本公司营业利润比上年上升 2 649 519.73 元,增长率 171.52%,原因主要是营业收入大幅增长 3 000 000 元,营业成本、营业税金及附加、销售费用和管理费用有所增长,同时财务费用大幅降低综合造成的,相抵使营业利润上升 2 649 519.73 元。

（二）利润表垂直分析

利润表垂直分析如附表 1-4 所示。

附表 1-4　利润表垂直分析表

单位:元

项　目	本期金额	上期金额	本期(%)	上期(%)	变动情况(%)
一、营业收入	80 580 000	77 580 000	100	100	
减:营业成本	61 584 683.94	60 140 000	76.43	77.52	－1.09
营业税金及附加	1 040 650	900 000	1.29	1.16	0.13
销售费用	1 702 150	1 702 000	2.11	2.19	－0.08
管理费用	4 993 316.13	4 993 310	6.20	6.44	－0.24
财务费用 （收益以"－"号填列）	7 109 000.20	7 500 000	8.82	9.67	－0.85
资产减值损失					
加:公允价值变动净收益 （损失以"－"号表示）	17 000	－500 000	0.02	－0.64	0.66
投资收益 （亏损以"－"号填列）	27 010	－300 000	0.03	－0.39	0.42

项 目	本期金额	上期金额	本期(%)	上期(%)	变动情况(%)
二、营业利润 (亏损以"-"号填列)	4 194 209.73	1 544 690	5.21	1.99	3.22
加:营业外收入	303 000	303 000	0.38	0.39	-0.01
减:营业外支出	957 925	47 690	1.19	0.06	1.13
三、利润总额 (亏损总额以"-"号填列)	3 539 284.73	1 800 000	4.39	2.32	2.07
减:所得税费用	884 821.19	450 000	1.10	0.58	0.52
四、净利润 (净亏以"-"号填列)	2 654 463.54	1 350 000	3.29	1.74	1.55
(一)基本每股收益					
(二)稀释每股收益					

利润表垂直分析说明如下:

本公司各项财务成果的构成:其中,营业利润占营业收入的5.21%,比上年1.99%上升了3.22%;本年利润总额比重为4.39%,比上年2.32%上升了2.07%;净利润比重3.29%,比上年1.74%上升了1.55%。可见,从企业利润的构成看,盈利能力比上年有所增强。从营业利润结构增长看,主要是营业成本、营业税金、销售费用结构下降所致,说明营业成本及税金和销售费用下降是提高营业利润比重的根本原因。但是利润总额结构增长的原因,主要是受营业利润影响,此外,营业外支出增长幅度较大。净利润结构上升主要是受利润总额影响,次外,所得税的比重上升了0.52%,给净利润带来不利影响。公司的营业成本占营业收入的比重高达76.43%,应结合公司的制造成本的构成项目进一步分析具体原因。

三、财务效率指标分析表参考答案

利润表水平分析如附表1-5所示。

附表1-5　财务效率指标分析表

评价内容	主要指标	2016年	2015年	变动情况
偿债能力	流动比率	7.37	5.19	2.18
	速动比率	5.18	4.43	0.75
	现金比率	4.92	4.23	0.69
	资产负债率	20.60%	20.71%	-0.11%
	产权比率	25.95%	26.10%	-0.15
	利息保障倍数	1.49	1.24	0.25
营运能力 (假设2015年年初的相应资产保持不变)	存货周转率	6.64	4.11	2.53
	应收账款周转率	28.19	23.6	4.59
	流动资产周转率	2	2.17	-0.17
	固定资产周转率	4.99	5.12	-0.13
	总资产周转率	1.32	1.296	0.03

评价内容	主要指标	2016 年	2015 年	变动情况
盈利能力 (净资产收益率和后面综合财务分析中的不同属于小数点保留位数不同引起的误差)	销售净利率	3.29%	1.74%	1.55%
	营业收入利润率	4.40%	2.32%	2.08%
	净资产收益率	5.47%	2.94%	2.53%
	成本费用净利率	3.50%	1.79%	1.71%
	总资产报酬率	17.50%	15.66%	1.84%
	每股收益	0.06	0.031	0.05
	每股净资产	1.138	1.06	0.078
增长能力	股东权益增长率	7.65%	2.76%	4.89%
	资产增长率	7.55%	−2.54%	10.09%
	销售增长率	3.87%	2.15%	1.72
	净利润增长率	96.62%	69.01%	27.61%

财务效率分析说明如下：

偿债能力分析：总的来说，该公司偿债能力较强。流动比率、速动比率和现金比率较高，说明短期偿债能力较强，并且比上年有所增强；资产负债率和产权比率较低，说明长期偿债能力较强，利息保证倍数比上年有所上升，但是上升幅度不大，该公司利息保证倍数偏低。

营运能力分析：本期的营运能力比上年变化不大，说明本公司资产的流动性较强，并且利用资产的效率利用较好，企业获得预期收益的可能性上升。企业应重点关注资产管理水平，挖掘资产利用的潜力，提高企业资产营运能力，进而提高企业的收益水平。

盈利能力分析：本公司盈利能力较低，销售净利率、营业收入利润率和成本费用净利率均一般，但是净资产收益率和总资产报酬率的上升趋势，说明资产规模的扩大是低效率的。企业应关注资产的利用效率。每股收益降低，说明每股创造净利润的能力降低，但有所上升幅度不是很大。每股净资产有所提高，说明股东拥有的资产现值有所提高，主要是由于未分配利润增加引起的。

增长能力分析：资产增长率略高于权益增长率，说明资产的增长主要来源于企业盈利的增加。资产增长的同时，销售增长率上升说明企业销售情况较好，企业应进一步开拓市场，扩大销售。正常情况下，一个企业的销售增长率应高于其资产增长率，只有在这种情况下，才能说明企业在销售方面具有良好的成长性。净利润增长率有所上升，说明公司本期利润增长，收益增加。总之，企业的增长情况比较好。一般而言，只有一个企业的股东权益增长率、资产增长率、销售增长率、收益增长率保持同步增长，且不低于行业平均水平，才可以判断这个企业具有良好的发展能力。

四、财务综合分析参考答案

净资产收益率计算公式为：

$$净资产收益率 = 销售净利率 \times 总资产周转率 \times 权益乘数$$

2015 年优卡股份有限公司净资产收益率计算数据(基期)：

销售净利率 $=\dfrac{1\,350\,000}{77\,580\,000}\times100\%=1.74\%$

总资产周转率 $=\dfrac{77\,580\,000}{(60\,164\,189+58\,636\,860.06)\div2}=1.30$

权益乘数 $=\dfrac{58\,636\,860.06}{46\,512\,816.54}=1.260\,7$

净资产收益率 $=1.74\%\times1.30\times1.260\,7=2.85\%$

2016 年优卡股份有限公司净资产收益率计算数据(分析期):

销售净利率 $=\dfrac{2\,654\,463.54}{80\,580\,000}\times100\%=3.29\%$

总资产周转率 $=\dfrac{80\,580\,000}{(58\,636\,860.06+63\,066\,709.06)\div2}=1.32$

权益乘数 $=\dfrac{63\,066\,709.06}{50\,072\,433.54}=1.259\,5$

净资产收益率 $=3.29\%\times1.32\times1.259\,5=5.47\%$

(小数点保留位数不同引起误差)

连环替代法:

分析对象:$5.47\%-2.85\%=2.62\%$

第一次替代销售净利率:$3.29\%\times1.30\times1.260\,7=5.392\%$

第二次替代总资产周转率:$3.29\%\times1.32\times1.260\,7=5.48\%$

第三次替代权益乘数:$3.29\%\times1.32\times1.259\,5=5.47\%$

销售净利率发生变动对净资产收益率的影响:$5.39\%-2.85\%=2.54\%$

总资产周转率发生变动对净资产收益率的影响:$5.48\%-5.39\%=0.09\%$

权益乘数发生变动对净资产收益率的影响:$5.47\%-5.48\%=-0.01\%$

检验分析结果:$2.54\%+0.09\%-0.01\%=2.62\%$

差额分析法:

销售净利率发生变动对净资产收益率的影响:$(3.29\%-1.74\%)\times1.30\times1.260\,7=2.54\%$

总资产周转率发生变动对净资产收益率的影响:$3.29\%\times(1.32-1.30)\times1.260\,7=0.08\%$

权益乘数发生变动对净资产收益率的影响:$3.29\%\times1.32\times(1.259\,5-1.260\,7)=0.01\%$

检验分析结果:$2.54\%+0.08\%-0.01\%=2.61\%$

(财务综合分析报告略)

五、案例拓展参考答案

(一)财务报表各项目分析

以时间距离最近的 2003 年度的报表数据为分析基础。

1. 资产分析

（1）首先公司资产总额达到530多亿，规模很大，比2002年增加了约11％，2002年比2001年约增加2％，这与华能2003年的一系列收购活动有关，从中也可以看出企业加快了扩张的步伐。

其中绝大部分的资产为固定资产，这与该行业的特征有关。从会计报表附注可以看出固定资产当中发电设施的比重相当高，约占固定资产92.67％。

（2）应收账款余额较大，却没有提取坏账准备，不符合谨慎性原则。

会计报表附注中说明公司对其他应收款的坏账准备的记提采用按照其他应收款余额的3％计提，账龄分析表明占其他应收款42％的部分是属于2年以上没有收回的账款。根据我国的税法规定，外商投资企业2年以上未收回的应收款项可以作为坏账损失处理，这部分应收款的可回收性值得怀疑，应此仍然按照3％的比例记提坏账不太符合公司的资产现状，2年以上的其他应收款共计87 893 852元，坏账准备记提过低。

（3）无形资产为负，报表附注中显示主要是因为负商誉的缘故，华能国际从其母公司华能集团手中大规模地进行收购电厂的活动，将大量的优质资产纳入囊中，华能国际在这些收购活动中收获颇丰。华能国际1994年10月在纽约上市时只拥有大连电厂、上安电厂、南通电厂、福州电厂和汕头燃机电厂这五座电厂，经过9年的发展，华能国际已经通过收购华能集团的电厂，扩大了自己的规模。但由于收购当中的关联交易的影响，使得华能国际可以低于公允价值的价格收购华能集团的资产，因此而产生了负商誉，这是由于关联方交易所产生的，因此进行财务报表分析时应该剔除这一因素的影响。

（4）长期投资。我们注意到公司2003年长期股权投资有一个大幅度的增长，这主要是因为2003年4月华能收购深能25％的股权以及深圳能源集团和日照发电厂投资收益的增加。

2. 负债与权益分析

华能国际在流动负债方面比2002年年底有显著下降，主要是由于偿还了部分到期借款。

华能国际的长期借款主要到期日集中在2004年和2011年以后，在这2年左右公司的还款压力较大，需要筹集大量的资金，需要保持较高的流动性，以应付到期债务，这就要求公司对于资金的筹措做好及时地安排。其中将于一年内到期的长期借款有2 799 487 209元，公司现有货币资金1 957 970 492元，因此存在一定的还款压力。

华能国际为在三地上市的公司，在国内发行A股3.5亿股，其中向大股东定向配售1亿股法人股，这部分股票是以市价向华能国电配售的，虽然《意向书》有这样一句话："华能国际电力开发公司已书面承诺按照本次公开发行确定的价格全额认购，该部分股份在国家出台关于国有股和法人股流通的新规定以前，暂不上市流通。"但是考虑到该部分股票的特殊性质，流通的可能性仍然很大。华能国际的这种筹资模式，在1998年3月增发外资股的时候也曾经使用过，在这种模式下，一方面，华能国际向大股东买发电厂，而另一方面，大股东又从华能国际买股票，实际上双方都没有付出太大的成本，仅通过这个手法，华能国际就完成了资产重组的任务，同时还能保证大股东的控制地位没有动摇。

3. 收入与费用分析

(1) 华能国际的主要收入来自于通过各个地方或省电力公司为最终用户生产和输送电力而收取的扣除增值税后的电费收入。根据每月月底按照实际上网电量或售电量的记录在向各电力公司控制与拥有的电网输电之时发出账单并确认收入。应此,电价的高低直接影响到华能国际的收入情况。随着我国电力体制改革的全面铺开,电价由原来的计划价格逐步向"厂网分开,竞价上网"过渡,电力行业的垄断地位也将被打破,因此再想获得垄断利润就很难了。国内电力行业目前形成了电监会、五大发电集团和两大电网的新格局。五大发电集团将原来的国家电力公司的发电资产划分成了五份,在各个地区平均持有,现在在全国每个地区五大集团所占有的市场份额均在20%左右。华能国际作为五大发电集团之一的华能国际的旗舰,通过不断地收购母公司所属电厂,增大发电量抢占市场份额,从而形成规模优势。

(2) 由于华能国际属于外商投资企业,享受国家的优惠税收政策,因此而带来的税收收益约为4亿元。

(3) 2003比2002年收入和成本有了大幅度的增加,这主要是由于上述收购几家电厂纳入了华能国际的合并范围所引起的。但是从纵向分析来看,虽然收入比去年增加了26%,但主营业务成本增加了25%,主营业务税金及附加增加了27.34%,管理费用增加了35%,均高于收入的增长率,说明华能国际的成本仍然存在下降空间。

(二) 比率分析(见附表1-6)

附表1-6　华能国际财务比率分析表

指　标	2003-12-31	2002-12-31	2001-12-31
流动性比率			
流动比率	1.01	0.88	1.07
速动比率	0.91	0.77	1
长期偿债能力			
资产负债率	0.33	0.38	0.42
债务对权益比率	0.26	0.31	0.35
利息保障倍数	12.5	9.09	5.26
运营能力			
应收账款周转率	9.96	9.91	12.6
存货周转率	19.41	13.32	13.97
总资产周转率	0.46	0.39	0.34
获利能力			
资产收益率(%)	12.71	8.56	9.35
权益回报率(%)	15.87	10.11	12.31
销售毛利率	28.85	27.83	27.96
销售净利率	23.24	21.8	22.99
净资产收益率	18.56	14	15.71

1. 流动性比率

公司2001—2003年流动比率先降后升,但与绝对标准2∶1有很大差距与行业平均水平约1.35左右也有差距,值得警惕,特别是2004年是华能还款的一个小高峰,到期的借款比较多,必须要预先做好准备。公司速动比率与流动比率发展趋势相似。并且 2003 年数值 0.91 接近于 1,与行业标准也差不多,表明存货较少,这与电力行业特征也有关系。

2. 资产管理比率

公司资产管理比率数值 2002 年比 2001 年略有下降,2003 年度最高,其中,存货周转率 2003 年度超过行业平均水平,说明管理存货能力增强,物料流转加快,库存不多。应收账款周转率远高于行业平均水平,说明资金回收速度快,销售运行流畅。公司 2003 年资产总计增长较快,销售收入净额增长也很快,所以资产周转率呈快速上升趋势,在行业中处于领先水平,说明公司的资产使用效率很高,规模的扩张带来了更高的规模收益,呈现良性发展。

3. 负债比率

公司负债比率逐年降低主要是因为公司成立初期举借大量贷款和外债进行电厂建设,随着电厂相继投产获利,逐渐还本付息使公司负债比率降低,也与企业不断的增资扩股有关系。并且已获利息倍数指标发展趋势较好,公司有充分能力偿还利息及本金。长期偿债能力在行业中处于领先优势。

4. 获利能力比率

公司获利能力指标数值基本上均高于行业平均水平,并处于领先地位,特别是资产收益率有相当大的领先优势。各项指标显示在 2002 年比 2001 年略有下降,这可能与煤炭等资源的大幅度涨价有关。而 2003 年有了大幅度的增长,这说明公司 2003 年的并购等一系列举措获得了良好效果和收益。

第四章　预算管理实验参考答案

优卡股份有限公司 2017 年度预算报告

企业名称:优卡股份有限公司
企业负责人:王大伟
主管财务工作负责人:万宇航
财务机构负责人:黄华
编报人:刘莉
公司地址:山东省泰安市高新区南天街 50 号
联系电话:0538 - 8922999
编制时间:2016 年 12 月 31 日

一、优卡股份有限公司 2017 年预算报告参考答案

优卡股份有限公司 2017 年度相关预算报表如附表 1-7～附表 1-21 所示。

附表 1－7　优卡股份有限公司 2017 年度销售预算

金额单位:元

项　目		一季度	二季度	三季度	四季度	全　年
预计销售量	锚护机具	40	30	30	30	130
	仪表	30	20	30	20	100
预计销售单价	锚护机具	500 000	500 000	500 000	500 000	500 000
	仪表	200 000	200 000	200 000	200 000	200 000
预计销售收入	锚护机具	20 000 000	15 000 000	15 000 000	15 000 000	65 000 000
	仪表	6 000 000	4 000 000	6 000 000	4 000 000	20 000 000
	合计	26 000 000	19 000 000	21 000 000	19 000 000	85 000 000

附表 1－8　优卡股份有限公司 2017 年度预计现金收入计算表

金额单位:元

项　目	一季度	二季度	三季度	四季度	全　年
期初应收账款	170 600				170 600
一季度现金收入	15 600 000	10 400 000			26 000 000
二季度现金收入		11 400 000	7 600 000		19 000 000
三季度现金收入			12 600 000	8 400 000	21 000 000
四季度现金收入				11 400 000	19 000 000
现金收入合计	15 770 600	21 800 000	20 200 000	19 800 000	77 570 600

附表 1－9　优卡股份有限公司 2017 年度生产预算

项　目		一季度	二季度	三季度	四季度	全　年
预计销售量	锚护机具	40	30	30	30	130
	仪表	30	20	30	20	100
预计期末存货量	锚护机具	3	3	3	3	3
	仪表	2	3	2	4	4
预计需求量	锚护机具	43	33	33	33	133
	仪表	32	23	32	24	104
期初存货量	锚护机具	13	3	3	3	13
	仪表	9	2	3	2	9
预计生产量	锚护机具	30	31	29	30	120
	仪表	23	21	29	22	95

附表 1－10　优卡股份有限公司 2017 年度直接材料需用量预算

项　目			一季度	二季度	三季度	四季度	全　年
锚护机具	材料单耗	甲材料	4	4	4	4	4
		乙材料	2	2	2	2	2
		丙材料	1	1	1	1	1
		电气元件	3	3	3	3	3
	预计生产量		30	31	29	30	120

		甲材料	120	124	116	120	480
	预计生产需要量	乙材料	60	62	58	60	240
		丙材料	30	31	29	30	120
		电气元件	90	93	87	90	360
仪表	材料单耗	甲材料	1.2	1.2	1.2	1.2	1.2
		乙材料	0.5	0.5	0.5	0.5	0.5
		丙材料	0.2	0.2	0.2	0.2	0.2
		电气元件	12	12	12	12	12
	预计生产量		23	21	29	22	95
	预计生产需要量	甲材料	27.6	25.2	34.8	26.4	114
		乙材料	11.5	10.5	14.5	11	47.5
		丙材料	4.6	4.2	5.8	4.4	19
		电气元件	276	252	348	264	1 140

附表 1-11　优卡股份有限公司 2017 年度直接材料采购预算

金额单位:元

	项　目	一季度	二季度	三季度	四季度	全　年
甲材料	材料采购单价	50 000	50 000	50 000	50 000	50 000
	锚护机具需用量	120	124	116	120	480
	仪表需用量	27.6	25.2	34.8	26.4	114
	材料总需用量	147.6	149.2	150.8	146.4	594
	加:期末存料量	14.92	15.08	14.62	16.8	16.8
	减:期初存料量	18	14.92	15.08	14.62	18
	本期采购量	144.52	149.36	150.34	148.58	592.8
	材料采购成本	7 226 000	7 468 000	7 517 000	7 429 000	29 640 000
乙材料	材料采购单价	46 000	46 000	46 000	46 000	46 000
	锚护机具需用量	60	62	58	60	240
	仪表需用量	11.5	10.5	14.5	11	47.5
	材料总需用量	71.5	72.5	72.5	71	287.5
	加:期末存料量	7.25	7.25	7.1	8	8
	减:期初存料量	51	7.25	7.25	7.1	51
	本期采购量	27.75	72.5	72.35	71.90	244.5
	材料采购成本	1 276 500	3 335 000	3 328 100	3 307 400	11 247 000
丙材料	材料采购单价	10 000	10 000	10 000	10 000	10 000
	锚护机具需用量	30	31	29	30	120
	仪表需用量	4.6	4.2	5.8	4.4	19
	材料总需用量	34.6	35.2	34.8	34.4	139
	加:期末存料量	3.52	3.48	3.44	3.8	3.8
	减:期初存料量	0	3.52	3.48	3.44	0
	本期采购量	38.12	35.16	34.76	34.76	142.8
	材料采购成本	381 200	351 600	347 600	347 600	1 428 000

项　目		一季度	二季度	三季度	四季度	全　年
电气元件	材料采购单价	2 000	2 000	2 000	2 000	2 000
	锚护机具需用量 仪表需用量	90 276	93 252	87 348	90 264	360 1 140
	材料总需用量 加：期末存料量 减：期初存料量	366 34.5 250	345 43.5 34.5	435 35.4 43.5	354 57 35.4	1 500 57 250
	本期采购量	150.5	354	426.9	375.6	1 307
	材料采购成本	301 000	708 000	853 800	751 200	2 614 000
预计材料采购成本合计		9 184 700	11 862 600	12 046 500	11 835 200	44 929 000

附表 1-12　优卡股份有限公司 2017 年度直接材料采购现金支出计算表

金额单位:元

项　目	一季度	二季度	三季度	四季度	全　年
期初应付账款	1 483 900				1 483 900
一季度现金支出	5 510 820	3 673 880			9 184 700
二季度现金支出		7 117 560	4 745 040		11 862 600
三季度现金支出			7 227 900	4 818 600	12 046 500
四季度现金支出				7 101 120	7 101 120
现金支出合计	6 994 720	10 791 440	11 972 940	11 919 720	41 678 820

附表 1-13　优卡股份有限公司 2017 年度直接人工预算

金额单位:元

项　目		一季度	二季度	三季度	四季度	全　年
锚护机具	单位产品工时定额 预计生产量	60 30	60 31	60 29	60 30	60 120
	直接人工总工时(小时)	1 800	1 860	1 740	1 800	7 200
	单位工时直接人工成本	120	120	120	120	120
	直接人工成本小计	216 000	223 200	208 800	216 000	864 000
仪表	单位产品工时定额 预计生产量	100 23	100 21	100 29	100 22	100 95
	直接人工总工时(小时)	2 300	2 100	2 900	2 200	9 500
	单位工时直接人工成本	60	60	60	60	60
	直接人工成本小计	138 000	126 000	174 000	132 000	570 000
直接人工成本合计		354 000	349 200	382 800	348 000	1 434 000

附表 1 - 14 优卡股份有限公司 2017 年度制造费用预算

金额单位:元

变动制造费用		固定制造费用	
间接材料	2 200 000	管理人员工资	1 800 000
间接人工	2 400 000	折旧费	2 688 000
维修费	3 500 000	办公费	1 200 000
其他	250 000	保险费	500 000
		租赁费	600 000
		其他	1 500 000
合 计	8 350 000		
直接人工工时总数	16 700	合 计	8 288 000
锚护机具	7 200	减:折旧费	2 688 000
仪表	9 500		
变动制造费用分配率:		现金支出合计	5 600 000
锚护机具＝4 554 600÷7 200≈632.58≈633(元/小时)		各季支出数＝5 600 000÷4＝1 400 000(元)	
仪表＝3 795 400÷9 500≈399.52≈399(元/小时)			

附表 1 - 15 优卡股份有限公司 2017 年度制造费用现金支出预算

金额单位:元

项 目		一季度	二季度	三季度	四季度	全 年
变动制造费用分配率	锚护机具	633	633	633	633	633
	仪表	399	399	399	399	399
直接人工工时	锚护机具	1 800	1 860	1 740	1 800	7 200
	仪表	2 300	2 100	2 900	2 200	9 500
	小计	4 100	3 960	4 640	4 000	16 700
变动制造费用	锚护机具	1 139 400	1 177 380	1 101 420	1 136 400	4 554 600
	仪表	917 700	837 900	1 157 100	882 700	3 795 400
	小计	2 057 100	2 015 280	2 258 520	2 019 100	8 350 000
固定制造费用		1 400 000	1 400 000	1 400 000	1 400 000	5 600 000
现金支出合计		3 457 100	3 415 280	3 658 520	3 419 100	13 950 000

附表 1 - 16 优卡股份有限公司 2017 年度产品单位成本及期末存货预算(锚护机具)

金额单位:元

项 目	单 价	单 耗	单位成本
直接材料			
甲材料	50 000	4	200 000
乙材料	46 000	2	92 000
丙材料	10 000	1	10 000
电气元件	2 000	3	6 000
小计	—	—	308 000
直接人工	120	60	7 200
变动制造费用	632.58	60	37 955
预计单位变动生产成本			353 155

续 表

项 目	单 价	单 耗	单位成本
期末存货预算	期末存货量		3
	单位变动生产成本		353 155
	期末存货额		1 059 465

附表 1-17 优卡股份有限公司 2017 年度产品单位成本及期末存货预算（仪表）

金额单位:元

项 目	单 价	单 耗	单位成本
直接材料			
甲材料	50 000		60 000
乙材料	46 000	1.2	23 000
丙材料	10 000	0.5	2 000
电气元件	2 000	0.2	24 000
小计	—	12	109 000
直接人工	60	100	6 000
变动制造费用	399.52	100	39 952
预计单位变动生产成本			154 952
期末存货预算	期末存货量		4
	单位变动生产成本		154 952
	期末存货额		619 808

附表 1-18 优卡股份有限公司 2017 年度销售及管理费用预算

金额单位:元

费用明细项目		预算金额
变动费用	销售佣金	1 000 000
	办公费	100 000
	运输费	200 000
	其他	200 000
	小计	3 500 000
固定费用	广告费	5 000 000
	管理人员薪金	800 000
	办公费	400 000
	保险费	300 000
	其他	320 000
	小计	6 820 000
预计销售及管理费用合计		10 320 000

减:折旧费	1 080 000
预计销售及管理费用全年现金支出总额:	9 240 000
销售及管理费用每季现金支出总额:	2 310 000

附表 1-19　优卡股份有限公司 2017 年度现金预算

单位:元

项　目	一季度	二季度	三季度	四季度	全　年
期初现金余额	29 551 249.80				29 551 249.80
加:现金收入					
销货现金收入	15 770 600	21 800 000	20 200 000	19 800 000	77 570 600
可动用现金合计	45 321 849.80				107 121 849.80
减:现金支出					
直接材料	6 994 720	10 791 440	11 972 940	11 919 720	41 678 820
直接人工	354 000	349 200	382 800	348 000	1 434 000
制造费用	3 457 100	3 415 280	3 658 520	3 419 100	13 950 000
销售及管理费用	2 310 000	2 310 000	2 310 000	2 310 000	9 240 000
支付所得税	238 228	238 228	238 228	238 228	952 912
支付股利	100 000	100 000	100 000	100 000	400 000
购置固定资产	15 000 000				15 000 000
现金支出合计	28 454 048				82 655 732
现金余绌	16 867 780.18				24 466 117.80
资金筹集与运用					
向银行借款(年利率 10%)*	10 000 000	5 000 000			15 000 000
归还银行借款			−8 000 000	−7 000 000	−15 000 000
支付借款利息			−600 000	−575 000	−1 175 000
期末现金余额	26 867 780.18				23 291 117.80

附表 1-20　优卡股份有限公司 2017 年度预计利润表

单位:元

项　目	一季度	二季度	三季度	四季度	全　年
预计销售收入	26 000 000	19 000 000	21 000 000	19 000 000	85 000 000
减:变动成本					
变动生产成本	18 774 760	13 693 690	15 243 210	13 693 690	61 405 350
边际利润总额	7 225 240	5 306 310	5 756 790	5 306 310	23 594 650
减:期间成本					
固定制造费用	2 072 000	2 072 000	2 072 000	2 072 000	8 288 000
销售及管理费用	2 771 000	2 469 000	2 611 000	2 469 000	10 320 000
财务费用(利息)			600 000	575 000	1 175 000
税前利润	2 382 240	765 310	473 790	190 310	3 811 650
减:所得税	238 228	238 228	238 228	238 228	952 912
税后利润	2 144 012	527 082	235 562	−47 918	2 858 738

附表 1-21　优卡股份有限公司 2017 年度预计资产负债表

单位:元

资　产	年初余额	期末余额	负债和所有者权益	年初余额	年末余额
流动资产:			流动负债:		
货币资金	29 721 849.80		短期借款	2 000 000	
交易性金融资产	44 400		交易性金融负债		

资　产	年初余额	期末余额	负债和所有者权益	年初余额	年末余额
应收票据	1 053 000		应付票据	137 260	
应收账款	170 600		应付账款	1 483 900	
预付账款	240 000		预收账款	200 000	
应收利息	6 000		应付职工薪酬	1 899 970	
其他应收款	454 716		应交税费	159 405.52	
存货	13 270 543.26		应付利息		
流动资产合计	44 619 909.06		应付股利		
非流动资产:			其他应付款	170 000	
可供出售金融资产	44 000		一年内到期的非流动负债		
持有至到期投资	304 860		流动负债合计	6 050 535.52	
长期应收款			非流动负债:		
长期股权投资	6 170 000		长期借款	5 900 000	
投资性房地产			应付债券	1 043 740	
固定资产	11 162 340		长期应付款		
在建工程			专项应付款		
工程物资			预计负债		
固定资产清理			递延所得税负债		
无形资产	595 000		其他非流动负债		
开发支出			非流动负债合计	6 943 740	
商誉			负债合计	12 994 275.52	
长期待摊费用			所有者权益:		
递延所得税资产			股本	44 000 000	
其他非流动资产			资本公积	817 970	
非流动资产合计	18 276 200		减:库存股		
			盈余公积	1 865 446.35	
			未分配利润	3 389 017.19	
			所有者权益合计	50 072 433.54	
资产合计	63 066 709.06		负债及所有者权益合计	63 066 709.06	

二、案例拓展参考答案

(一)案例 4 - 1 参考答案

(1)从表 4 - 1 可以看出 Disney 销售收入不断增长;从表 4 - 2 可见,公司每年都巨额的资本支出需求。因此,公司仅靠内部筹资是不够的,公司要保持适宜的资本结构,必须对外筹资。

(2)从长期债券比重指标可以看出,Disney 的长期负债水平基本保持在 30% 左右。而 1996 年由于对美国广播公司的并购,使负债水平超过了 40%。但此后的 1997 年至 2000 年这四年,Disney 每年都通过增加股权融资逐步偿还债务,降低负债比率。2000 年的负债水平达到了最低,这为 2001 年并购福克斯公司创造了良好的财务条件。公司 2001 年不但回购股票,而且还重新增加了长期负债筹资,从而使并购得以顺利进行。

（3）从筹资角度看，该案例给予我们如下启示：其一，外部筹资取决于收入和资本需求的增长；其二，企业扩张必须保持适宜的长期负债比率；其三，投资需求与筹资活动必须匹配；其四，为确保并购成功，并购前应进行合理的财务运作。

（二）案例 4-2 参考答案

（1）编制现金预算依据的子预算有表 4-6、表 4-9、表 4-11、表 4-12、表 4-14、表 4-16。

（2）该公司是否需要再赊购商品取决于其净现金流量，即现金预算的编制结果，见附表 1-22。附表 1-22 中的数据显示，该公司前三个季度的现金充裕，而第四个季度出现了现金短缺，但数额不大，只有 4 000 多元。解决的方案建议如下：与银行协商第四季度还款 60 000 元；或者第四季度增加赊购商品金额；如果持有有价证券，也可将其出售变现。

附表 1-22　现金预算

2017 年度　　　　　　　　　　　　　　　　　　　　　　　金额单位：元

季　度	第一季度	第二季度	第三季度	第四季度	全年
期初现金余额	45 000	28 933.80	64 180	67 030	45 000
现金流入：					
销售现金收入	60 000	102 000	92 000	87 000	341 000
借款	70 000				70 000
现金流入合计	130 000	102 000	92 000	87 000	411 000
现金支出：					
直接材料	16 267.20	22 036.80	22 224	20 548.80	81 076.80
直接人工	4 650	8 700	6 075	6 675	26 100
制造费用	9 649	13 917	11 151	11 783	46 500
销售及管理费	4 000	4 600	4 200	4 300	17 100
购置设备	94 000		28 000		122 000
支付所得税	17 500	17 500	17 500	17 500	70 000
支付借款				70 000	70 000
支付借款利息				7 287	7 287
现金支出合计	146 066.20	66 753.80	89 150	138 093.80	440 063.80
现金净流量	−16 066.20	35 246.20	2 850	−51 093.80	−29 063.80
期末现金余额	28 933.80	64 180	67 030	15 936.20	15 936.20
最低现金持有量	20 000	20 000	20 000	20 000	20 000
现金余绌	8 933.80	44 180	47 030	−4 063.80	−4 063.80

（三）案例 4-4 参考答案（见附表 1-23）

附表 1-23　华飞公司 2017 年第一季度制造费用预算

金额单位：元

直接人工工时	160 000	180 000	200 000	220 000	240 000
产能利用程度	80%	90%	100%	110%	120%
变动成本项目					
间接材料	240 000	270 000	300 000	330 000	360 000
运输费	80 000	90 000	100 000	110 000	120 000
小计	320 000	360 000	400 000	440 000	480 000

混合成本项目					
间接人工	256 000	278 000	300 000	322 000	344 000
维修费	28 000	31 000	34 000	37 000	40 000
水电费	46 000	51 000	56 000	61 000	66 000
其他	18 400	19 200	20 000	20 800	21 600
小计	348 400	379 200	410 000	440 800	471 600
固定成本项目					
管理人员工资	60 000	60 000	60 000	60 000	60 000
保险费	5 000	5 000	5 000	5 000	5 000
折旧费	100 000	100 000	100 000	100 000	100 000
小计	165 000	165 000	165 000	165 000	165 000
合　计	833 400	904 200	975 000	1 045 800	1 116 600

（四）案例 4-5 参考答案

（1）销售及管理费用项目排序如下：

① 租赁费、人工工资和培训费属于不可避免的约束性固定成本，预算期内全额予以保证满足，这三项费用排在第一位。

② 业务招待费属于可避免的酌量性固定成本，可根据预算期内企业财力酌情安排，因其成本收益率大于广告费，故排在第二位。

③ 广告费业务属于可避免的酌量性固定成本，因其成本收益率小于业务招待费，故排在第三位。

（2）假定华跃公司预算期内可用于销售管理费的财力只有 600 000 元，根据以上层次和排序，分配落实预算资金如下。

约束性固定成本预算金额：

租赁费	135 000
人工工资	180 000
培训费	75 000
	390 000

尚可分配资金：600 000－390 000＝210 000（元）

将尚可分配资金按成本收益率分配：

广告费预算：$210\,000 \times \dfrac{50}{50+150} = 52\,500$（元）

业务招待费预算：$210\,000 \times \dfrac{150}{50+150} = 157\,500$（元）

第五章　筹资管理实验参考答案

实验一：

（1）银行借款资本成本$= \dfrac{10 \times 7\% \times (1-25\%)}{10 \times (1-2\%)} = 5.35\%$

$$债券资本成本 = \frac{14 \times 9\% \times (1-25\%)}{15 \times (1-3\%)} = 6.49\%$$

$$优先股资本成本 = \frac{25 \times 12\%}{25 \times (1-4\%)} = 12.5\%$$

$$普通股资本成本 = \frac{1.2}{10 \times (1-6\%)} + 8\% = 20.77\%$$

$$留存收益资本成本 = \frac{1.2}{10} + 8\% = 20\%$$

(2) 综合成本 $= 5.35\% \times 10\% + 6.49\% \times 15\% + 12.5\% \times 25\% + 40\% \times 20.77\% + 20\% \times 10\% = 14.63\%$

实验二：

(1) 普通股筹资与债券筹资的每股收益无差别点：

$(EBIT - 30) \times (1-30\%) \div (12+6) = (EBIT - 30 - 300 \times 10\%) \times (1-30\%) \div 12$

$EBIT = 120$（万元）

普通股筹资与优先股筹资的每股收益无差别点：

$(EBIT - 30) \times (1-30\%) \div (12+6) = [(EBIT - 30) \times (1-30\%) - 300 \times 12\%] \div 12$

$EBIT = 184.29$（万元）

(2) 扩大业务后，各种筹资方式的每股利润分别为：

增发普通股，每股利润 $= (300-30) \times (1-30\%) \div (12+6) = 10.5$（元/股）

增发债券，每股利润 $= (300-30-300 \times 10\%) \times (1-30\%) \div 12 = 14$（元/股）

发行优先股，每股利润 $= [(300-30) \times (1-30\%) - 300 \times 12\%] \div 12 = 12.75$（元/股）

因为增发债券的每股利润最大，所以企业应当选择债券筹资方式。

实验三：

首先，确定有关项目及其与销售额的关系百分比。在表中，n 为不变动，是指该项目不随销售的变化而变化。

其次，确定需要增加的资金量。从表中可以看出，销售收入每增加 100 元，必须增加 50 元的资金占用，但同时自动增加 15 元的资金来源，两者差额还有 35% 的资金需求。因此，每增加 100 元的销售收入，公司必须取得 35 元的资金来源，销售额从 10 000 万元增加到 12 000 万元，按照 35% 的比率可预测将增加 700 万元的资金需求。

附表 1-24　公司资产负债表

2016 年 12 月 31 日

单位：万元

资　产	金　额	与销售关系(%)	负债与权益	金　额	与销售关系(%)
货币资金	500	5	短期借款	2 500	n
应收账款	1 500	15	应付账款	1 000	10
存　货	3 000	30	预提费用	500	5
固定资产	3 000	n	应付债券	1 000	n
			实收资本	2 000	n
			留存收益	1 000	n
合　计	8 000	50	合　计	8 000	15

最后,确定外部融资需求的数量。2017 年预计净利润为 1 200 万元($=12\ 000\times10\%$),利润留存为 40%,则将有 480 万元利润留存下来,还有 220 万元的资金必须从外部筹集。

根据 A 公司的资料,可求得对外融资的需求量为:

外部融资需求量$=50\%\times2\ 000-15\%\times2\ 000-40\%\times1\ 200=220$(万元)

案例 5-1 万科的融资与成长

企业筹资的动机主要由以下几点:① 满足经营运转的资金需要。企业筹资,能够为企业生产经营活动的正常开展提供财务保障。筹集资金,作为企业资金周转运动的起点,决定着企业资金运动的规模和生产经营发展的程度。企业新建时,要按照企业战略所确定的生产经营规模核定长期资本和流动资金的需要量。在企业日常生产经营活动运行期间,需要维持一定数额的资金,以满足营业活动的正常波动需求。这些都需要筹措相应数额的资金,来满足生产经营活动的需要。② 满足投资发展的资金需要。企业在成长时期,往往因扩大生产经营规模或对外投资需要大量资金。企业生产经营规模的扩大有两种形式:一种是新建厂房,增加设备,这是外延式的扩大再生产;另一种是引进技术,改进设备,提高固定资产的生产能力,培训工人,提高劳动生产率,这是内涵式的扩大再生产。不管是外延式的扩大再生产还是内涵式的扩大再生产,都会发生扩张性的筹资机动。同时,企业由于战略发展和资本经营的需要,还会积极开拓有发展前途的投资领域,以联营投资、股权投资和债权投资等形式对外投资。经营规模扩张和对外产权投资,往往会产生大额的资金需求。

一般而言,企业筹资方式有以下七种:

(1) 投入资本筹资。投入资本筹资是企业以协议形式筹集政府、法人、自然人等直接投入的资本,形成企业投入资本的一种筹资方式。

(2) 发行股票筹资。发行股票筹资是股份公司按照公司章程依法发售股票直接筹资;形成公司股本的一种筹资方式。

(3) 发行债券筹资。发行债券筹资是企业按照债券发行协议通过发售债券直接筹资,形成企业债权资本的一种筹资方式。

(4) 发行商业本票筹资。发行商业本票筹资是大型工商企业或金融企业获得短期债权资本的一种筹资方式。

(5) 银行借款筹资。银行借款筹资是各类企业按照借款合同从银行等金融机构借入各种款项的筹资方式。

(6) 商业信用筹资。商业信用筹资是企业通过赊购商品、预收货款等商品交易行为筹集短期债权资本的一种筹资方式。

(7) 租赁筹资。租赁筹资是企业按照租赁合同租入资产从而筹集资本的特殊筹资方式。各类企业都可以采用租赁筹资方式,租入所需资产,并形成企业的债权资本。

在上列各种筹资方式中,投入资本和发行股票筹资方式可为企业取得永久性股权资本;发行债券和租赁筹资方式主要为企业获得长期债权资本;发行商业本票和商业信用筹资方式通常是为企业筹集短期债权资本;银行借款筹资方式既可以用于筹集长期债权资本,也可以用于筹集短期债权资本。

案例 5-2 长江电力的公司债融资

（1）债券筹资的优点

① 债券成本较低。与股票的股利相比较而言，债券的利息允许在所得税前支付，发行公司可享受税上利益，故公司实际负担的债券成本一般低于股票成本。

② 可利用财务杠杆。无论发行公司的盈利多少，债券持有人一般只收取固定的利息，而更多的收益可用于分配给股东或留用公司经营，从而增加股东和公司的财富。

③ 保障股东控制权。债券持有人无权参与发行公司的管理决策，因此，公司发行债券不会像增发新股那样可能会分散股东对公司的控制权。

④ 便于调整资本结构。在公司发行可转换债券以及可提前赎回债券的情况下，则便于公司主动地合理调整资本结构。

（2）债券筹资的缺点

利用债券筹集资金，虽有前述优点，但也有明显的不足。

① 财务风险较高。债券有固定的到期日，并需定期支付利息，发行公司必须承担按期付息偿本的义务。在公司经营不景气时，亦需向债券持有人付息偿本，这会给公司带来更大的财务困难，有时甚至导致破产。

② 限制条件较多。发行债券的限制条件一般要比长期借款、租赁筹资的限制条件都要多且严格，从而限制了公司对债券筹资方式的使用，甚至会影响公司以后的筹资能力。

③ 筹资数量有限。公司利用债券筹资一般受一定额度的限制。多数国家对此都有限定。我国《公司法》规定，发行公司流通在外的债券累计总额。

第六章 投资管理实验参考答案

实验一：

附表 1-25 优卡股份有限公司仪表（换代）预计销售现金收入表

单位：万元

项　目	第1年	第2年	第3年	第4年	第5年
销售量（台）	120	110	120	110	100
销售单价	60	60	60	60	60
销售收入	7 200	6 600	7 200	6 600	6 000
其中：现金收入	7 200	6 600	7 200	6 600	6 000

附表 1-26 优卡股份有限公司仪表（换代）预计直接材料现金支出表

单位：万元

项　目	第1年	第2年	第3年	第4年	第5年
销售量/生产量（台）	120	110	120	110	100
单位产品消耗量（kg）	15	15	15	15	15
产品材料消耗量合计（kg）	1 800	1 650	1 800	1 650	1 500
材料采购价格（万元/kg）	3	3	3	3	3
直接材料费用	5 400	4 950	5 400	4 950	4 500
付现材料费用	5 400	4 950	5 400	4 950	4 500

附表 1－27　优卡股份有限公司仪表（换代）预计直接人工现金支出表

单位:万元

项　目	第1年	第2年	第3年	第4年	第5年
销售量/生产量(台)	120	110	120	110	100
单位产品消耗人工(小时)	150	150	150	150	150
产品消耗人工合计(小时)	1 800	1 650	1 800	1 650	1 500
每小时直接人工成本(元)	80	80	80	80	80
直接人工费用(万元)	14.40	13.20	14.40	13.20	12

附表 1－28　优卡股份有限公司仪表（换代）预计制造费用现金支出表

单位:万元

项　目	第1年	第2年	第3年	第4年	第5年
销售量/生产量(台)	120	110	120	110	100
单位产品消耗人工(小时)	150	150	150	150	150
产品消耗工时合计(小时)	1 800	1 650	1 800	1 650	1 500
单位产品变动制造费用	5	5	5	5	5
变动制造费用合计	600	550	600	550	500
固定制造费用	200	200	200	200	200
制造费用合计	800	750	800	750	700
减:折旧	292	292	292	292	292
制造费用现金支出	508	458	508	458	408

附表 1－29　优卡股份有限公司仪表（换代）预计付现成本表

单位:万元

项　目	第1年	第2年	第3年	第4年	第5年
销售量/生产量(台)	120	110	120	110	100
材料费用	5 400	4 950	5 400	4 950	4 500
其中:付现材料费用	5 400	4 950	5 400	4 950	4 500
直接人工成本	14.40	13.20	14.40	13.20	12
制造费用	800	750	800	750	700
其中:付现制造费用	508	458	508	458	408
付现成本	5 922.40	5 421.20	5 922.40	5 421.20	4 920
产品成本合计	6 214.40	5 713.20	6 214.40	5 713.20	5 212

附表 1－30　优卡股份有限公司仪表（换代）预计销售及管理费用表

单位:万元

项　目	第1年	第2年	第3年	第4年	第5年
变动销售费用	200	200	200	200	200
非折旧固定销售及管理费用	300	300	300	300	300
付现销售及管理费用	500	500	500	500	500
折旧固定销售及管理费用	8.20	8.20	8.20	8.20	8.20
销售及管理费用合计	508.20	508.20	508.20	508.20	508.20

附表 1-31　优卡股份有限公司仪表（换代）预计各年营业现金流量表

单位:万元

项　目	第 1 年	第 2 年	第 3 年	第 4 年	第 5 年
销售收入 　其中:现金收入	7 200 7 200	6 600 6 600	7 200 7 200	6 600 6 600	6 000 6 000
产品成本 　其中:付现成本	6 214.40 5 922.40	5 713.20 5 421.20	6 214.40 5 922.40	5 713.20 5 421.20	5 212 4 920
销售及管理费用 　其中:付现销售及管理费用	508.20 500	508.20 500	508.20 500	508.20 500	508.20 500
税前利润	477.40	378.60	477.40	378.60	288.80
所得税(25%)	119.35	94.65	119.35	94.65	72.45
税后利润	358.05	283.95	358.05	283.95	217.35
营业现金流量	658.25	584.15	658.25	584.15	507.55

附表 1-32　优卡股份有限公司仪表（换代）预计各年现金流量表

单位:万元

项　目	建设期	生产期				
	第 0 年	第 1 年	第 2 年	第 3 年	第 4 年	第 5 年
初始投资 　其中:生产线	1 500					
配套设施	45					
流动资金垫支	95					
营业现金流量		658.25	584.15	658.25	584.15	507.55
设备残值 　其中:生产线						40
配套设施						4
流动资金收回						95
现金流量合计	−1 640	658.25	584.15	658.25	584.15	647.55

附表 1-33　优卡股份有限公司仪表（换代）预计净现值表

单位:万元

时　间	现金流量	贴现率(10%)	现　值
0	−1 640	1	−1 640
1	658.25	0.909 1	598.42
2	584.15	0.826 4	482.74
3	658.25	0.751 3	494.54
4	658.25	0.683 0	398.97
5	584.15	0.620 9	402.06
净现值(NPV)			736.73

附表 1-34　优卡股份有限公司仪表(换代)预计获利指数表

单位:万元

时　间	现金流量	贴现率(10%)	现　值
0	-1 640	1	-1 640
1	658.25	0.909 1	598.42
2	584.15	0.826 4	482.74
3	658.25	0.751 3	494.54
4	658.25	0.6830	398.97
5	584.15	0.620 9	402.06
获利指数(PI)			1.45

附表 1-35　优卡股份有限公司仪表(换代)内含报酬率测试表

单位:万元

时　间	现金流量	贴现率(24%)	现　值
0	-1 640	1	-1 640
1	658.25	0.8065	530.80
2	584.15	0.650 4	379.90
3	658.25	0.5245	345.25
4	658.25	0.423	247.10
5	584.15	0.401 9	260.25
净现值(NPV)			123.30

附表 1-36　优卡股份有限公司仪表(换代)内含报酬率测试表

单位:万元

时　间	现金流量	贴现率(28%)	现　值
0	-1 640	1	-1 640
1	658.25	0.781 3	514.30
2	584.15	0.610 4	356.50
3	658.25	0.476 8	313.80
4	658.25	0.3725	217.50
5	584.15	0.291 0	187.80
净现值(NPV)			-50.60

附表 1-37　优卡股份有限公司仪表(换代)内含报酬率估算表

单位:万元

项　目	贴现率	净现值
贴现率(1)	24%	123.30
贴现率(2)	28%	-50.60
内含报酬率(IRR)	26.8%	0

附表 1-38 优卡股份有限公司仪表(换代)投资回收期估算表

单位:元

项 目	建设期			生产期		
	第 0 年	第 1 年	第 2 年	第 3 年	第 4 年	第 5 年
净现金流量(万元)	-1 640	658.25	584.15	658.25	584.15	647.55
累计净现金流量(万元)	-1 640	-981.75	-397.60	260.65	844.80	1492.35
投资回收期(年)	2.6 年					

实验二:

方案一:

年投资平均报酬率=年平均净收益÷年平均投资额

$$=(1\,750-1\,000÷10)÷(10\,000÷2)=15\%$$

偿还期=$10\,000÷1\,750=5.7$(年)

净现值=$1\,750×(P/A,10\%,10)-10\,000=754$

现值系数=$10\,754÷10\,000=1.075\,4$

内含报酬率:

$R_1=10\%$ $NPV_1=745$

$R_2=12\%$ $NPV_2=1\,750×(P/A,12\%,10)-10\,000=1\,750×5.65-10\,000=-112$

$R_0=IRR$ $NPV=0$

用插值法:

$(R_1-R_2)÷(IRR-R_2)$

$=(10\%-12\%)÷(IRR-12\%)=[745-(-112)]÷[0-(-112)]$

内含报酬率 $IRR=11.7\%$

方案二:

投资年平均报酬率=$[(2\,000+1\,500)÷2-1\,000]÷(1\,000÷2)=15\%$

偿还期 $2\,000×5=10\,000$ 元,与原投资额相等,所以是 5 年

现值指数=$11\,113÷10\,000=1.1113$

$NPV=1\,500×(P/A,10\%,10)+500×(P/A,10\%,5)-10\,000$

$\quad\quad=1\,500×6.1446+500×3.7908-10\,000=1112.3$ 元

$R_1=12\%$ $NPV_1=1\,500×(P/A,12\%,10)+500×(P/A,12\%,5)-10\,000$

$\quad\quad\quad\quad\quad\quad=1\,500×5.6502+500×3.6048-10\,000$

$\quad\quad\quad\quad\quad\quad=277.7$

$R_2=14\%$ $NPV_2=1\,500×(P/A,14\%,10)+500×(P/A,14\%,5)-10\,000=-459.5$

内含报酬率 $IRR=12.75\%$

方案三:

投资年平均报酬率=$[(1\,500+2\,000)÷2-10\,000]÷(10\,000÷2)=15\%$

偿还期	累计现金净流量
1	1 500
2	3 000
3	4 500
4	6 000
5	7 500
6	9 500
7	11 500

偿还期 $=6+(10\,000-9\,500)\div(11\,500-9\,500)=6.25$(年)

净现值 $NPV=1\,500\times(P/A,10\%,5)+2\,000\times(P/A,10\%,5)\times(P/F,10\%,5)-10\,000$

$\qquad\qquad =393.6$

现值指数 $10\,395\div10\,000=1.039\,5$

$R_1=10\%\quad NPV_1=393.6$

$R_2=12\%\quad NPV_2=-503$

内含报酬率

$IRR=10\%+2\%\times[393.6\div(393.6+503)]\times2\%=10.88\%$

方案四：

投资年平均报酬率 $=[1\,350-(10\,000-4\,000)\div10]\div(10\,000+40\,000\div2)=10.7\%$

偿还期 $=(1\,000-4\,000)\div1\,350=6\,000\div1\,350=4.4$(年)

净现值 $NPV=1\,350\times(P/A,10\%,10)+4\,000\times(P/F,10\%,10)-10\,000$

$\qquad\qquad =1\,350\times6.45+4\,000\times0.386-10\,000=-160.25$

现值指数：$984\div10\,000=0.984$

内含报酬率 $1\,350\times(P/A,8\%,10)+4\,000\times(P/F,8\%,10)-1\,000=1\,350\times6.710+4\,000\times0.463-10\,000=911$

$IRR=R_1+(R_2-R_1)\times|NPV_1|\div(|NPV_1|+|NPV_2|)$

$\qquad\quad =8\%+2\%\times911\div(911+160.25)=9.7\%$

方案五：

投资年平均报酬率 $=[1\,750-(100\,000\div15)]\div5\,000=21.67\%$

偿还期 $\quad 10\,000\div1\,750=5.7$(年)

净现值 $NPV=1\,750\times(P/A,10\%,15)-10\,000=1\,750\times7.606-10\,000=3\,311$

现值指数 $\quad 13\,311\div10\,000=1.331$

内含报酬率 $1\,750\times(P/A,15\%,15)-10\,000=1\,750\times5\,847-10\,000=232$

$1\,750\times(P/A,16\%,15)-10\,000=1\,750\times5.575-10\,000=-244$

$IRR=15\%+(15\%-14\%)\times232\div(232+244)=15.4\%$

实验三：

(1) 每年平均投资额。

附表 1－39

年　分	年产量	年折旧额	固定资产账面价值
0			70 000
1	500	6 935	63 065
2	1 000	13 870	49 195
3	2 000	27 740	21 455
4	500	6 935	14 520

年平均投资额＝[(70 000＋63 605)÷2＋(63 065＋49 195)÷2＋(49 195＋21 455)÷2＋(21 455＋14 520)÷2]÷4＝43 993.75(元)

年平均净收益＝24 520÷4＝6 130

投资年平均报酬率＝6 130÷43 994＝13.93%

(2) 净现值 I＝15%。

附表 1－40

年　份	现金净流量	$(P/F,15\%,N)$	现　值
1	10 000	0.869 6	8 700
2	20 000	0.756 1	15 120
3	40 000	0.657 5	26 320
4	10 000	0.571 8	5 720
残值	14 500	0.497 2	8 294

NPV＝64 154－70 000＝－5 846

(3) 内含报酬率。

附表 1－41

年　份	现金净流量	$(P/F,10\%,N)$	现　值
1	10 000	0.909	9 090
2	20 000	0.862	16 520
3	40 000	0.751	30 040
4	10 000	0.683	6 830
残值	14 500	0.683	9 904
			72 384

NPV_1＝72 384－70 000＝2 384

附表 1－42

年　份	现金净流量	$(P/F,12\%,N)$	现　值
1	10 000	0.893	8 930
2	20 000	0.979	15 940
3	40 000	0.712	28 480
4	10 000	0.636	6 360
残值	14 500	0.636	9 222
			68 932

NPV_2＝68 932－70 000＝－1 068

$IRR=10\%+2\%\times[2\ 834\div(2\ 834+1\ 068)]=11.68\%$

实验四：

(1) 甲乙方案年折旧额。

甲方案年折旧额=30 000÷5=6 000(元)

乙方案年折旧额=(36 000−6 000)÷5=6 000(元)

(2) 甲乙方案的营业现金流入。

附表1−43　营业现金流入计算表

单位:元

年　份	1	2	3	4	5
甲方案：					
销售收入(1)	15 000	15 000	15 000	15 000	15 000
付现成本(2)	5 000	5 000	5 000	5 000	5 000
折旧(3)	6 000	6 000	6 000	6 000	6 000
税前利润(4)					
＝(1)−(2)−(3)	4 000	4 000	4 000	4 000	4 000
所得税(5)＝(4)×25%	1 000	1 000	1 000	1 000	1 000
税后利润(6)＝(4)−(5)	3 000	3 000	3 000	3 000	3 000
营业现金流入(7)＝(3)＋(6)					
或(7)＝(1)−(2)−(5)	9 000	9 000	9 000	9 000	9 000
乙方案：					
销售收入(1)	17 000	17 000	17 000	17 000	17 000
付现成本(2)	6 000	6 300	6 600	6 900	6 900
折旧(3)	6 000	6 000	6 000	6 000	6 000
税前利润(4)				4 400	4 100
＝(1)−(2)−(3)	5 000	4 700	4 400	4 100	3 800
所得税(5)＝(4)×25%	1 250	1 175	1 100	1 025	950
税后利润(6)＝(4)−(5)	3 750	3 525	3 300	3 075	2 850
营业现金流入(7)＝(3)＋(6)					
或(7)＝(1)−(2)−(5)	9 750	9 525	9 300	9 075	8 850

(3)列表计算全部现金净流量,参看企业会计准则—现金流量表。

附表1−44　全部现金净流量计算表

单位:元

年　份	0	1	2	3	4	5
甲方案：						
固定资产投资	−30 000					
营业现金流入		9 000	9 000	9 000	9 000	9 000
现金净流量合计	−30 000	9 000	9 000	9 000	9 000	9 000
乙方案：						
固定资产投资	−36 000					
流动资金垫支	−3 000					
营业现金流入		9 750	9 525	9 300	9 075	8 850
固定资产残值						6 000
流动资金回收						3 000
现金净流量合计	−39 000	9 750	9 525	9 300	9 075	17 850

（4）计算两个方案的净现值。

$$甲方案的净现值 = 9\,000 \times (P/A, 10\%, 5) - 30\,000$$
$$= 9\,000 \times 3.791 - 30\,000$$
$$= 4\,119(元)$$

$$乙方案的净现值 = 9\,750 \times (P/A, 10\%, 1) + 9\,525 \times (P/A, 10\%, 2) +$$
$$9\,300 \times (P/A, 10\%, 3) + 9\,075 \times (P/A, 10\%, 4) +$$
$$17\,850 \times (P/A, 10\%, 5) - 39\,000$$
$$= 9\,750 \times 0.909 + 9\,525 \times 0.826 + 9\,300 \times 0.751 + 9\,075 \times 0.683 +$$
$$17\,850 \times 0.621 - 39\,000$$
$$= 40\,589.40 - 39\,000 = 1\,589.40(元)$$

甲方案的净现值大于乙方案的净现值，选择甲方案。

（5）计算两个方案的内含报酬率。

甲方案每年现金流入量相等，可利用年金现值系数法计算：

$$原始投资 = 每年现金流入量 \times 年金现值系数$$

$$30\,000 = 9\,000 \times (P/A, i, 5)$$
$$(P/A, i, 5) = 30\,000 \div 9\,000 = 3.333$$

查年金现值系数表，与 3.333 最接近的现值系数是 3.433 和 3.274，分别指向 14% 和 16%，采用插补法确定内含报酬率为：

$$IRR = 14\% + 2\% \times \frac{3.433 - 3.333}{3.433 - 3.274} = 15.26\%$$

乙方案各年现金流量不等，采用"逐次测试法"。

已知 $i = 10\%$，$NPV_1 = 1\,589.40$，应调高折现率测试，令 $i = 12\%$，查复利现值系数表计算：

$$NPV_2 = 9\,750 \times (P/A, 12\%, 1) + 9\,525 \times (P/A, 12\%, 2) +$$
$$9\,300 \times (P/A, 12\%, 3) + 9\,075 \times (P/A, 12\%, 4) +$$
$$17\,850 \times (P/A, 12\%, 5) - 39\,000$$
$$= -178.28(元)$$

乙方案的内含报酬率计算：

$$IRR = 10\% + 2\% \times \frac{0 - 1\,598.40}{-178.28 - 1\,589.40} = 11.80\%$$

（6）计算两个方案的投资回收期。

甲方案可用公式法：

甲方案投资回收期 $= 30\,000 \div 9\,000 = 3.33(年)$

乙方案可用累计法：

乙方案投资回收期 $= 4 + (39\,000 - 9\,750 - 9\,525 - 9\,300 - 9\,075) \div 17\,850 = 4.08(年)$

案例分析：

蒙牛的扩张型财务战略在投资环节上有"两大炼金术"：一是"虚拟联合"；二是"财务资源向营销及产品质量倾斜"。蒙牛的扩张型财务战略在投资方向上有所取有所弃。加强的是产业链的生产和营销环节，而产业链的其他环节，蒙牛通过"虚拟联合"用经济杠杆撬动社会资金。

第七章　营运资本管理实验参考答案

采用成本分析模式计算的最佳现金持有量如附表 1－45 所示。

附表 1－45　最佳现金持有量计算表（成本分析模式）

单位:元

项　目	甲	乙	丙	丁
现金持有量	2 300 000	2 500 000	2 700 000	2 900 000
资本成本率(%)	10	10	10	10
机会成本	230 000	250 000	270 000	290 000
管理成本	50 000	50 000	50 000	50 000
短缺成本	60 000	30 000	20 000	10 000
总成本	340 000	330 000	340 000	350 000
最佳先持有量	2 500 000			

采用存货模式计算的最佳现金持有量如附表 1－46 所示。

附表 1－46　最佳现金持有量计算表（存货模式）

单位:元

项　目	金额
年现金总需求量	64 000 000
资本成本率为%	10
现金与有价证券之间的转换成本	5 000
最佳现金持有量	2 529 822.13
相关总成本	252 982.21
转换次数	26

分析报告:如果公司用存货模式进行最佳现金持有量预测,最佳现金持有量为 2 529 822.13 元,此时的相关总成本为 252 982.21 元。如果公司采用成本模式进行最佳现金持有量预测,最佳现金持有量为 2 500 000 元,此时相关总成本为 330 000 元。去除管理成本因素,采用存货模式计算的相关总成本比采用成本模式相关总成本低,主要原因除机会成本外,两种模型考虑的成本不一样。另外成本模式有可能漏掉最佳方案,所以采用存货模式较为合理,因此,建议公司最佳现金持有量为 2 529 822.13 元。

不存在现金折扣时的信用政策决策分析如附表 1－47 所示。

附表 1－47　信用政策决策分析表（不存在现金折扣）

单位:元

项　目	A($n/126$)	B($n/150$)	C($n/180$)
年销售额	85 000 000	87 000 000	90 000 000
变动成本	51 582 026	52 791 600	54 612 000
销售利润	33 417 974	34 208 400	35 388 000
应收账款平均收账期	126	150	180

项　目	A($n/126$)	B($n/150$)	C($n/180$)
应收账款平均余额	29 750 000	36 250 000	45 000 000
机会成本	1 805 230	2 199 650	2 730 600
坏账损失率	1%	2%	3%
坏账成本	850 000	1 740 000	2 700 000
收账费用	500 000	700 000	800 000
净收益	30 262 744	29 568 750	29 157 400
最佳信用政策	A 方案		

分析报告：信用政策在不断放宽后，销售利润在不断增加，但机会成本、坏账成本与收账费用都有所增加，而且放宽信用政策增加的收益小于增加的成本，因此，原来的方案优于调整之后的方案，即最佳信用政策还为 A 方案，信用条件还应为"$n/126$"。

存在现金折扣时的信用政策决策分析如附表 1－48 所示。

附表 1－48　信用政策决策分析表（存在现金折扣）

单位：元

项　目	A($n/126$)	D($2/50,n/120$)
年销售额	85 000 000	85 000 000
变动成本	51 582 026	51 582 026
销售利润	33 417 974	33 417 974
现金折扣成本	0	1 360 000
应收账款平均收账期	126	64
应收账款平均余额	29 750 000	15 111 111.11
机会成本	1 805 230	916 942.22
坏账损失率	1%	0.5%
坏账成本	850 000	425 000
收账费用	500 000	400 000
净收益	30 262 744	30 316 031.78
最佳信用政策	D 方案	

分析报告：公司为了加快应收账款的回收，在原有方案的基础上给予一定的改进，并增加现金折扣条件，方案 D 与方案 A 比较，现金折扣成本增加，但同时机会成本、坏账成本与收账费用都有所减少，而且增加现金折扣条件后，收益下降的幅度小于成本下降的幅度，使得总收益增加，由此可见，公司应该选择 D 方案。

生产锚护机具和仪表产品所用的甲材料计算的经济批量如附表 1－49 所示。

附表 1－49　存货经济批量计算表（不存在商业折扣）

项　目	数量或金额
年需用量（吨）	592.8
单价（元/吨）	50 000
每次订货的变动性订货成本（元）	5 000
材料的年平均单位变动性储存成本	2 000
经济批量（吨）	54.44

项　目	数量或金额
相关总成本(元)	34 432.54
年度订货次数	11

分析报告:因为采购的甲材料没有数量折扣,所以按照存货经济批量模型计算出来的订货批量即为该种材料的最佳经济批量,即每次订货量为54.44吨,此时相关总成本最低。

生产锚护机具和仪表产品所用的电气元件计算的经济批量如附表1-50所示。

附表1-50　存货经济批量计算表(存在商业折扣)

项　目	数量或金额
年需用量(件)	1 307
标准单价(元/件)	2 000
每次订货的变动性订货成本(元)	1 200
材料的年平均单位变动性储存成本	100
经济批量(件)	177.11
按经济批量进货时相关总成本(元)	2 631 711.01
按每批500件进货时相关总成本(元)	2 380 736.8
最佳订货批量(件)	500

分析报告:因为电气元件的供应商提供了数量折扣,所以需要对比不同采购批量下的相关总成本,包括购置成本、订货成本和储存成本。虽然按照经济批量采购的订货成本与储存成本最低,但按照数量折扣条件下的数量采购却可以享受优惠价格。因此,通过对比相关总成本,得出按照每批500件采购时的总成本最低。

案例拓展:

(1)"零库存"并不意味着没有库存。像DL公司这样的组装企业,没有库存意味着无法生存。只不过DL公司的库存很低,周转很快,并且善于利用供应商库存,所以其低库存被归纳为"零库存",这只是管理学上导向性的概念,不是企业实际操作中的概念。

(2)零库存是一个完整的体系模式。DL公司的零库存需要客户支持、系统改进、供应商关系、市场细分等多个环节的参与配套。离开任何一个方面,零库存的优势也是不存在的。

DL公司的零库存优势是如何形成的呢?主要的方式是:一是整合供应商工作做得好。DL公司通过各种方式,赢得了供应商的信任,以至于不少供应商在DL公司工厂附近建造自己的仓库,形成了"DL公司频繁要求订货,供应商勤慎送货"的运作模式;二是形成了良好的沟通机制,DL公司与供应商形成了多层次的沟通机制,使DL公司的采购部门、生产部门、评估部门与供应商建立密切的业务协同;三是打造强势供应链运作机制,使供应商必须按照DL公司的意图来安排自己的经营计划。

(3)DL公司将直销、按需定制、零库存等先进的销售方法带进中国,但在实际运作中,却"创造性"地采用了和国内其他IT生产商一样的渠道分销法,这在IT业界已是半公开的秘密。这其实和不支持零库存的国情不无关系。

DL 公司在中国为什么不采用它横扫全球的销售方法了？首先,这和中国的物流链有关。中国物流的效率难以支持 DL 公司在美国提出的将产品三天内从工厂送到用户手中——尤其是非中心城市的用户手中的承诺。而且,一般的中国用户恐怕也不想为了享受一次上门服务,多承受几百块的成本。

更重要的是,分销还与中国人的购买习惯有关。中国的消费者购买商品喜欢去卖场货比三家,因为卖场里可以多一些选择机会,购买前还能看到真品。对于电脑这类的大件商品,非要试用几下,才能买得踏实。像美国人那样还没看到真品模样,就打个电话购买了产品,一般的中国消费者还难以接受。这归根结底还是因为中国的人均收入暂时还处于较低的水平:美国人买一台电脑稀疏平常,算不得什么大件;而我们就不一样了,购置电脑对中国大部分普通家庭来说,还常是能令一家老少一起出动的大事。

国情决定购买习惯,购习惯决定销售方法——DL 公司深谙此道,在中国干脆采用分销和直销结合的形式,能卖出产品就行。毕竟产品的质量、品牌、服务还是一流的,这足以使其成为有力的市场竞争者。分销,是 DL 公司适应市场的行为。

第八章　财务成果分配实验参考答案

公司应选择固定股利政策。选择固定股利政策的理由主要有以下几点:

(1) 采用固定股利政策这种稳定的股利政策有利于向市场传递着公司正常发展的信息,有利于树立公司的良好形象,增强投资者对公司的信心,稳定股票的价格。

(2) 公司过去一直坚持采用固定股利政策,2017 年继续使用固定股利政策,保证公司政策的延续性。

(3) 公司今年实现的净利润与去年相比有较大幅度的提高,而且从现金预算表可以看出,公司的现金支付能力较强,公司有能力支付固定的股利,而不影响公司的财务状况。

(4) 公司财务分析的结果表明,企业资产负债率偏低,未来融资可以债务融资为主,不用考虑留存更多的利润来满足企业未来发展对自有资金的需求,选择股利政策时可以优先考虑稳定公司股票的价格。

附表 1-51　优卡股份有限公司预计利润分配表

2017 年 12 月 31 日　　　　　　　　　　　　　　　　　单位:元

项　　目	预计值
一、净利润	2 858 738
加:年初未分配利润	3 389 017.19
二、可供分配的利润	6 247 755.19
减:提取法定盈余公积	285 873.80
三、可供投资者分配的利润	5 961 881.39
减:提取任意盈余公积	285 873.80
应付普通股股利	400 000
四、未分配利润	5 276 007.59

案例拓展：

动机：(1) 降低公司股东与管理者之间的代理成本。

　　　(2) 传递公司的未来信息。

　　　(3) 满足配股要求。

　　　(4) 满足股东权益要求。

　　　(5) 降低企业现金持有量。

分析：

(1) 在市场监督不足情况下，股权结构分散的管理者将选择有利于自己而不利于股东的公司资源配置行为，如投资决策时会选择低风险、预期收益低的项目，而在现金流量充足的公司里，管理者可能采取过渡投资行为而获取个人利益。因此股东为了增加管理者任意分配资源的难度，股东可以通过增加现金股利的支付水平来减少管理者控制的现金流量。

(2) 高派现可以作为公司对外投资者传递信心的信号，但用友高派现后股份一路下滑，与实际理论相悖。

(3) 中国证监会对公司配股有明确规定，净资产收益率必须连续 3 年超过 10%，净资产值较高而业绩平平的公司为了达到配股要求，常常采用发放现金股利的方法用友 2 000 净资产收益率为 46.76% 超高发行价后预计净资产收益率为 5.87% 高额派现后为 7.0%，满足了目前新股增发或配股需三折平均收益率底线 6% 的规定，为再融资创造了条件。

(4) 由于公司未来的收入的不确定性，投资者更愿意得到实实在在的现金股利。

(5) YY 公司出现"钱难花"现象，现金投资收益率不高，大量现金滞压。

附录2　优卡股份有限公司相关财务报告

一、优卡股份有限公司 2016 年度财务分析报告

（一）财务分析报告封面例样

优卡股份有限公司 2016 年度财务分析报告

企业名称：

企业负责人：

主管财务工作负责人：

财务机构负责人：

编报人：

公司地址：

联系电话：

编制时间：

（二）相关财务分析表例样（附表 2-1~附表 2-5）

附表 2-1　资产负债表水平分析表

单位:元

资　产	期末余额	年初余额	变动情况		对总资产的影响（%）
			差异额	差异率（%）	
流动资产：					
货币资金					
交易性金融资产					
应收票据					
应收账款					
预付账款					
应收利息					
其他应收款					
存货					
流动资产合计					
非流动资产：					
可供出售金融资产					
持有至到期投资					
长期应收款					
长期股权投资					
投资性房地产					

资　产	期末余额	年初余额	变动情况		对总资产的影响(%)
			差异额	差异率(%)	
固定资产					
在建工程					
工程物资					
固定资产清理					
无形资产					
开发支出					
商誉					
长期待摊费用					
递延所得税资产					
其他非流动资产					
非流动资产合计					
资产合计					
流动负债:					
短期借款					
交易性金融负债					
应付票据					
应付账款					
预收账款					
应付职工薪酬					
应交税费					
应付利息					
应付股利					
其他应付款					
一年内到期的非流动负债					
流动负债合计					
非流动负债:					
长期借款					
应付债券					
长期应付款					
专项应付款					
预计负债					
递延所得税负债					
其他非流动负债					
非流动负债合计					
负债合计					
所有者权益:					
股本					
资本公积					
减:库存股					
盈余公积					

资　产	期末余额	年初余额	变动情况		对总资产的影响(%)
			差异额	差异率(%)	
未分配利润					
所有者权益合计					
负债及所有者权益合计					

附表 2 - 2　资产负债表垂直分析表

单位:元

资　产	期末余额	年初余额	期末(%)	期初(%)	变动情况(%)
流动资产:					
货币资金					
交易性金融资产					
应收票据					
应收账款					
预付账款					
应收利息					
其他应收款					
存货					
流动资产合计					
非流动资产:					
可供出售金融资产					
持有至到期投资					
长期应收款					
长期股权投资					
投资性房地产					
固定资产					
在建工程					
工程物资					
固定资产清理					
无形资产					
开发支出					
商誉					
长期待摊费用					
递延所得税资产					
其他非流动资产					
非流动资产合计					
资产合计					
流动负债:					
短期借款					
交易性金融负债					
应付票据					
应付账款					

资　产	期末余额	年初余额	期末(%)	期初(%)	变动情况(%)
预收账款					
应付职工薪酬					
应交税费					
应付利息					
应付股利					
其他应付款					
一年内到期的非流动负债					
流动负债合计					
非流动负债:					
长期借款					
应付债券					
长期应付款					
专项应付款					
预计负债					
递延所得税负债					
其他非流动负债					
非流动负债合计					
负债合计					
所有者权益:					
股本					
资本公积					
减:库存股					
盈余公积					
未分配利润					
所有者权益合计					
负债及所有者权益合计					

附表 2-3　利润表水平分析表

单位:元

项　目	本期金额	上期金额	增减额	增减率(%)
一、营业收入				
减:营业成本				
营业税金及附加				
销售费用				
管理费用				
财务费用 (收益以"－"号填列)				
资产减值损失				
加:公允价值变动净收益 (损失以"－"号表示)				

项　目	本期金额	上期金额	增减额	增减率(%)
投资收益 （亏损以"－"号填列）				
二、营业利润 （亏损以"－"号填列）				
加:营业外收入				
减:营业外支出				
三、利润总额 （亏损总额以"－"号填列）				
减:所得税费用				
四、净利润 （净亏损以"－"号填列）				
（一）基本每股收益				
（二）稀释每股收益				

附表 2－4　利润表垂直分析表

单位:元

项　目	本期金额	上期金额	本期(%)	上期(%)	变动情况(%)
一、营业收入					
减:营业成本					
营业税金及附加					
销售费用					
管理费用					
财务费用 （收益以"－"号填列）					
资产减值损失					
加:公允价值变动净收益 （损失以"－"号表示）					
投资收益 （亏损以"－"号填列）					
二、营业利润 （亏损以"－"号填列）					
加:营业外收入					
减:营业外支出					
三、利润总额 （亏损总额以"－"号填列）					
减:所得税费用					
四、净利润 （净亏损以"－"号填列）					
（一）基本每股收益					
（二）稀释每股收益					

附表 2-5　财务效率指标分析表

评价内容	主要指标	2016 年	2015 年	变动情况
偿债能力	流动比率			
	速度比率			
	现金比率			
	资产负债率			
	产权比率			
	利息保障倍数			
营运能力 （假设 2015 年年初的相应资产保持不变）	存货周转率			
	应收账款周转率			
	流动资产周转率			
	固定资产周转率			
	总资产周转率			
盈利能力 （净资产收益率和后面综合财务分析中的不同属于小数点保留位数不同引起的误差）	销售净利率			
	营业收入利润率			
	净资产收益率			
	成本费用净利率			
	总资产报酬率			
	每股收益			
	每股净资产			
增长能力	股东权益增长率			
	资产增长率			
	销售增长率			
	净利润增长率			

二、优卡股份有限公司 2017 年度预算报告

（一）财务预算报告封面例样

> **优卡股份有限公司 2017 年度预算报告**
>
> 企业名称：
> 企业负责人：
> 主管财务工作负责人：
> 财务机构负责人：
> 编报人：
> 公司地址：
> 联系电话：
> 编制时间：

（二）相关预算表例样（附表 2-6～附表 2-20）

附表 2-6　优卡股份有限公司 2017 年度销售预算

金额单位:元

项　目	一季度	二季度	三季度	四季度	全　年
预计销售量					
预计销售单价					
预计销售收入					

附表 2-7　优卡股份有限公司 2017 年度预计现金收入计算表

金额单位:元

项　目	一季度	二季度	三季度	四季度	全　年
期初应收账款					
一季度现金收入					
二季度现金收入					
三季度现金收入					
四季度现金收入					
现金收入合计					

附表 2-8　优卡股份有限公司 2017 年度生产预算

项　目		一季度	二季度	三季度	四季度	全　年
预计销售量	锚护机具					
	仪表					
预计期末存货量	锚护机具					
	仪表					
预计需求量	锚护机具					
	仪表					
期初存货量	锚护机具					
	仪表					
预计生产量	锚护机具					
	仪表					

附表 2-9　优卡股份有限公司 2017 年度直接材料需用量预算

项　目			一季度	二季度	三季度	四季度	全　年
锚护机具	材料单耗	甲材料					
		乙材料					
		丙材料					
		电气元件					
	预计生产量						

续　表

项　目			一季度	二季度	三季度	四季度	全　年
锚护机具	预计生产需要量	甲材料 乙材料 丙材料 电气元件					
仪表	材料单耗	甲材料 乙材料 丙材料 电气元件					
	预计生产量						
	预计生产需要量	甲材料 乙材料 丙材料 电气元件					

附表 2 - 10　优卡股份有限公司 2017 年度直接材料采购预算

金额单位:元

项　目		一季度	二季度	三季度	四季度	全　年
甲材料	材料采购单价					
	锚护机具需用量 仪表需用量					
	材料总需用量 加:期末存料量 减:期初存料量					
	本期采购量					
	材料采购成本					
乙材料	材料采购单价					
	锚护机具需用量 仪表需用量					
	材料总需用量 加:期末存料量 减:期初存料量					
	本期采购量					
	材料采购成本					
丙材料	材料采购单价					
	锚护机具需用量 仪表需用量					
	材料总需用量 加:期末存料量 减:期初存料量					
	本期采购量					
	材料采购成本					

续　表

项　目		一季度	二季度	三季度	四季度	全　年
电气元件	材料采购单价					
	锚护机具需用量 仪表需用量					
	材料总需用量 加:期末存料量 减:期初存料量					
	本期采购量					
	材料采购成本					
预计材料采购成本合计						

附表 2-11　优卡股份有限公司 2017 年度直接材料采购现金支出计算表

金额单位:元

项　目	一季度	二季度	三季度	四季度	全　年
期初应付账款					
一季度现金支出					
二季度现金支出					
三季度现金支出					
四季度现金支出					
现金支出合计					

附表 2-12　优卡股份有限公司 2017 年度直接人工预算

金额单位:元

项　目		一季度	二季度	三季度	四季度	全　年
锚护机具	单位产品工时定额 预计生产量					
	直接人工总工时(小时)					
	单位工时直接人工成本					
	直接人工成本小计					
仪表	单位产品工时定额 预计生产量					
	直接人工总工时(小时)					
	单位工时直接人工成本					
	直接人工成本小计					
合计	直接工资总额 其他直接费用					
	直接人工成本合计					
直接人工成本现金支出合计						

附表 2-13　优卡股份有限公司 2017 年度制造费用预算

金额单位:元

变动制造费用	固定制造费用
间接材料 间接人工 维修费 其他	管理人员工资 折旧费 办公费 保险费 租赁费 其他
合　计 直接人工工时总数	合　计 减:折旧费
分配率	现金支出合计 各季支出数

附表 2-14　优卡股份有限公司 2017 年度制造费用现金支出预算

金额单位:元

项　目		一季度	二季度	三季度	四季度	全　年
变动制造费用分配率						
直接人工 工时	锚护机具 仪表					
	小计					
变动制 造费用	锚护机具 仪表					
	小计					
固定制造费用						
现金支出合计						

附表 2-15　优卡股份有限公司 2017 年度产品单位成本及期末存货预算(锚护机具)

金额单位:元

项　目	单价	单耗	单位成本
直接材料 　甲材料 　乙材料 　丙材料 　电气元件 　小计			
直接人工			
变动制造费用			
预计单位变动生产成本			
期末存货预算	期末存货量 单位变动生产成本		
	期末存货额		

附表 2－16　优卡股份有限公司 2017 年度产品单位成本及期末存货预算（仪表）

金额单位:元

项　　目	单价	单耗	单位成本
直接材料 　甲材料 　乙材料 　丙材料 　电气元件 　小计	—		
直接人工			
变动制造费用	—	—	
预计单位变动生产成本			
期末存货预算	期末存货量 单位变动生产成本		
	期末存货额		

附表 2－17　优卡股份有限公司 2017 年度销售及管理费用预算

金额单位:元

费用明细项目		预算金额
变动费用	销售佣金 办公费 运输费 其他	
	小计	
固定费用	广告费 管理人员薪金 办公费 保险费 其他	
	小计	
预计销售和管理费用合计		

减:折旧费
预计销售及管理费用全年现金支出总额:
　销售及管理费用每季现金支出总额:

附表 2－18　优卡股份有限公司 2017 年度现金预算

金额单位:元

项　　目	一季度	二季度	三季度	四季度	全　年
期初现金余额					
加:现金收入					
销货现金收入					
可动用现金合计					
减:现金支出					

续 表

项　目	一季度	二季度	三季度	四季度	全　年
直接材料					
直接人工					
制造费用					
销售及管理费用					
所得税支出(税费支出)					
股利支出					
资本支出(购置固定资产)					
现金支出合计					
现金余绌					
资金筹集与运用					
向银行借款(年利10%)					
归还银行借款					
支付借款利息					
支付债券利息					
购买有价证券					
期末现金余额					

附表2-19　优卡股份有限公司2017年度预计利润表

单位:元

项　目	一季度	二季度	三季度	四季度	全　年
预计销售收入					
减:变动成本 变动生产成本 变动销售及管理费用 边际利润总额					
减:期间成本 固定制造费用 固定销售及管理费用 财务费用(利息) 税前利润					
减:所得税					
税后利润					

附表2-20　优卡股份有限公司2017年度预计资产负债表

单位:元

资　产	年初余额	期末余额	负债和所有者权益	年初余额	期末余额
流动资产:			流动负债:		
货币资金			短期借款		
交易性金融资产			交易性金融负债		
应收票据			应付票据		
应收账款			应付账款		
预付账款			预收账款		

资　产	年初余额	期末余额	负债和所有者权益	年初余额	期末余额
应收利息			应付职工薪酬		
其他应收款			应交税费		
存货			应付利息		
流动资产合计			应付股利		
非流动资产：			其他应付款		
可供出售金融资产			一年内到期的非流动负债		
持有至到期投资			流动负债合计		
长期应收款			非流动负债：		
长期股权投资			长期借款		
投资性房地产			应付债券		
固定资产			长期应付款		
在建工程			专项应付款		
工程物资			预计负债		
固定资产清理			递延所得税负债		
无形资产			其他非流动负债		
开发支出			非流动负债合计		
商誉			负债合计		
长期待摊费用			所有者权益：		
递延所得税资产			股本		
其他非流动资产			资本公积		
非流动资产合计			减：库存股		
			盈余公积		
			未分配利润		
			所有者权益合计		
资产合计			负债及所有者权益合计		

三、优卡股份有限公司 2017 年度筹资及还款计划报告

（一）筹资报告封面例样

优卡股份有限公司 2017 年度筹资报告

企业名称：

企业负责人：

主管财务工作负责人：

财务机构负责人：

编报人：

公司地址：

联系电话：

编制时间：

（二）相关分析表例样（附表 2-21～附表 2-22）

附表 2-21　优卡股份有限公司 2017 年度还款计划表

2016 年 12 月 31 日　　　　　　　　　　　　　　　　单位:元

借　款	项　目	一季度	二季度	三季度	四季度
短期借款	年初余额				
	本年借入				
	本年偿还				
	期末余额				
长期借款	年初余额				
	本年借入				
	本年偿还				
	期末余额				
合　计					

附表 2-22　优卡股份有限公司 2017 年度资金需求量及筹资计划表

2016 年 12 月 31 日　　　　　　　　　　　　　　　　单位:元

资金需求总量		2017 年度
流动资产增加		
固定资产投资		
对外长期投资		
偿还短期借款		
偿还长期借款		
资金需求总量合计		
商业信用	流动负债增加	
内部筹资	利润留用	
	折旧	
需要追加的对外筹资额	长期借款	
	短期借款	
资金来源合计		

四、优卡股份有限公司 2017 年度投资分析报告

（一）筹资报告封面例样

优卡股份有限公司 2017 年度投资分析报告

企业名称：

企业负责人：

主管财务工作负责人：

财务机构负责人：

编报人：

公司地址：

联系电话：

编制时间：

（二）相关分析表例样（附表 2-23～附表 2-36）

附表 2-23　优卡股份有限公司仪表（换代）预计销售现金收入表

单位：元

项　目	第 1 年	第 2 年	第 3 年	第 4 年	第 5 年
销售量					
销售单价					
销售收入					
其中：现金收入					

附表 2-24　优卡股份有限公司仪表（换代）预计直接材料现金支出表

单位：元

项　目	第 1 年	第 2 年	第 3 年	第 4 年	第 5 年
销售量/生产量（台）					
单位产品消耗量（kg）					
产品材料消耗量合计（kg）					
材料采购价格（元/kg）					
直接材料费用					
付现材料费用					

附表 2-25　优卡股份有限公司仪表（换代）预计直接人工现金支出表

单位：元

项　目	第 1 年	第 2 年	第 3 年	第 4 年	第 5 年
销售量/生产量（台）					
单位产品消耗人工（小时）					
产品消耗人工合计（小时）					
每小时直接人工成本					
直接人工费用					

附表 2－26　优卡股份有限公司仪表(换代)预计制造费用现金支出表

单位:元

项　目	第 1 年	第 2 年	第 3 年	第 4 年	第 5 年
销售量/生产量(台)					
单位产品消耗人工(小时)					
产品消耗工时合计(小时)					
变动制造费用分配率(元/小时)					
变动制造费用合计					
固定制造费用					
制造费用合计					
减:折旧					
制造费用现金支出					

附表 2－27　优卡股份有限公司仪表(换代)预计付现成本表

单位:元

项　目	第 1 年	第 2 年	第 3 年	第 4 年	第 5 年
销售量/生产量(台)					
材料费用　其中:付现材料费用					
直接人工成本					
制造费用　其中:付现制造费用					
付现成本					
产品成本合计					

附表 2－28　优卡股份有限公司仪表(换代)预计销售及管理费用表

单位:元

项　目	第 1 年	第 2 年	第 3 年	第 4 年	第 5 年
变动销售费用					
非折旧固定销售及管理费用					
付现销售及管理费用					
折旧固定销售及管理费用					
销售及管理费用合计					

附表 2－29　优卡股份有限公司仪表(换代)预计各年营业现金流量表

单位:元

项　目	第 1 年	第 2 年	第 3 年	第 4 年	第 5 年
销售收入　其中:现金收入					
产品成本　其中:付现成本					
销售及管理费用　其中:付现销售及管理费用					

续　表

项　目	第1年	第2年	第3年	第4年	第5年
税前利润					
所得税(25%)					
税后利润					
营业现金流量					

附表 2-30　优卡股份有限公司仪表（换代）预计各年现金流量表

单位:元

项　目	建设期 第0年	生产期 第1年	第2年	第3年	第4年	第5年
初始投资　其中:生产线						
配套设施						
流动资金垫支						
营业现金流量						
设备残值　其中:生产线						
配套设施						
流动资金收回						
现金流量合计						

附表 2-31　优卡股份有限公司仪表（换代）预计净现值表

单位:元

时　间	现金流量	贴现率(10%)	现　值
0			
1			
2			
3			
4			
5			
净现值(NPV)			

附表 2-32　优卡股份有限公司仪表（换代）预计获利指数表

单位:元

时　间	现金流量	贴现率(10%)	现　值
0			
1			
2			
3			
4			
5			
获利指数(PI)			

附表 2-33　优卡股份有限公司仪表(换代)内含报酬率测试表

单位:元

时　间	现金流量	贴现率(10%)	现　值
0			
1			
2			
3			
4			
5			
净现值(*NPV*)			

附表 2-34　优卡股份有限公司仪表(换代)内含报酬率测试表

单位:元

时　间	现金流量	贴现率(10%)	现　值
0			
1			
2			
3			
4			
5			
净现值(*NPV*)			

附表 2-35　优卡股份有限公司仪表(换代)内含报酬率估算表

单位:元

项　目	贴现率	净现值
贴现率(1)		
贴现率(2)		
(2)—(1)		
内含报酬率(*IRR*)		

附表 2-36　优卡股份有限公司仪表(换代)投资回收期估算表

单位:元

项　目	建设期			生产期		
	第 0 年	第 1 年	第 2 年	第 3 年	第 4 年	第 5 年
净现金流量(元)						
累计净现金流量(元)						
投资回收期						

五、优卡股份有限公司 2017 年度营运资本分析报告

（一）营运资本分析报告封面例样

优卡股份有限公司 2017 年度营运资本分析报告

企业名称：
企业负责人：
主管财务工作负责人：
财务机构负责人：
编报人：
公司地址：
联系电话：
编制时间：

（二）相关分析表例样（附表 2-37～附表 2-42）

附表 2-37　最佳现金持有量计算表（成本分析模式）

单位：元

项　目	甲	乙	丙	丁
现金持有量				
资本成本率（%）				
机会成本				
管理成本				
短缺成本				
总成本				
最佳先持有量				

附表 2-38　最佳现金持有量计算表（存货模式）

单位：元

项　目	金　额
年现金总需求量	
资本成本率为%	
现金与有价证券之间的转换成本	
最佳现金持有量	
相关总成本	
转换次数	

附表 2－39　**信用政策决策分析表**(不存在现金折扣)

单位:元

项　目	A(n/126)	B(n/150)	C(n/180)
年销售额			
变动成本			
销售利润			
应收账款平均收账期			
应收账款平均余额			
机会成本			
坏账损失率			
坏账成本			
收账费用			
净收益			
最佳信用政策			

附表 2－40　**信用政策决策分析表**(存在现金折扣)

单位:元

项　目	A(n/126)	D(2/50,n/120)
年销售额		
变动成本		
销售利润		
现金折扣成本		
应收账款平均收账期		
应收账款平均余额		
机会成本		
坏账损失率		
坏账成本		
收账费用		
净收益		
最佳信用政策		

附表 2－41　**存货经济批量计算表**(不存在商业折扣)

项　目	数量或金额
年需用量(吨)	
单价(元/吨)	
每次订货的变动性订货成本(元)	
材料的年平均单位变动性储存成本	
经济批量(吨)	
相关总成本(元)	
年度订货次数	

附表 2 - 42 **存货经济批量计算表**(存在商业折扣)

项 目	数量或金额
年需用量(件)	
标准单价(元/件)	
每次订货的变动性订货成本(元)	
材料的年平均单位变动性储存成本	
经济批量(件)	
按经济批量进货时相关总成本(元)	
按每批 500 件进货时相关总成本(元)	
最佳订货批量(件)	

附录3　《企业财务通则》

中华人民共和国财政部令第41号

根据《国务院关于〈企业财务通则〉、〈企业会计准则〉的批复》（国函〔1992〕178号）的规定，财政部对《企业财务通则》（财政部令第4号）进行了修订，修订后的《企业财务通则》已经部务会议讨论通过，现予公布，自2007年1月1日起施行。

部长：金人庆

二○○六年十二月四日

第一章　总　则

第一条　为了加强企业财务管理，规范企业财务行为，保护企业及其相关方的合法权益，推进现代企业制度建设，根据有关法律、行政法规的规定，制定本通则。

第二条　在中华人民共和国境内依法设立的具备法人资格的国有及国有控股企业适用本通则。金融企业除外。

其他企业参照执行。

第三条　国有及国有控股企业（以下简称企业）应当确定内部财务管理体制，建立健全财务管理制度，控制财务风险。

企业财务管理应当按照制定的财务战略，合理筹集资金，有效营运资产，控制成本费用，规范收益分配及重组清算财务行为，加强财务监督和财务信息管理。

第四条　财政部负责制定企业财务规章制度。

各级财政部门（以下通称主管财政机关）应当加强对企业财务的指导、管理、监督，其主要职责包括：

（一）监督执行企业财务规章制度，按照财务关系指导企业建立健全内部财务制度。

（二）制定促进企业改革发展的财政财务政策，建立健全支持企业发展的财政资金管理制度。

（三）建立健全企业年度财务会计报告审计制度，检查企业财务会计报告质量。

（四）实施企业财务评价，监测企业财务运行状况。

（五）研究、拟订企业国有资本收益分配和国有资本经营预算的制度。

（六）参与审核属于本级人民政府及其有关部门、机构出资的企业重要改革、改制方案。

（七）根据企业财务管理的需要提供必要的帮助、服务。

第五条　各级人民政府及其部门、机构，企业法人、其他组织或者自然人等企业投资者（以下通称投资者），企业经理、厂长或者实际负责经营管理的其他领导成员（以下通称经营者），依照法律、法规、本通则和企业章程的规定，履行企业内部财务管理职责。

第六条 企业应当依法纳税。企业财务处理与税收法律、行政法规规定不一致的,纳税时应当依法进行调整。

第七条 各级人民政府及其部门、机构出资的企业,其财务关系隶属同级财政机关。

第二章 企业财务管理体制

第八条 企业实行资本权属清晰、财务关系明确、符合法人治理结构要求的财务管理体制。

企业应当按照国家有关规定建立有效的内部财务管理级次。企业集团公司自行决定集团内部财务管理体制。

第九条 企业应当建立财务决策制度,明确决策规则、程序、权限和责任等。法律、行政法规规定应当通过职工(代表)大会审议或者听取职工、相关组织意见的财务事项,依照其规定执行。

企业应当建立财务决策回避制度。对投资者、经营者个人与企业利益有冲突的财务决策事项,相关投资者、经营者应当回避。

第十条 企业应当建立财务风险管理制度,明确经营者、投资者及其他相关人员的管理权限和责任,按照风险与收益均衡、不相容职务分离等原则,控制财务风险。

第十一条 企业应当建立财务预算管理制度,以现金流为核心,按照实现企业价值最大化等财务目标的要求,对资金筹集、资产营运、成本控制、收益分配、重组清算等财务活动,实施全面预算管理。

第十二条 投资者的财务管理职责主要包括:

(一)审议批准企业内部财务管理制度、企业财务战略、财务规划和财务预算。

(二)决定企业的筹资、投资、担保、捐赠、重组、经营者报酬、利润分配等重大财务事项。

(三)决定企业聘请或者解聘会计师事务所、资产评估机构等中介机构事项。

(四)对经营者实施财务监督和财务考核。

(五)按照规定向全资或者控股企业委派或者推荐财务总监。

投资者应当通过股东(大)会、董事会或者其他形式的内部机构履行财务管理职责,可以通过企业章程、内部制度、合同约定等方式将部分财务管理职责授予经营者。

第十三条 经营者的财务管理职责主要包括:

(一)拟订企业内部财务管理制度、财务战略、财务规划,编制财务预算。

(二)组织实施企业筹资、投资、担保、捐赠、重组和利润分配等财务方案,诚信履行企业偿债义务。

(三)执行国家有关职工劳动报酬和劳动保护的规定,依法缴纳社会保险费、住房公积金等,保障职工合法权益。

(四)组织财务预测和财务分析,实施财务控制。

(五)编制并提供企业财务会计报告,如实反映财务信息和有关情况。

(六)配合有关机构依法进行审计、评估、财务监督等工作。

第三章 资金筹集

第十四条 企业可以接受投资者以货币资金、实物、无形资产、股权、特定债权等形式的出资。其中,特定债权是指企业依法发行的可转换债券、符合有关规定转作股权的债权等。

企业接受投资者非货币资产出资时,法律、行政法规对出资形式、程序和评估作价等有规定的,依照其规定执行。

企业接受投资者商标权、著作权、专利权及其他专有技术等无形资产出资的,应当符合法律、行政法规规定的比例。

第十五条　企业依法以吸收直接投资、发行股份等方式筹集权益资金的,应当拟订筹资方案,确定筹资规模,履行内部决策程序和必要的报批手续,控制筹资成本。

企业筹集的实收资本,应当依法委托法定验资机构验资并出具验资报告。

第十六条　企业应当执行国家有关资本管理制度,在获准工商登记后 30 日内,依据验资报告等向投资者出具出资证明书,确定投资者的合法权益。

企业筹集的实收资本,在持续经营期间可以由投资者依照法律、行政法规以及企业章程的规定转让或者减少,投资者不得抽逃或者变相抽回出。

除《公司法》等有关法律、行政法规另有规定外,企业不得回购本企业发行的股份。企业依法回购股份,应当符合有关条件和财务处理办法,并经投资者决议。

第十七条　对投资者实际缴付的出资超出注册资本的差额(包括股票溢价),企业应当作为资本公积管理。

经投资者审议决定后,资本公积用于转增资本。国家另有规定的,从其规定。

第十八条　企业从税后利润中提取的盈余公积包括法定公积金和任意公积金,可以用于弥补企业亏损或者转增资本。法定公积金转增资本后留存企业的部分,以不少于转增前注册资本的 25% 为限。

第十九条　企业增加实收资本或者以资本公积、盈余公积转增实收资本,由投资者履行财务决策程序后,办理相关财务事项和工商变更登记。

第二十条　企业取得的各类财政资金,区分以下情况处理:

(一)属于国家直接投资、资本注入的,按照国家有关规定增加国家资本或者国有资本公积。

(二)属于投资补助的,增加资本公积或者实收资本。国家拨款时对权属有规定的,按规定执行;没有规定的,由全体投资者共同享有。

(三)属于贷款贴息、专项经费补助的,作为企业收益处理。

(四)属于政府转贷、偿还性资助的,作为企业负债管理。

(五)属于弥补亏损、救助损失或者其他用途的,作为企业收益处理。

第二十一条　企业依法以借款、发行债券、融资租赁等方式筹集债务资金的,应当明确筹资目的,根据资金成本、债务风险和合理的资金需求,进行必要的资本结构决策,并签订书面合同。

企业筹集资金用于固定资产投资项目的,应当遵守国家产业政策、行业规划、自有资本比例及其他规定。

企业筹集资金,应当按规定核算和使用,并诚信履行合同,依法接受监督。

第四章　资产营运

第二十二条　企业应当根据风险与收益均衡等原则和经营需要,确定合理的资产结构,并实施资产结构动态管理。

第二十三条 企业应当建立内部资金调度控制制度,明确资金调度的条件、权限和程序,统一筹集、使用和管理资金。企业支付、调度资金,应当按照内部财务管理制度的规定,依据有效合同、合法凭证,办理相关手续。

企业向境外支付、调度资金应当符合国家有关外汇管理的规定。

企业集团可以实行内部资金集中统一管理,但应当符合国家有关金融管理等法律、行政法规规定,并不得损害成员企业的利益。

第二十四条 企业应当建立合同的财务审核制度,明确业务流程和审批权限,实行财务监控。

企业应当加强应收款项的管理,评估客户信用风险,跟踪客户履约情况,落实收账责任,减少坏账损失。

第二十五条 企业应当建立健全存货管理制度,规范存货采购审批、执行程序,根据合同的约定以及内部审批制度支付货款。

企业选择供货商以及实施大宗采购,可以采取招标等方式进行。

第二十六条 企业应当建立固定资产购建、使用、处置制度。

企业自行选择、确定固定资产折旧办法,可以征询中介机构、有关专家的意见,并由投资者审议批准。固定资产折旧办法一经选用,不得随意变更。确需变更的,应当说明理由,经投资者审议批准。

企业购建重要的固定资产、进行重大技术改造,应当经过可行性研究,按照内部审批制度履行财务决策程序,落实决策和执行责任。

企业在建工程项目交付使用后,应当在一个年度内办理竣工决算。

第二十七条 企业对外投资应当遵守法律、行政法规和国家有关政策的规定,符合企业发展战略的要求,进行可行性研究,按照内部审批制度履行批准程序,落实决策和执行的责任。

企业对外投资应当签订书面合同,明确企业投资权益,实施财务监管。依据合同支付投资款项,应当按照企业内部审批制度执行。

企业向境外投资的,还应当经投资者审议批准,并遵守国家境外投资项目核准和外汇管理等相关规定。

第二十八条 企业通过自创、购买、接受投资等方式取得的无形资产,应当依法明确权属,落实有关经营、管理的财务责任。

无形资产出现转让、租赁、质押、授权经营、连锁经营、对外投资等情形时,企业应当签订书面合同,明确双方的权利义务,合理确定交易价格。

第二十九条 企业对外担保应当符合法律、行政法规及有关规定,根据被担保单位的资信及偿债能力,按照内部审批制度采取相应的风险控制措施,并设立备查账簿登记,实行跟踪监督。

企业对外捐赠应当符合法律、行政法规及有关财务规定,制定实施方案,明确捐赠的范围和条件,落实执行责任,严格办理捐赠资产的交接手续。

第三十条 企业从事期货、期权、证券、外汇交易等业务或者委托其他机构理财,不得影响主营业务的正常开展,并应当签订书面合同,建立交易报告制度,定期对账,控制风险。

第三十一条　企业从事代理业务,应当严格履行合同,实行代理业务与自营业务分账管理,不得挪用客户资金、互相转嫁经营风险。

第三十二条　企业应当建立各项资产损失或者减值准备管理制度。各项资产损失或者减值准备的计提标准,一经选用,不得随意变更。企业在制订计提标准时可以征询中介机构、有关专家的意见。

对计提损失或者减值准备后的资产,企业应当落实监管责任。能够收回或者继续使用以及没有证据证明实际损失的资产,不得核销。

第三十三条　企业发生的资产损失,应当及时予以核实、查清责任,追偿损失,按照规定程序处理。

企业重组中清查出的资产损失,经批准后依次冲减未分配利润、盈余公积、资本公积和实收资本。

第三十四条　企业以出售、抵押、置换、报废等方式处理资产时,应当按照国家有关规定和企业内部财务管理制度规定的权限和程序进行。其中,处理主要固定资产涉及企业经营业务调整或者资产重组的,应当根据投资者审议通过的业务调整或者资产重组方案实施。

第三十五条　企业发生关联交易的,应当遵守国家有关规定,按照独立企业之间的交易计价结算。投资者或者经营者不得利用关联交易非法转移企业经济利益或者操纵关联企业的利润。

第五章　成本控制

第三十六条　企业应当建立成本控制系统,强化成本预算约束,推行质量成本控制办法,实行成本定额管理、全员管理和全过程控制。

第三十七条　企业实行费用归口、分级管理和预算控制,应当建立必要的费用开支范围、标准和报销审批制度。

第三十八条　企业技术研发和科技成果转化项目所需经费,可以通过建立研发准备金筹措,据实列入相关资产成本或者当期费用。

符合国家规定条件的企业集团,可以集中使用研发费用,用于企业主导产品和核心技术的自主研发。

第三十九条　企业依法实施安全生产、清洁生产、污染治理、地质灾害防治、生态恢复和环境保护等所需经费,按照国家有关标准列入相关资产成本或者当期费用。

第四十条　企业发生销售折扣、折让以及支付必要的佣金、回扣、手续费、劳务费、提成、返利、进场费、业务奖励等支出的,应当签订相关合同,履行内部审批手续。

企业开展进出口业务收取或者支付的佣金、保险费、运费,按照合同规定的价格条件处理。

企业向个人以及非经营单位支付费用的,应当严格履行内部审批及支付的手续。

第四十一条　企业可以根据法律、法规和国家有关规定,对经营者和核心技术人员实行与其他职工不同的薪酬办法,属于本级人民政府及其部门、机构出资的企业,应当将薪酬办法报主管财政机关备案。

第四十二条　企业应当按照劳动合同及国家有关规定支付职工报酬,并为从事高危作业的职工缴纳团体人身意外伤害保险费,所需费用直接作为成本(费用)列支。

经营者可以在工资计划中安排一定数额,对企业技术研发、降低能源消耗、治理"三废"、促进安全生产、开拓市场等做出突出贡献的职工给予奖励。

第四十三条 企业应当依法为职工支付基本医疗、基本养老、失业、工伤等社会保险费,所需费用直接作为成本(费用)列支。

已参加基本医疗、基本养老保险的企业,具有持续盈利能力和支付能力的,可以为职工建立补充医疗保险和补充养老保险,所需费用按照省级以上人民政府规定的比例从成本(费用)中提取。超出规定比例的部分,由职工个人负担。

第四十四条 企业为职工缴纳住房公积金以及职工住房货币化分配的财务处理,按照国家有关规定执行。

职工教育经费按照国家规定的比例提取,专项用于企业职工后续职业教育和职业培训。

工会经费按照国家规定比例提取并拨缴工会。

第四十五条 企业应当依法缴纳行政事业性收费、政府性基金以及使用或者占用国有资源的费用等。

企业对没有法律法规依据或者超过法律法规规定范围和标准的各种摊派、收费、集资,有权拒绝。

第四十六条 企业不得承担属于个人的下列支出:

(一)娱乐、健身、旅游、招待、购物、馈赠等支出。

(二)购买商业保险、证券、股权、收藏品等支出。

(三)个人行为导致的罚款、赔偿等支出。

(四)购买住房、支付物业管理费等支出。

(五)应由个人承担的其他支出。

第六章 收益分配

第四十七条 投资者、经营者及其他职工履行本企业职务或者以企业名义开展业务所得的收入,包括销售收入以及对方给予的销售折扣、折让、佣金、回扣、手续费、劳务费、提成、返利、进场费、业务奖励等收入,全部属于企业。

企业应当建立销售价格管理制度,明确产品或者劳务的定价和销售价格调整的权限、程序与方法,根据预期收益、资金周转、市场竞争、法律规范约束等要求,采取相应的价格策略,防范销售风险。

第四十八条 企业出售股权投资,应当按照规定的程序和方式进行。股权投资出售底价,参照资产评估结果确定,并按照合同约定收取所得价款。在履行交割时,对尚未收款部分的股权投资,应当按照合同的约定结算,取得受让方提供的有效担保。

上市公司国有股减持所得收益,按照国务院的规定处理。

第四十九条 企业发生的年度经营亏损,依照税法的规定弥补。税法规定年限内的税前利润不足弥补的,用以后年度的税后利润弥补,或者经投资者审议后用盈余公积弥补。

第五十条 企业年度净利润,除法律、行政法规另有规定外,按照以下顺序分配:

(一)弥补以前年度亏损。

（二）提取 10％法定公积金。法定公积金累计额达到注册资本 50％以后，可以不再提取。

（三）提取任意公积金。任意公积金提取比例由投资者决议。

（四）向投资者分配利润。企业以前年度未分配的利润，并入本年度利润，在充分考虑现金流量状况后，向投资者分配。属于各级人民政府及其部门、机构出资的企业，应当将应付国有利润上缴财政。

国有企业可以将任意公积金与法定公积金合并提取。股份有限公司依法回购后暂未转让或者注销的股份，不得参与利润分配；以回购股份对经营者及其他职工实施股权激励的，在拟订利润分配方案时，应当预留回购股份所需利润。

第五十一条　企业弥补以前年度亏损和提取盈余公积后，当年没有可供分配的利润时，不得向投资者分配利润，但法律、行政法规另有规定的除外。

第五十二条　企业经营者和其他职工以管理、技术等要素参与企业收益分配的，应当按照国家有关规定在企业章程或者有关合同中对分配办法作出规定，并区别以下情况处理：

（一）取得企业股权的，与其他投资者一同进行企业利润分配。

（二）没有取得企业股权的，在相关业务实现的利润限额和分配标准内，从当期费用中列支。

第七章　重组清算

第五十三条　企业通过改制、产权转让、合并、分立、托管等方式实施重组，对涉及资本权益的事项，应当由投资者或者授权机构进行可行性研究，履行内部财务决策程序，并组织开展以下工作：

（一）清查财产，核实债务，委托会计师事务所审计。

（二）制订职工安置方案，听取重组企业的职工、职工代表大会的意见或者提交职工代表大会审议。

（三）与债权人协商，制订债务处置或者承继方案。

（四）委托评估机构进行资产评估，并以评估价值作为净资产作价或者折股的参考依据。

（五）拟订股权设置方案和资本重组实施方案，经过审议后履行报批手续。

第五十四条　企业采取分立方式进行重组，应当明晰分立后的企业产权关系。

企业划分各项资产、债务以及经营业务，应当按照业务相关性或者资产相关性原则制订分割方案。对不能分割的整体资产，在评估机构评估价值的基础上，经分立各方协商，由拥有整体资产的一方给予他方适当经济补偿。

第五十五条　企业可以采取新设或者吸收方式进行合并重组。企业合并前的各项资产、债务以及经营业务，由合并后的企业承继，并应当明确合并后企业的产权关系以及各投资者的出资比例。

企业合并的资产税收处理应当符合国家有关税法的规定，合并后净资产超出注册资本的部分，作为资本公积；少于注册资本的部分，应当变更注册资本或者由投资者补足出资。

对资不抵债的企业以承担债务方式合并的，合并方应当制定企业重整措施，按照合并方案履行偿还债务责任，整合财务资源。

第五十六条 企业实行托管经营,应当由投资者决定,并签订托管协议,明确托管经营的资产负债状况、托管经营目标、托管资产处置权限以及收益分配办法等,并落实财务监管措施。

受托企业应当根据托管协议制订相关方案,重组托管企业的资产与债务。未经托管企业投资者同意,不得改组、改制托管企业,不得转让托管企业及转移托管资产、经营业务,不得以托管企业名义或者以托管资产对外担保。

第五十七条 企业进行重组时,对已占用的国有划拨土地应当按照有关规定进行评估,履行相关手续,并区别以下情况处理:

(一)继续采取划拨方式的,可以不纳入企业资产管理,但企业应当明确划拨土地使用权权益,并按规定用途使用,设立备查账簿登记。国家另有规定的除外。

(二)采取作价入股方式的,将应缴纳的土地出让金转作国家资本,形成的国有股权由企业重组前的国有资本持有单位或者主管财政机关确认的单位持有。

(三)采取出让方式的,由企业购买土地使用权,支付出让费用。

(四)采取租赁方式的,由企业租赁使用,租金水平参照银行同期贷款利率确定,并在租赁合同中约定。

企业进行重组时,对已占用的水域、探矿权、采矿权、特许经营权等国有资源,依法可以转让的,比照前款处理。

第五十八条 企业重组过程中,对拖欠职工的工资和医疗、伤残补助、抚恤费用以及欠缴的基本社会保险费、住房公积金,应当以企业现有资产优先清偿。

第五十九条 企业被责令关闭、依法破产、经营期限届满而终止经营的,或者经投资者决议解散的,应当按照法律、法规和企业章程的规定实施清算。清算财产变卖底价,参照资产评估结果确定。国家另有规定的,从其规定。

企业清算结束,应当编制清算报告,委托会计师事务所审计,报投资者或者人民法院确认后,向相关部门、债权人以及其他的利益相关人通告。其中,属于各级人民政府及其部门、机构出资的企业,其清算报告应当报送主管财政机关。

第六十条 企业解除职工劳动关系,按照国家有关规定支付的经济补偿金或者安置费,除正常经营期间发生的列入当期费用以外,应当区别以下情况处理:

(一)企业重组中发生的,依次从未分配利润、盈余公积、资本公积、实收资本中支付。

(二)企业清算时发生的,以企业扣除清算费用后的清算财产优先清偿。

第八章　信息管理

第六十一条 企业可以结合经营特点,优化业务流程,建立财务和业务一体化的信息处理系统,逐步实现财务、业务相关信息一次性处理和实时共享。

第六十二条 企业应当逐步创造条件,实行统筹企业资源计划,全面整合和规范财务、业务流程,对企业物流、资金流、信息流进行一体化管理和集成运作。

第六十三条 企业应当建立财务预警机制,自行确定财务危机警戒标准,重点监测经营性净现金流量与到期债务、企业资产与负债的适配性,及时沟通企业有关财务危机预警的信息,提出解决财务危机的措施和方案。

第六十四条 企业应当按照有关法律、行政法规和国家统一的会计制度的规定,按时编制财务会计报告,经营者或者投资者不得拖延、阻挠。

第六十五条　企业应当按照规定向主管财政机关报送月份、季度、年度财务会计报告等材料,不得在报送的财务会计报告等材料上作虚假记载或者隐瞒重要事实。主管财政机关应当根据企业的需要提供必要的培训和技术支持。

企业对外提供的年度财务会计报告,应当依法经过会计师事务所审计。国家另有规定的,从其规定。

第六十六条　企业应当在年度内定期向职工公开以下信息:

(一)职工劳动报酬、养老、医疗、工伤、住房、培训、休假等信息。

(二)经营者报酬实施方案。

(三)年度财务会计报告审计情况。

(四)企业重组涉及的资产评估及处置情况。

(五)其他依法应当公开的信息。

第六十七条　主管财政机关应当建立健全企业财务评价体系,主要评估企业内部财务控制的有效性,评价企业的偿债能力、盈利能力、资产营运能力、发展能力和社会贡献。评估和评价的结果可以通过适当方式向社会发布。

第六十八条　主管财政机关及其工作人员应当恰当使用所掌握的企业财务信息,并依法履行保密义务,不得利用企业的财务信息谋取私利或者损害企业利益。

第九章　财务监督

第六十九条　企业应当依法接受主管财政机关的财务监督和国家审计机关的财务审计。

第七十条　经营者在经营过程中违反本通则有关规定的,投资者可以依法追究经营者的责任。

第七十一条　企业应当建立、健全内部财务监督制度。

企业设立监事会或者监事人员的,监事会或者监事人员依照法律、行政法规、本通则和企业章程的规定,履行企业内部财务监督职责。

经营者应当实施内部财务控制,配合投资者或者企业监事会以及中介机构的检查、审计工作。

第七十二条　企业和企业负有直接责任的主管人员和其他人员有以下行为之一的,县级以上主管财政机关可以责令限期改正、予以警告,有违法所得的,没收违法所得,并可以处以不超过违法所得3倍、但最高不超过3万元的罚款;没有违法所得的,可以处以1万元以下的罚款。

(一)违反本通则第三十九条、四十条、四十二条第一款、四十三条、四十六条规定列支成本费用的。

(二)违反本通则第四十七条第一款规定截留、隐瞒、侵占企业收入的。

(三)违反本通则第五十条、五十一条、五十二条规定进行利润分配的。但依照《公司法》设立的企业不按本通则第五十条第一款第二项规定提取法定公积金的,依照《公司法》的规定予以处罚。

(四)违反本通则第五十七条规定处理国有资源的。

（五）不按本通则第五十八条规定清偿职工债务的。

第七十三条 企业和企业负有直接责任的主管人员和其他人员有以下行为之一的,县级以上主管财政机关可以责令限期改正、予以警告。

（一）未按本通则规定建立健全各项内部财务管理制度的。

（二）内部财务管理制度明显与法律、行政法规和通用的企业财务规章制度相抵触,且不按主管财政机关要求修正的。

第七十四条 企业和企业负有直接责任的主管人员和其他人员不按本通则第六十四条、第六十五条规定编制、报送财务会计报告等材料的,县级以上主管财政机关可以依照《公司法》、《企业财务会计报告条例》的规定予以处罚。

第七十五条 企业在财务活动中违反财政、税收等法律、行政法规的,依照《财政违法行为处罚处分条例》（国务院令第 427 号）及有关税收法律、行政法规的规定予以处理、处罚。

第七十六条 主管财政机关以及政府其他部门、机构有关工作人员,在企业财务管理中滥用职权、玩忽职守、徇私舞弊或者泄露国家机密、企业商业秘密的,依法进行处理。

第十章　附　则

第七十七条 实行企业化管理的事业单位比照适用本通则。

第七十八条 本通则自 2007 年 1 月 1 日起施行。